KB039052

만세!

현순 목사의 아들 피터 현이 기억하는
삼일운동과 상하이의 독립운동가들

Man Sei!
The Making of a Korean American

피터 현 지음 · 임승준 옮김

한울

각주에 인용된 현순자사(玄楯自史)는 "독립기념관 제공"

이 도서의 국립중앙도서관 출판예정도서목록(CIP)은 서지정보유통지원시스템 홈페이지(http://seoji.nl.go.kr)
와 국가자료공동목록시스템(http://www.nl.go.kr/kolisnet)에서 이용하실 수 있습니다.
(CIP제어번호: CIP2015010233)

Man Sei!

The Making of a Korean American

by

Peter Hyun

Man Sei!: The Making of a Korean American by Peter Hyun

아빠, 엄마와 우리 가족,
그리고 특히 끈기 있고 단호한 편집으로
이 책이 나올 수 있게 해준
나의 아내 루이사(Luisa)에게 바친다.

옮긴이의 글

   대한제국 말기와 삼일운동을 전후한 일제 강점기 초기의 우리 역사를 그린 문학 작품이 여럿 있다. 가장 대표적인 작품인 박경리의 『토지』는 역사적 사실을 소재로 당시의 사회상을 그려낸 소설로, 그 역사적 가치에 대해서는 더 논할 필요가 없다. 또 다른 작품으로는 이미륵의 『압록강은 흐른다』가 있다. 이미륵의 책은 역사적 사실에 근거한 자전적 소설이라는 면에서 이 책과 유사한 점이 있다. 『압록강은 흐른다』가 '개인' 속에서 경험과 희망을 재현한다면, 피터 현의 『만세!』는 때로는 저자 개인, 때로는 가족이나 집단 속에서 식민지 조선 민중의 꿈과 희망, 독립을 위한 헌신과 투쟁을 재현한다는 점에서 또 다른 의미가 있다. 아마도 이것이 이 책이 지니는 독자성이 아닐까 싶다.

   저자가 '책머리에'에 썼듯이 이 책은 저자의 부모인 현순 목사와 마리아 현을 국립서울현충원에 안장하는 예식을 위해 고국을 방문한 저자가 한국을 여행하면서 느낀 '한국인들이 자신들의 역사를 너무 모른다'는 문제의식에서 출발했다. 또한 1980년대 초까지 그 존재감이 미미했던 '대한민국'의 자랑스러운 역사를 외국인에게 알리고 싶었던 저자의

'계몽적 소명'을 반영하고 있다. 그런 점에서 이 책은 독립운동에 대한 '역사 교과서'로서 의미가 있다.

한국 근현대사를 논할 때 빼놓을 수 없는 역사적 사건인 '삼일운동'과 '대한민국 임시 정부의 독립운동' 그리고 그 대척점에 있는 '일본 제국주의의 식민 통치'와 '이를 눈감은 미국, 영국 등 열강'을 자기 가족의 삶 속에서 그린다는 것은 쉽지 않은 일이다. 더구나 역사적 사실에 바탕을 둔 각색이 아니라 소설 형식을 가미해 자신(과 그 가족)이 직접 체험하거나 주변에서 체험한 역사적 사실과 일상을 생생하게 재현하면서 서술한다는 것은 '기억'과 '기록'이라는 문제도 해결해야 한다.

저자 역시 이를 염두에 두고 삼일운동을 둘러싸고 비밀리에 진행된 봉기 계획과 실행, 이와 동시에 진행된 임시 정부 수립과 해외 독립운동, 대한민국 임시 정부 시절에 독립운동가들이 벌인 활약과 그들이 겪은 어려움, 그 자식들의 삶 등을 생생하게 그려내고 있다. 비록 지금은 많은 것이 밝혀졌지만, 저자가 이 책을 쓴 것이 1986년이라는 점을 감안하면 이 책은 시대적으로 재평가받아야 할 것이다. 또한 독립운동가인 아버지가 있었기에 이 책을 쓰는 것이 가능했을지라도, 그러한 '기회'를 개인적인 자산으로만 간직하지 않고 '기록'으로 남겨놓았다는 점은 사료적인 가치 면에서도 이 책이 의미가 있다는 것을 말해준다.

옮긴이가 주를 단 몇몇 부분에서 확인할 수 있듯이 저자가 쓴 내용 중 일부는 확인이 불가능하거나 사실과 일치하지 않기도 한다. 이 책이 역사적 사실에 바탕을 둔 '가족 서사'라는 점에서 저자의 이러한 '실수'를 지적할 수도 있지만, 그것 때문에 이 책의 진술을 부정하기는 어렵다. 만약 저자가 광복 후 한국에서 살았더라면 이러한 '실수'는 왜곡으로 평가받아 마땅하다.

이 책에 펼쳐진 시기는 저자의 여섯 살 무렵부터 열일곱 살에 이르는 유소년기에 해당하며, 더구나 그는 열세 살이던 1920년에 한국을 떠났다. 그리고 이 책을 쓴 것은 1986년 저자의 나이가 여든 살일 때로, 거의 70년에 가까운 시간이 흐른 뒤였다. 이러한 '물리적 한계'는 저자의 애국심이나 자긍심 등 그 무엇으로도 극복할 수 없는 것이었다. 물론 아버지 현순 목사가 남긴 기록을 통해 많은 사실을 확인할 수 있었겠지만, 이 책에 실린 내용 절반이 '아버지 없는 시기'에 저자가 경험한 것이므로 당연히 저자의 기억에 의존해야 했고, 결국 '기억의 한계'라는 또 다른 문제에 부딪힌 것이다. 독립운동에 참여했던 가족의 파란만장한 역사를 기록한 '가족 서사'로서의 의의, 또한 역사를 '망각'하고 있는 우리와 '역사'를 '모르는' 외국인을 대상으로 한 색다른 '역사 교과서'로서의 의미를 부여한다면, 옮긴이가 확인한 '불일치' 혹은 '확인 불가능'한 점은 옮긴이의 부수적 설명만으로도 해소될 소소한 것들이었다.

옮긴이가 처음 이 책을 접했을 때 가장 고민스러웠던 점은 재미 한국인이 영어로 쓴, 그것도 단순한 개인사가 아니라 일본 제국주의 지배에 맞섰던 독립운동의 한복판을 경험한 가족에 대한 책이라는 점이었다. 더구나 저자의 경력에서 확인되듯이 저자는 미국에서 영어로 '글', 그것도 희곡을 쓰는 것을 업으로 삼았다. 옮긴이가 충분히 살리지 못했지만, 저자의 이러한 직업적 특징은 이 책 곳곳에서 드러난다. 또한 저자가 한글로 생각하고 감정과 의견을 한글로 표현할 수도 있었기 때문에, 이 책은 정확히 말하자면 '한글'을 '영어'로 표현한 것이라고 할 수 있다. 그래서 이러한 글을 다시 '한글'로 '번역'한다는 것은 영어의 어려움은 차치하더라도 영어로 표현된 저자의 '한글적' 생각을 충분히 살려내야 한다는 난처함과 마주하는 것이었다. 이 때문에 '저자가 만약 한글로 썼다면 어떻게 표현했을까'를 염두에 둘 수밖에 없는, 따라서 한글로 '재현'할 수 없는 글을 한글화해야 하는 어려움이 있었다. 옮긴이가 이 '업'을 완수하려고 한다면 그것은 욕심일 것이며, 영어의 표현을 고려하면서 가능한 한 쉽게 읽을 수 있도록 다듬는 것에 만족해야 했다. 그럼에도 옮긴이의 부족한 능력 때문에 미흡한 부분이 많이 있음을 고백할 수밖에 없고, 이 점 독자의 양해를 구한다.

마지막으로 '망명지'에서 자신의 부모가 그랬듯이 돌아올 수 있었는데도 돌아오지 않았던 저자의 죽음의 의미를 음미해보고, 저자에 대해 독자들이 조금 더 알 수 있도록 ≪엘에이 타임스(LA Times)≫에 실린 피터 현의 부고 기사를 번역해 옮긴다.

"피터 현, 감독이자 재미 한국인들에 대한 연대기 작가"
피터 현, 여든일곱 살. 감독이자 자신의 가족사에 대한 연대기를 쓴 작가. 하와이에서 태어난 현은 한국과 중국에서 성장했고, 인디애나 드포(Depauw) 대학에서 무대 예술을 공부했다. 뉴욕에서 보조 무대 감독으로 출발한 현은 대공황 시기에 성공해, 1936년 실직한 배우들을 도와주기 위한 공공사업진흥국 프로젝트(WPA project)였던 뉴욕 연방 극장의 어린이 극장 감독이 되었다. 그의 연극 〈비버들의 반란(Revolt of the Beavers)〉은 브로드웨이에서 상연한 WPA 최초의 창작물이다. 현은 제2차 세계대전 당시 육군 정보국에서 일을 했고, 한국의 미군정 연락 담당자로 복무했다. 이후 연극을 감독했고 UCLA에서 아시아학을 가르쳤으며, 라구나 비치에서는 '현의 집(House of Hyun)'이라는 중국 식당을 운영했다. 여든 살이던 1986년에 현은 첫 번째 책 『만세!』를 출판했다. 이제 곧 자신의 가족사의 속편인 『만세 II』가 하와이 대학에서 출판될 것

이다. 8월 25일 옥스나드에서 암으로 사망했다.[※]

지난한 번역 작업에도 기다리고 응원하면서 많은 도움을 준 도서출판 한울의 여러분과 이 책이 나오기까지 격려와 관심을 주신 많은 분께 감사의 말을 전한다.

※   "Peter Hyun; Director and Author Chronicled Korean-Americans," *Los Angeles Times*, September 4, 1993. http://articles.latimes.com/1993-09-04/news/mn-31536_1_peter-hyun

차 례

책머리에

1975년 8월 8일 국립서울현충원 언덕 위 묘지에 내 아버지와 어머니의 유해가 안장되었다.[1] 애국지사이자 민족의 영웅이라는 영예로운 헌사를 받으며, 수백 명의 옛 친구들 한가운데에서 자신들의 마지막 안식처를 찾게 되었다.

안장은 현충관에서 엄숙한 의식으로 시작되었다. 생존해 있는 아버지와 동년배 종교 지도자 몇 분과 고위 관료들도 아버지가 일생 동안 독립을 위해 노력했다는 사실을 칭송했다.

이러한 덕망 있는 지도자들과 귀빈들 앞에서 나는 내 마음을 전했다. 나는 행사 전날 저녁에 한국어로 글을 준비했고, 그 사본을 이 글에 실었다(원서에는 이것을 영어로 번역했으나, 이 책에는 자필로 쓴 연설문 사본만 싣는다*). 글을 보는 즉시 누구나 나의 한국어 맞춤법이 서툴다는 것을 금방 알아차릴 수 있을 텐데, 한글 공부를 지금으로부터 60년보다 훨씬 전인

내 나이 열다섯 살 때 끝냈기 때문에 나로서도 어쩔 수 없는 노릇이다. 그런데도 내 생각과 감정을 표현할 만큼 충분히 모국어를 잊지 않고 있다는 것을 고맙게 여긴다. 다음은 내가 한국어로 준비한 연설문의 사본이다.

오늘 이렇게 조국지사의 영광한 날에
참석하게 된 것을 깊히 감사합니다.
미국에 살고 있는 우리형제 자매들은
함께 되어서, 결정한것은 아버님과 어머님
의 위해는 그이의 조국강산으로 도라가서
그이의 동보 함께 있는 것이 맛당하고
깊은 것이라고 생각했음니다.
우리들을 길러 오실때에 가롯쳐 주신 것은
이것임니다. "비들은 잇지마러라. 엇에서
살고 무슨 일을 하던지 네 나라를
사랑하고 네나라에 자유독립을 위하야
셍영을 밫처라." 이 밧은 사상은 아직도
잇지안코 사라갑니다.
아버님과 어머님은 우리동포 자유독립
을 위하야 로력하시는 것을 보고 자라 낫음니다
그러나 아버님이 도라 가시기젼에 원하시고
기도하신것은 인민에 자유는 전세게 인셍
에 되지고 국가독립은 세게 만국에 광셜
될것을 원하시며 기도하시면서 도라가셨음니다
또 다시 우리어국지사을 위하야 이갓치 만히
노력을 하시고 이갓치 꽝장하고 아름다운
묘지를 건설하여 주신것을 말할수업는
깊흔 감상으로 감사드림니다

이 가슴 뭉클한 행사 때문에도 이 책을 쓰게 되었다. 안장식을 마친 뒤 아내와 나는 버스를 타고 대구, 경주, 부산을 방문하고, 한반도 곳곳을 여행했다. 구불구불한 강을 낀 고속도로 양측의 농촌과 산은 믿기 어려울 만큼 푸르고 아름다웠다. 내게 이 여행은 한국 고대 문화의 역사 무대와 귀중한 유산을 발견하는 소중한 경험이었다. 어린 시절 들었던 이야기들이 더욱 생생해졌다.

방문한 곳에서 나는 한국의 젊은이들을 만났다. 그들은 생기와 확신으로 가득 차 있으나, 나는 그들이 자신들의 유산에 대해 너무 모른다는 것을 깨달았다. 가장 나쁜 점은 그들이 자신들의 최근 역사에 대해 너무도 모른다는 것이었다. 그들은 한국의 독립운동, 독립 국가로서의 자랑스러운 자긍심을 보존하기 위한 수많은 선조의 투쟁과 희생에 대해 잘 알지 못했다.

나는 개인적으로는 나의 아버지와 어머니의 이야기, 그리고 동포들의 자유를 위한 그들의 불후의 투쟁에 대해 말할 책임이 있음을 느꼈다. 내가 체험하고 목격한 그 이야기를 나는 해야만 했다. 이러한 확신과 영감 속에서 나는 이 책을 썼다.

글을 시작하며

만세! 만세! 만세! 대한 독립 만세! 대한 독립 만세!

4천여 년 동안 한민족의 외침은 산을 가로지르고 깊은 바닷속까지 울려 퍼졌다. 단 한 번 그 외침은 침묵을 강요당했다. 1910년 일본이 한국을 점령하면서 그 외침은 금지되었다.

'만세!'는 일본에 잔인하게 속박되었던 슬프고 끔찍한 시절의 우리 가족의 역사를 기록한 이 책에 특히 적절한 제목이다. 그리고 무엇보다 우리 아버지 현순 목사에게는 더욱 그럴 것이다. 한국 최초의 기독교 목회자 중 한 사람이자 서울의 유명한 정동제일감리교회(현재 정동제일교회*)에서 오랫동안 목사를 지낸 아버지는 신자들이 자유를 찾도록, 다시 한 번 '만세!'를 외치도록 이끌고 격려했다.

1919년에 다른 일곱 명의 애국지사들과 아버지는 일본의 식민 통치에 맞서는 대규모 삼일운동을 비밀리에 계획했다.[1] 그리고 아버지는 목

---

1   현순 목사가 남긴 대표적 기록인 현순자사(玄楯自史)에는 "某日에 余가 鍾路青年
     會館 及 基督申報社를 歷訪하고 主筆 金弼秀 牧師와 作伴하여 南門外 濟衆院 藥房主
     任 李甲成 私邸에 나가본즉 不期會로 會合한 人士들은 金弼秀, 李承薰, 咸台榮, 李甲

사라는 천직을 구실로 전국의 교회를 방문해 사람들을 조직하고 계획된 봉기를 알리는 임무를 맡았다.

1919년 3월 1일 바로 그날, 수십만 명의 사람들이 "만세!"를 외치며 자유를 선언하기 위해 길거리로 뛰쳐나왔다. 서른세 명의 지도자들이 서명한 「독립선언서」가 작성되어 전국에 배포되었다. 깜짝 놀라 침묵하던 사흘 후 일본 경찰과 군대는 시위대를 공격해 수천 명을 죽였고, 서른세 명의 지도자 모두를 포함한 수천 명을 체포해 감옥에 가두었다.

아버지는 자신에게 걸린 현상금에서 벗어났다. 그는 일본 경찰을 피해 상하이로 갔고, 그곳에서 대한민국 망명 임시 정부를 수립하고자 모인 다른 애국지사, 망명가 등과 합류했다. 아버지는 임시 정부의 외무차장으로 선출되었다. 임시 정부는 1920년에 아버지를 미국 전권대사로 임명했다.[2] 아버지는 대한민국 임시 정부에 대한 승인과 지원을 얻고자

成, 安世煥, 吳基善, 朴熙道, 玄楯 等이었다. 時日은 二月 十九日 午後 二時頃이요, 討議의 大題는 獨立運動이었다"라고 기록되어 있다. 현순자사는 *My autobiography by the reverend Soon Hyun 1878-1968: with historical documents, photographs and analysis*(Seoul: Institute for Modern Korean Studies Yonsei University Press, 2003, 이하 *My autobiography*), pp.213~324나 한국독립운동사 정보시스템의 http://search.i815.or.kr/Search/TotalSearch.jsp?sT=3&tid=&v_allword=%ED%98%84%EC%88%9C%EC%9E%90%EC%82%AC를 참고하라.

2   현순은 1919년 4월 10일 외무차장에 선출되고, 4월 23일 제2차 임시 의정원 회의에서 외무부원으로 임명되었으며, 8월 5일에는 내무차장으로 선출되었다. 그러나 같은 해 11월 내무차장직을 사임하고 이승만에게 편지를 보내 미국에서 일하고 싶다는 뜻을 전달했다고 한다(박대성, 2005, 『현순의 생애와 사상 연구』, 감리신학대학교 석사학위논문). 현순자사에 의하면 1920년 5월경 이승만이 그를 주미경구미위원부(駐美京歐美委員部) 부원으로 임명하고 여행 경비로 500달러를 보냈다고 한다. 한편 현순은 1921년 2월경 이승만이 날인한 1920년 10월 6일 자 영문으로 된 전권대사 임명장을 구미위원부 사무소에서 찾았는데, 돌프(F. A. Dolph)가 하와이에 있는 이승만에게 편지를 보내 받아

당시 미 국무장관 찰스 에번스 휴스(Charles Evans Hughes)에게 공식 탄원서[3]를 제출했다. 그는 미국, 하와이 그리고 전 세계의 한인들을 모으며 광범위한 지역을 돌아다녔다.

당시 미국에 거주하던 리승만(李承晚)은 아버지의 모든 활동에 분개했다. 성년 시절을 모두 미국에서 보낸 그는 자신이 미국에 있는 유일한 지도자라고 생각했기 때문이었다. 아버지의 활동은 그의 위신과 자부심에 손상을 주었고, 그래서 그는 잘 알려진 강압적인 방법을 사용해 아버지가 활동을 포기하고 상하이로 돌아가게 만들었다.

제2차 세계대전 이후 아버지는 분단된 조국으로는 결코 돌아가지 않겠다고 맹세했고, 1968년에 망명 중이던 로스앤젤레스에서 세상을 떠났다. 1975년 8월 교인들의 요청으로, 어머니 마리아 현과 아버지의 유해는 그가 태어난 조국으로 되돌아왔다. 이곳에서 그는 자신을 사랑하고 존경하는 수백 명의 사람에게 둘러싸여 추모를 받으며, 위대한 애국자이자 민족 영웅으로 국립서울현충원에 안장되었다.

그리고 이 책 『만세!』는 키가 아주 작지만 강인한 어머니에 관한 이야기이기도 하다. 아버지가 자유에 대한 교인들의 희망을 일깨우고 지속시키기 위해 전국을 돌아다니는 동안, 어머니는 오랜 시간 여덟 아이들과 홀로 남겨졌다. 어머니는 혼자의 힘으로 일본 경찰을 포함한 모든 위험과 위협에 맞서 우리를 보호하고 양육했다. 1920년 어머니 역시 두 살부터 열일곱 살[4]까지의 아이들을 데리고 도망을 쳐서, 만주 벌판을

왔으나 전달하지 않은 것으로 기록하고 있다.

3   현순자사에는 대한독립승인요구서(獨立承認要求書)로 표기되어 있다.

4   앨리스는 미옥(美玉, 1903년 5월 8일 출생), 엘리자베스는 영옥(煐玉, 1905년 3월 19일 출생), 피터는 준섭(駿燮, 1906년 8월 15일 출생), 순옥(順玉, 1907년 출생)

건너고 광대한 중국 땅을 가로질러 상하이에서 아버지와 함께 다시 가족을 일구었다. 상하이에서의 보잘것없고 앞을 알 수 없는 시절, 어머니는 가족을 단결시키고 여덟 아이들이 한국 혁명 운동의 모든 고난을 이겨내도록 이끌었다.

마지막으로 『만세!』는 나 자신의 이야기, 일본이 점령했던 서울에서 보낸 내 유년기와 사춘기에 관한 이야기다. 참을 수 없었지만 내가 겪어야 했던 일상적인 모욕과 멸시는, 학교에서 매일 배우고 반복하고 숭배하도록 강요된 신도(神道)-사무라이-일왕 숭배의 훈시만큼 교활하지는 않았다. 나는 1919년 삼일운동에 참여한 소년이었고, 궁궐 광장에서 일본인들이 젊은 학생들을 학살하는 현장을 목격했다.

어머니와 중국으로 건너간 나는 대한 독립이라는 궁극적인 승리에 자신의 삶을 바친 지도자들의 아들딸인 '어린 혁명가들'과 합류했다. 우리의 활동은 모험, 승리와 실패, 때로는 비극으로 채워졌다. 그러나 '만세'의 정신은 항상 우리의 용기를 유지하는 자양분이 되었다.

혁명 운동의 부침으로 우리 가족은 다시 한 번, 이번에는 중국에서 하와이로 탈출할 수밖에 없었다. 내가 발견한 새로운 세계는 미국의 일부인 신비한 마법의 땅이었다. 나는 나의 두 번째 고향과 나의 '어린 혁명가' 동지들을 버리고, 불안하지만 새로운 꿈을 안고 태평양을 건넜다.

은 서양식 이름이 없고, 폴은 기섭(騏燮, 1913년 9월 14일 출생), 조슈아는 환섭(驩燮, 1915년 8월 22일 출생), 데이비드는 화섭(驊燮, 1917년 1월 3일 출생), 메리는 명옥(明玉, 1919년 8월 24일 출생)이다. 이 책과 *My autobiography*, 데이비드 현의 「Genealogy of Reverend Soon Hyun, January 1, 2002」(『사진으로 보는 애국지사 현순목사의 대한 독립운동』, 한국독립역사협회, 2002)를 참고해 작성했다.

CHAPTER 1

3월 1일

만세! 만세! 만세!
대한 독립 만세!

파도 같은 군중의 엄청난 구호가 지금도 여전히 귓가에 울리는 듯하다. 1919년 3월 1일 조선[1]의 서울에서 일어났던 일이며, 당시 나는 열두살이었다. 일본 경찰에 맞선 조선의 수많은 남녀노소가 서울 거리로 뛰쳐나와 함성을 지르고 춤을 추며 독립을 선포했다. 그래서 조선 민중은 선조들이 4천 년 동안 그래 왔듯이 다시 한 번 정복자들(이번에는 증오스러운 일본)의 통치에 종지부를 찍고 있었다. 일제 통치 10년 동안 우리들은 무자비한 억압과 굴욕을 경험했다. "게으른 조센진!" "멍청한 조센진!" "비겁한 조센진!" 이는 일본인이 우리에게 퍼부었던 욕설이다. 이 민족적 치욕을 쓸어버리고자 조선인들이 이제 행진하며 외치고 있었다.

---

[1]   'Korea'는 문맥에 따라 '조선', '대한민국', '한국'으로 번역했다.

"만세! 만세! 만세! 대한 독립 만세!"

일본 경찰은 완전히 허를 찔렸다. 그들은 무기력하게 서서 자신들이 서 있는 땅을 고막이 터질 듯한 소리로 뒤흔드는 '순한 조선인들'을 바라보았다. 오랫동안 억압된 민중의 감정이 마침내 풀려 하늘에 울려 퍼졌다. 그런데도 폭력의 조짐은 전혀 없었다. 조심스럽게 계획되었기에 민중의 시위는 절제되고 평화로웠다. 조선 민중의 이 비폭력 봉기는 수십년 뒤 간디의 불복종 운동으로 이어졌다. 한국은 아주 오래된 땅이다. 4천 년이 넘는 역사를 자랑으로 여긴다. 한국인들은 자신들의 아름다운 땅을 노래한다.

무궁화 삼천리 화려 강산
대한 사람 대한으로 길이 보전하세

물론 일본 지배 아래 「애국가」를 부르는 것은 금지되었다.

삼일운동 당시 우리 가족은 아버지와 어머니 그리고 한 살부터 열다섯 살에 이르는 4남 4녀 여덟 명의 아이들로 이루어져 있었다. 남형제 중 내가 장남이고, 내 밑으로 폴, 조슈아, 데이비드가 있었다. 여형제로는 가장 위인 앨리스 누나 밑으로 엘리자베스, 순옥, 아기 메리가 있었다. 누이동생 순옥은 예외이지만, 아마도 서양식으로 아이들의 이름을 지은 최초의 가족이었을 것이다. 우리 역시 전통에 따른 이름이 있었지만 친척들 외에는 전혀 사용하지 않았다. 내 한국 이름은 준섭(駿燮)으로 '나는 듯 재빠른 말-불꽃'이라는 뜻이다. 게다가 우리는 아버지와 어머니를 한국 관습대로 '아버지'와 '어머니'로 부르지 않았다. 그 대신 우리는 '아빠' 그리고 서양의 '마마'의 변형인 '엄마'라고 불렀다. 그것은 봉건적인 전통과 관습에 맞서 아버지 개인이 펼친 개혁 운동의 한 단면이었다. 그가 1천 년간 이어온 가문의 전통을 뒤집으려고 했던 점을 고려하면 이는 상당한 성과였다.

현씨 가문의 선조는 학자, 예술가와 함께 중국에서 한국으로 건너온 기자(箕子)의 후손 중 한 명인 현탁(玄卓)이다. 기자는 중국 문화를 한국에 들여와 기원전 1122년에 기자조선을 세웠다.[2] 현탁의 후손들은 평양 북부 지역으로 퍼졌다. 현(玄)은 '하늘의 색, 회색'을 뜻하는, 흔치 않은 한국의 성씨다. 기록에 따르면 현씨 가문은 공식적으로는 고려 명종(明宗)이 통치하던 약 1130년에 형성되었다. 시조는 현담윤(玄覃胤)이라는 농부였다. 담윤은 두 아들과 농민군을 만들어 반역의 무리와 싸워 무찌른 뒤 왕권을 회복시켰다. 그의 영웅적 행위에 대해 왕은 담윤을 '대장군'과 '평장사'로 임명했다.[3] 귀족의 모든 권리와 함께 약 100만 평의 토지가 현씨 가문에 영구 소유로 하사되었다. 현씨 일가는 1392년 고려 왕조가 망할 때까지 이 모든 특권을 누렸다. 나는 자랑스러운 이 가족사를 할아버지, 그리고 나중에는 아버지의 자서전을 통해 알게 되었다.

이어진 조선 왕조에서 현씨 가족은 귀족 지위를 상실하고 중인이 되

---

2   저자는 이 책에 중국 은 말기에 기자(箕子)가 조선에 와서 단군조선에 이어 건국했다는 이른바 '기자조선론'을 서술하고 있으나, 현재의 역사가들 사이에서는 '기자조선론'이 사실이 아니라는 견해가 지배적이다.

3   현담윤(玄覃胤)은 평안북도 연주(延州: 평안북도 영변의 옛 이름) 현씨의 시조다. 고려 의종 때 대장군을 역임하고, 명종 때 조위총의 난을 평정한 공으로 문하시랑평장사(門下侍郎平章事: 정2품 관직)에 올랐다. 장남 현덕수(玄德秀) 역시 조위총의 난을 평정한 공으로 내시지후(內侍祗侯: 정7품의 지후직과 내시직을 겸직)에 오른 뒤 신종 때 병부상서가 되었고, 차남 현이후(玄利厚)는 경상도 안렴사(按廉使)에 올랐다. 현순은 연주 현씨의 분파인 천령 현씨다.

었다. 하급 계층은 상인으로 알려진 평민이었다. 조선 왕조에서 양반 혹은 귀족은 정부 요직의 표면상의 우두머리였고, 중인이 정부를 운영하는 일을 맡았다. 이 시기 현씨 일가는 외교관인 역관이 되었고, 11세대 동안 사역원에서 중요한 자리를 차지했다. 그들 중 나의 증조할아버지 현일(玄鎰)은 조선의 마지막 왕[4] 광무황제(光武皇帝: 고종*)의 섭정인 [흥선*] 대원군의 개인 고문이었다.[5] 이 중요한 자리는 뒤에 그 아들인 현제승(玄濟昇)이 맡았는데,[6] 그는 농업, 국방, 재정, 고위직 선발과 관련한 수많은 새로운 아이디어를 정부에 소개하는 역할을 했다.

　나의 큰할아버지 현제승은 프랑스 해군이 도성을 방위하는 항구를 공격하고 서울 근교까지 도달했던 1866년에 눈부신 활약을 했다. 왕은

4　　조선의 마지막 왕은 순종이다. 다만 조선과 대한제국의 관계, 위상에 따라 견해를 조금 달리할 수 있다. 순종은 1897년 고종이 국호를 조선에서 대한제국으로 변경한 뒤인 1907년에 대한제국의 2대 황제(隆熙皇帝)로 취임했다. 따라서 국호의 변경만을 기준으로 할 때 '조선'이라는 국호의 마지막 임금은 고종이라고 할 수 있다. 다만 대한제국이 '조선' 왕조의 연장선상에 있는 국가로서 1910년 국권피탈로 법적·실질적 '독립국가'에서 '몰락'했다는 점을 고려하면 조선과 대한제국의 마지막 임금은 순종이라 할 수 있다.

5　　현일(1808~1876)은 조선 후기 문신으로 자는 만여(萬汝), 호는 교정(皎亭)이다. 문음으로 연천군수에 발탁되어 중추원 지사 자리까지 올랐다. 시문에 뛰어난 자질을 보여 『교정시집』 5권을 남겼는데, 이 책은 현재 규장각 도서로 보관되고 있다.

6　　저자는 1장에서는 현일을 아버지의 증조할아버지로, 그 아들 현제승을 아버지의 할아버지로 적고 있으나, 3장에서는 현제승을 아버지의 큰아버지로 서술하고 있다. 이 중 3장의 서술, 즉 저자를 기준으로 아버지 현순, 할아버지 현제창과 큰할아버지 현제승, 증조할아버지 현일로 이어지는 계보가 옳으므로, 이에 따라 수정·번역했다. 참고로 저자의 아버지 현순 목사의 부모에 대한 기록은 사우스캘리포니아 대학 디지털 라이브러리(http://digitallibrary.usc.edu/cdm/ref/collection/p15799coll126/id/271)에서 찾을 수 있으며, 이곳에는 현순 목사 및 그의 가족에 대한 자료가 수집되어 있다.

프랑스 군대와 만나 협상을 하도록 그를 파견했다. 그는 프랑스 군대가 철수하고 조선과 친선 관계를 맺도록 하는 데 성공했다.[7] 현제승이 이룬 성과에 감명한 대원군은 그의 능력을 높이 평가해 현씨 일가의 귀족 지위를 회복시키려고 했지만, 현제승은 그 제의를 거절했다. 이는 조상 대대의 유산이자 가족의 전통이었다.

이제 아버지는 새로운 길, 그가 기독교에서 찾은 계몽의 길로 교인과 가족을 인도하려고 했다. 그가 직면한 어려움은 대부분 극복하기 힘든 것이었다. 보수파뿐만 아니라 그의 직계 가족, 특히 여자 가장이던 아버지의 할머니가 반대했다. 어느 날 중매쟁이가 할머니에게 당시 아홉 살이던 아버지의 결혼을 제안했다. 신붓감은 명성황후 민씨의 영향력 있는 친구인 왕녀 김진현의 손녀였다.[8] 현명한 가장이던 내 증조할머니는 이러한 결혼을 통해 부와 영향력을 얻으려는 데 반대해 그 제안을 거절했다. 몇 년 후 아버지가 열두 살이 되었을 때, 증조할머니는 왕의 가족을 돌보는 왕실 의사 이해창[9]의 열네 살 난 딸을 신부로 선택했다. 중매

---

[7] 현순자사에는 "伯叔 濟昇 公은 大院君 攝政時에 補佐의 一人으로 撰拔되어 運籌의 祕策을 獻하시고 丙寅洋亂時에 問征官으로 楊花津에 出陣하여 法人에게 征來의 뜻을 問하시고 開津을 不許하셨다"라고 기록하고 있다.

[8] 현순자사에는 "閔妃 當時에 巫女卜術輩가 闕內에 雲集하여 皇上의 聰明을 가리고 諸般 淫邪를 自意自行하였다. 其時에 關聖帝를 接하여 人의 吉凶禍福을 점치는 妖女가 있었다. 此女도 闕內에 入하여 爲先 閔妃를 誘惑하고…… 北廟와 宏大한 住家까지 建築하고 眞靈君이라 이름을 주었다.…… 父親께서도 此女와 交緣이 있었고 登仕의 幇助도 있었다. 그리하여 此女의 養子 金昌悅의 長女로 余와 定婚하고 丁亥年 一八八七年 春에 結婚을 督促하였다"라고 기록되어 있는데, 현순의 영문자서전에 "Chin Hyun Kun"으로 오기된 부분을 옮기면서 착오가 생긴 듯하다.

[9] 저자의 외조부에 대해 찾은 유일한 기록은 『순종실록』 부록 순부 4권, 6년 [1913년 5월 2일(양력)]의 기록이다. "양궁(兩宮: 세자와 세자빈*)께서 전 전의(典醫) 이해창(李海昌)에게 특별히 금(金) 100원(圓)을 내렸다. 그가 회근(回졸)

쟁이를 통해 모든 협의를 마치고 결혼 날짜가 잡혔다. 자서전에서 아버지는 결혼식에 대해 다음과 같이 썼다.

결혼에 대해 이야기하는 것이 약간 쑥스럽지만, 진실을 말하고 싶다. 당시 신부는 열네 살이었고, 나는 열두 살이었다. 여러 차례의 소소한 교섭 후에 결혼 날짜가 잡혔다. 그래서 어린 신랑, 신부는 1890년 11월 10일에 신성한 결혼 예식을 올렸다. 결혼식은 (현씨가 거주하고 있었던) 항동(杭洞, 경기도 양주 석적면*) 북쪽으로 약 20마일 떨어진 마전(麻田郡 雪雲里*) 고을에 있는 신부의 집에서 열렸다. 들러리, 하인들과 하녀들이 나를 완벽하게 보호하고 있었다. 사흘간의 조금은 싫증 나는 예식들과 지루한 잔치들을 치르고 난 후에 나는 집으로 돌아왔다. 이 행사는 주로 할머니의 명예와 즐거움 때문에 열렸다. 할머니의 예순한 번째 생신인 환갑이 1890년 12월 14일이었다. 신부는 할머니 생신에 우리 집에 왔다. 1천여 명의 사람들이 방문한 큰 연회가 있었다고 한다.

조선의 뿌리 깊은 관습에서 벗어나 아버지는 새롭고 자유로운 세계로 나아가고 있었다. 그는 최초로 임명된 한국인 기독교 목회자 중 한 명이 되었고, 여러 해 동안 서울에 있는 정동제일감리교회의 목사였다. 그 뒤에는 주일학교 총무가 되었다. 이러한 자격으로, 그는 종종 전국을 돌아다녔다. 그의 사명은 많고 다양했으나, 가는 곳마다 열린 부흥 집회 때문에 가장 유명해졌다. 낭랑한 목소리와 두려움을 모르는 설교로 그

을 맞았기 때문이다"라고 적혀 있다. '회근'은 부부가 혼인하여 함께 맞는 예순 돌 되는 날을 말한다. 국사편찬위원회 홈페이지(http://sillok.history.go.kr) 조선왕조실록.

는 단 한 번의 부흥 집회에서 수백 명의 사람을 기독교 신자로 만들었다. 예수의 말을 인용해 "나를 따르라, 그러면 내가 너희를 자유롭게 하리라"라는 한 외침이 가장 강렬했다. 이 땅의 모든 조선인은 자유를 갈망하고 있었다. 사람들은 미국 선교 학교의 교육에 끌리기보다 자유에 대한 이러한 갈망 때문에 교회에 모였다.

엄마가 아빠를 배웅하러 남대문 기차역으로 우리 남매를 모두 데려갔을 때는 삼일운동이 일어나기 불과 2주 전이었고,[10] 당시 누이동생 순옥은 관리인의 등에 업혀 나가야만 했다. 왜 그랬을까? 전도를 위한 여행인 경우 우리 가족은 아빠를 배웅하기 위해 결코 역까지 나가지 않았다. 아빠가 삼일운동을 주도한 사람 중 한 명이었고, 자신의 인생에서 가장 중요한 임무를 수행하기 위해 떠난다는 사실을 엄마만이 알고 있었다. 나중에 내가 많은 것을 배웠듯이, 아빠의 임무는 조선에서 중국으로 밀입국해 대한 독립을 위해 가능한 모든 외교 활동을 조직하는 것이었다. 자신의 조상들처럼 아빠는 삼일운동의 지도자들에 의해 외교 분야의 수장으로 임명되었다. 그는 과거 교회에서 했던 역할 때문에 일본 경찰의 감시를 받지 않고 여행하여 삼일운동 직전에 중국에 도착할 수 있었다. 떠날 당시 아빠는 자신이 다시는 조국에 돌아올 수 없다는 것을 결코 알지 못했다.

우리는 특히 공개적인 자리에서는 감정을 표현하지 않도록 교육을 받고 자랐다. 그날 출발 전에 아빠가 큰 아이들의 머리를 쓰다듬어주고 어린 동생들의 볼을 살짝 꼬집어주었을 때, 나는 아빠가 보이지 않게 눈물

---

10 현순자사에 따르면 2월 24일 저녁에 가족에게 이별을 고하고 용산역에서 남만주행 기차를 탔다고 한다. 현순이 가족과 이별한 기차역은 현재의 서울역으로, 당시에는 남대문역, 남대문정거장 등으로 불렸다고 한다.

을 흘리는 것을 알 수 있었다. 아빠와 엄마가 서로 아무 말 없이 오랫동안 바라보고 있는 모습을 우리 남매는 모두 지켜보았다. 그것 말고 아빠와의 작별은 마지막 순간 남동생 조슈아와 데이비드가 달려가서 아빠의 다리를 붙잡고 매달렸던 것을 빼면 특별하지 않았다. 깜짝 놀란 아빠는 다정한 목소리로 동생들을 "이놈들! 이놈들!" 하며 꾸짖었다. 그는 재빨리 작은 여행 가방을 들고 개표구로 갔고, 역무원이 개찰하자 바로 들어갔다. 계단을 올라 기차를 타는 아빠를 나는 난간에 기대어 바라보았다.

그렇게 1919년 3월 1일 운명의 날이 되었다. 여덟 명의 아이들과 함께 엄마는 홀로 남겨졌다. 아빠가 가버리고, 이제 우리를 양육하고 보호하는 것은 엄마의 몫이었다. 시간이 흐를수록 우리는 우리의 부양자이며 결정권자이자 보호자인 엄마에게 점점 더 의존하게 되었다. 거리가 "만세! 만세!"의 외침으로 가득 차자, 엄마는 우리에게 집 안에 있으라고 엄하게 말했다. 이틀 동안 집 안에 있던 나는 거리에서 사람들이 외치는 소리와 웅성거림을 들었다. 나는 흥분되었지만 "만세!"의 뜻을 전혀 이해하지 못했다. 목소리를 낮추고 엄마는 내게 설명해주었다.

"만세! 만세! 만세! 대한 독립 만세! 베드로야, 그것은 우리가 자유라는 것을 말한다. 그것은 우리가 더는 일본의 노예가 아니라는 것을 의미한단다."

엄마의 설명을 듣자 나는 더욱더 밖으로 나가 거리의 사람들과 합류하고 싶어졌다.

사흘째 되던 날 아침, 나는 작심하고 적절한 기회를 틈타 집을 나왔다.[11] 나는 창덕궁으로 가고 있다고 말하는 학생들을 만났다. 사람들 모

11   이 시점에서의 저자의 기억과 서술은 역사적 사실과 다소 일치하지 않는다. 삼

두가 독립을 기념하는 중요한 행사를 위해 그곳에서 모인다는 것이었다. 매우 흥분된 나는 고학년 학생들을 따라갔다. 등교하며 지나쳤던 궁궐을 통과했다.[12] 궁의 정문은 너무 크고 넓어 끝에서 끝까지 닿기 위해서는 최소 열 명이 팔을 벌리고 일렬로 서야만 했다. 그보다 작은 두 개의 문이 정문 옆에 있었고, 그 너머에 어마어마하게 큰 기와지붕이 곡선 모양의 끝을 커다란 날개처럼 우아하게 펼치고 있었다. 항상 문이 닫혀 있었기 때문에 나는 궁 안을 본 적이 없었다. 한 사람이 간신히 통과할 수 있을 만큼 작은 문 하나가 조금 열려 있었다. 그 앞을 어깨에 총을 멘 제복을 입은 군인이 천천히 왔다 갔다 했다. 지나칠 때마다 그 무표정한 얼굴을 슬쩍 쳐다보면서 그가 모든 불청객을 실제로 물리칠 수 있을지 궁금해하기도 했었다.

　궁궐 담을 따라 걸으며 사람들은 궁에서 살았던 왕에 관한 소문에 대

12　일운동은 3월 1일 서울, 평양 등 주요 도시에서 시작되었고, 3월 2일에는 함경도, 평안도, 황해도의 주요 도시로 확산되었으며, 3월 3일 고종의 장례식이 치러졌고, 3월 5일에는 남대문 광장에서 학생을 중심으로 격렬한 시위가 벌어졌으며, 3월 10일 이후에는 경상도, 전라도, 충청도 등으로 확대되었다. 저자는 삼일운동이 일어난 지 사흘째 되는 날, 즉 3월 3일에 참여한 것으로 적고 있다. 3월 3일은 고종의 장례식이 진행된 날이며 저자가 목격한 고종의 장례식에 대해 2장에서 서술하고 있는 점을 고려하면, 저자가 삼일운동에 참여한 날은 3월 5일일 가능성이 높다.
저자는 궁 뜰을 통과해 창덕궁에서 열린 삼일운동 행사에 참여한 것으로 적고 있는데, 창덕궁은 태종 이방원이 수도를 다시 한양(서울)으로 옮기면서 경복궁의 동쪽에 지은 궁궐이다. 그런데 고종이 순종에게 양위한 뒤 덕수궁(원래 명칭은 경운궁)에 살고 있었다는 점, 삼일운동 당시 저자가 살았던 집이 경복궁 서쪽의 서촌 지역의 옥인동이었다는 점(이에 대해서는 김창희·최종현, 『오래된 서울』(동하, 2013) 참조), 저자가 서소문 쪽의 배재학당을 다녔다는 점, 정동 길을 통해 행사장에 참여했다는 점 등을 고려할 때 저자가 말한 궁은 창덕궁이 아니라 덕수궁으로 보이며, 학교를 오고갈 때 지나친 궁은 경희궁으로 판단된다.

해 이야기하기 시작했다.

"왕은 정말 바보였대."

선배 학형은 낮은 목소리로 말하더니 곧 또 이렇게 덧붙였다.

"그리고 그의 속옷은 항상 젖어 있었대."

그 자리에 있던 우리는 선배 학형의 말에 모두 웃었지만, 그의 말을 믿지는 않았다. 그 뒤에도 그는 계속해서 진지하게 말했다.

"그가 일본에 나라를 뺏겼다는 게 놀랍지도 않아! 더 나쁜 것은 하나뿐인 아들[13]조차 빼앗겼다는 거야. 일본이 어린 왕자를 자기 나라로 데리고 가서 자기네 공주하고 강제로 결혼시켜버렸대!"

많은 사람들이 이 이야기를 들은 적은 있었지만, 진실인지는 알지 못했다.

"들어봐!"

선배 학형은 우리의 관심을 불러일으켰다.

"그녀가 실제는 공주가 아니라 평민이래. 그녀는 예쁘지도 않대······."

그는 조롱하며 이야기를 끝냈다.

궁궐 안으로 향하던 군중이 점점 더 불어났고 우리는 서둘러야 했다. 그런데도 나는 모든 가족이 아버지에게 작별을 고하기 위해 기차역에 갔던 그 특별한 저녁에 본 것들을 기억하고 있었다. 유명한 남대문 길은 그날 저녁따라 매우 멋지고 마치 살아 있는 것처럼 보였다. 모든 가게가 불을 밝게 밝혔고, 등유 램프 아래서 소리치며 물건을 팔고 있는 노점상

---

[13] 고종은 9남 4녀를 두었으나 대부분은 일찍 죽고 순종, 의친왕, 영친왕, 덕혜옹주만 장성했다. 여기서 말하는 아들은 1907년 황태자로 책립된 해에 일본 유학이라는 명목으로 일본에 볼모로 갔으며, 1920년 일본 황족 이방자와 정략결혼을 한 영친왕을 가리킨다.

들은 신이 난 것처럼 보였다. 사람들은 상인과 손님이 흥정하는 모습을 바라보거나 저녁 산책을 즐기며 서성거렸다. 나는 좌판에서 나는 음식 냄새를 깊이 들이마셨다. 국수 그릇에서 모락모락 피어오르는 김, 뜨거운 단팥 떡, 숯불 위에서 굽고 있는 고기 양파 꼬치. 그러나 나는 땅콩 볶는 냄새와 고구마 굽는 냄새를 가장 좋아했다. 등유 램프의 깜박거리는 불빛 속에서 움직이는 노점상들의 모습은 참으로 낭만적이어서, 언젠가는 나도 남대문 길에 가게를 낼 것이라고 마음속으로 맹세했다.

나는 행진에 합류한 다른 시끄러운 학생들 때문에 깜짝 놀라 공상에서 깨어났다. 이제 우리는 유명한 정동 길을 지나고 있었다. 정동에는 유명한 건물이 많이 있었는데, 그중에는 아버지가 여러 해 동안 전도 생활을 했고 교구 내에서 우리 여덟 명의 아이들 모두가 자랐던 정동제일감리교회가 있다. 우리는 또한 그 뒤에 가톨릭 성당이 있던 녹색 문에 이르는 계단을 지나쳤다. 나는 가톨릭 신자들을 경멸하라고 배웠는데, 그중 일부가 비록 예수의 이미지를 본떴지만 인간이 만든 우상들을 섬겼기 때문이다. 조금 더 떨어진 곳에 미국 테니스 클럽[14]이 있었다. 그곳을 지나칠 때마다 나는 멈춰 서서 담장을 통해 이상한 게임을 하고 있는 미국인들을 힐끗 쳐다보았다. 흰 옷을 입고 항상 웃고 소리치면서 손에 라켓을 쥐고 작은 흰 공을 향해 뛰어다니는 그들이 지구 상에서 가장 행복한 사람들인 듯했다. 그렇다. 이들은 예수를 믿었기 때문에 신의 은총을 받은 미국인들이었다. 왜 일찌감치 예수에 관해 한국인들에게

---

14   저자가 말하는 가톨릭 성당에 관한 자료는 찾지 못했다. 미국 테니스 클럽은 현재의 정동극장 자리에 있었다고 한다. 김정동, 2004, 『고종황제가 사랑한 정동과 덕수궁』, 발언, 73쪽; http://www.segye.com/content/html/2010/12/07/20101207003531.html 참조.

누군가 말해주지 않았을까?[15]

또 다른 건물에 나는 항상 마음을 빼앗겼다. 테니스 클럽 옆으로 난 길 건너에는 넓은 화강암 계단이 정면 현관 입구까지 놓인 3층짜리 인상적인 벽돌 건물이 있었다. 매우 호기심이 났지만 감히 건물 안으로 들어갈 엄두가 나지는 않았다. 그런데 나보다 더 용감한 몇몇 친구가 그곳에 들어가 안에 있는 것을 발견했다. 그곳은 미국에서 가져와, 선교사들과 그 아이들 그리고 다른 외국인에게 파는 이상한 음식들로 가득 차 있었다. 그 이상한 음식들이 기적을 행한다고 그들이 내게 말할 때 나는 충격을 받았다. 그들은 내게 미국인이 그토록 키가 크고, 피부색이 하얗고, 눈이 푸르고, 코가 높은 것은 이러한 음식 때문이라고 말했다. 우리는 웃으며 미국 음식을 먹고 미국인들처럼 우스꽝스러운 모습이 되어보라고 서로를 부추겼다.

웃음이 터져 나와 다시 공상에서 깨어났다. 잠시 후 이화학당 여학생들이 행진에 합류했다. 미국 선교사들이 세운 이화학당은 조선에서 가장 유명한 여학교였다. 그 명성은 영어를 포함한 근대적인 학습 내용뿐만 아니라 전국 각지에서 모인 예쁜 소녀들에게서 비롯되었다. 이 소녀들을 보면 나는 항상 즐거웠다. 그녀들의 생기 넘치는 밝은 얼굴, 예측 불가능한 웃음소리, 생기 있는 재잘거림, 그리고 무엇보다 불가해한 미스터리가 나를 자극하고 흥분시키고야 말았다. 그녀들은 모두 우리의

---

15   기독교에 대한 저자의 '예찬'과 가톨릭에 대한 '경멸'은 저자의 종교적 편견으로 읽힐 수도 있다. 그러나 이 책의 속편인 *In the New World: The Making of a Korean American*에서 저자는 목회자의 길을 포기한 주요 동기로 『성경』, 기독교 사상과 논리에 대한 '의문' 및 '회의'를 들고 있다. 따라서 여기서의 표현은 어린 시절 가졌던 자신의 생각을 충실히 적은 것으로 이해해야 할 것이다.

전통 옷인 주름 잡힌 종 모양의 흰색 치마에 고상한 색상의 짧은 저고리를 입었다. 검고 긴 머리는 땋아서 그 끝에 선홍색 리본(댕기*)을 나비 모양으로 묶었다. 지금처럼 그녀들이 기운차게 걸을 때마다 그 작은 나비 매듭이 리듬에 맞춰 튀어 올랐다.

그런데 내가 집에 갇혀 있던 3월 1일과 그다음 날 무슨 일이 벌어졌던가? 고학년 형들을 통해 나는 극히 중대한 사건들에 관한 이야기를 알아낼 수 있었다. 3월 1일 정오에 서울의 민중은 상업 중심지인 종로 광장에 있는 탑골공원에 운집했다. 정확히 정오에 한 명의 지도자가 야외 음악당(팔각정*)에 나타나 팔을 높이 치켜들며 구호를 외쳤고, 사람들이 뒤따라서 그 말을 되풀이했다.[16]

"만세! 만세! 만세! 우리나라 독립 만세!"

군중이 "만세! 만세! 만세!"를 계속해서 소리 높여 부르짖었을 때 금지된 태극기가 어디선지 모르게 군중의 머리 위로 나타났다.

사람들의 외침은 다른 지도자가 연단에 나타나 군중을 진정시키기 위해 손을 들어 올릴 때까지 멈추지 않았다. 그 지도자는 두루마리를 위로 치켜들어 펼치고는 장중하고 근엄한 목소리로 읽기 시작했다.

"대한 독립 선언……."

사람들은 고막이 터질 것처럼 외쳐대기 시작했다. 그 지도자가 다시 글을 읽기 시작했을 때, 강력하고도 감명 깊은 말이 듣는 모든 이의 심

---

[16] 저자는 삼일운동이 3월 1일 정오에 탑골공원에서 열린 것으로 쓰고 있다. 그러나 실제로 민족 대표 서른세 명 중 스물아홉 명은 예정되었던 탑골공원이 아닌 태화관에 오후 2시에 모였고, 3시에 한용운이 「독립선언서」를 낭독한 뒤 일본 경찰에 체포되었다. 그리고 태화관에서 300미터 정도 떨어진 탑골공원에 모여 있던 학생들은 장소 변경에 항의하다가 민족 대표와 별도로 정재용(한위건이라는 설도 있다)이 「독립선언서」를 낭독했다.

금을 울렸다.

"삼천만 조선인의 이름으로 그리고 삼천리 금수강산을 보존하기 위해 조선의 민족 독립이 변경할 수 없고 침해 불가능한 것임을 이 선언을 통해 전 세계에 선포한다."[17]

함성이 잦아들었을 때 그 지도자는 「독립선언서」에 서명한 서른세 명의 이름을 낭송했다. 그런 뒤 지도자의 마지막 지시 사항이 전달되었다.

"시내 곳곳으로 가서 역사적인 오늘을 축하합시다. 그러나 기억하시오! 어느 누구도 어떠한 모욕적인 언동이나 폭력으로 오늘의 중대함도, 또한 우리의 명예도 더럽혀서는 안 됩니다."

사람들이 공원 밖으로 쏟아져 나와 사방으로 흩어졌고, 그들이 행진하자 더 많은 사람들이 소리를 지르고 노래를 부르며 모여들었다. 나는 이틀 동안 집에서 나갈 수 없었지만, 사람들이 거리에서 아우성치고 떠드는 소리를 들었다.

이틀 동안 일본 경찰은 완전히 허를 찔렸다. 경찰이 대처할 준비를 전혀 하지 못할 만큼 봉기 계획은 철저하게 숨겨졌다. 일본 경찰은 들불처럼 전국으로 퍼져나간 운동의 방대함에 당황해 무력화되었다. 그러나 사흘째가 되자 그들은 준비를 갖추었다. 경찰은 출정 명령을 받았고, 두려움에 빠졌던 기마대가 증원되어 오만함을 되찾았다. 이 운명적인 날, 동료들과 나는 마침내 엄청난 인파로 가득 찬 궁궐에 도착했다. 그것은 장엄한 광경이었다. 젊은이들이 대부분인 가운데 "만세! 만세! 만세!"라고 외치며 물결을 일으키자 머리 위에서 수천 개의 태극기가 펄럭였다. 한 번씩 소리를 지를 때마다 땅이 흔들렸다. 너무나 빽빽하게 들어차서

17　「독립선언서」의 내용과 다른 부분이 있지만, 피터 현이 쓴 대로 옮겼다.

움직이는 것이 불가능했고, 숨을 쉬는 것조차 어려웠다. 우리는 발 디딜 틈조차 없는 군중 속에서 좌우로 흔들릴 뿐이었다.

　그때 일이 벌어졌다. 축하 행사가 최고조에 이르렀을 때, 일본 기마대의 소름 끼치는 괴성이 들렸다. 그들은 말 위에 높이 올라앉아 마치 한 무리의 분노에 찬 동물들처럼 골목에서 우리를 향해 돌진했다. 이 광경을 보고 몸이 얼어붙은 나는 마치 미친개가 사람들 속으로 맹목적으로 내달리듯 긴 칼을 좌우로 휘두르는 것을 꼼짝 없이 바라보았다. 쓰러뜨리는 사람과 쓰러지는 사람의 비명 소리가 들려왔다. 그런 뒤 기마대는 갑자기 말의 앞다리를 들어 올리며 방향을 틀어 또다시 군중을 가차 없이 베어나갔다. 그들은 살아 있는 조선인을 전부 칼로 베려고 작정을 한 듯 이러한 동작을 되풀이했다. 깜짝 놀란 사람들에 휩쓸려 나는 조금 가장자리로 밀려났다. 나는 살기 위해 내달렸다. 너무나도 겁을 먹은 나는 더는 달릴 수 없을 때까지 계속 달렸다. 마침내 멈춰 선 나는 숨을 헐떡거렸다. 그러고 나서야 동료들과 이화학당 여학생들을 기억해냈다. 그들은 어떻게 되었을까? 그들은 모두 죽었을까? 얼마나 많은 조선인이 궁에서 학살되었을까? 어느 누구도 알지 못할 것이다.

　기진맥진한 채로 여전히 부들부들 떨면서 어두워진 뒤에야 집에 도착했다. 불현듯이 내가 엄마 말을 거역하고 집에서 나왔다는 것을 깨달았다. 어떤 벌을 받을까? 최악의 상황에 대비하면서 집에 들어섰다. 엄마는 방에서 뛰어나와 마당으로 나를 향해 달려왔다. 정말 이상했다! 엄마는 화도 내지 않고 하루 종일 내가 어디 있었는지 묻지도 않았다. 그 대신 가까이 다가와서 내 머리를 쓰다듬으며 이렇게 말했다.

　"베드로야, 배고프지?"

　저녁을 먹고 나자 엄마가 부드럽게 물었다.

"네가 무엇을 보았는지 말해주지 않으렴?"

그날 이후, 나는 일본 경찰과 군인이 저지른 또 다른 공격에 대해 들었다. 얼마나 많은 조선인이 총에 맞고, 살육되고, 감옥에 갇혔는지 어느 누구도 정확히 알지 못했다. 가장 끔찍한 학살 사건 하나가 서울에서 얼마 떨어지지 않은 작은 촌락인 수원의 한 마을에서 일어났다.[18] 일본인들은 특별 훈육을 한다면서 모든 마을 사람에게 교회에 모이라고 명령했다. 모든 남자, 여자 그리고 아이들이 교회에 들어가자, 문을 닫고 널빤지로 막아버렸다. 그리고 교회에 불을 질렀다. 지옥 같은 곳에서 탈출하려던 사람들은 경찰과 군인이 쏜 총에 쓰러졌다. 이 학살 사건은 체코슬로바키아의 작은 마을 리디체(Lidice)가 나치에 의해 소개(疏開)되었다고 세상에 알려진 1942년보다 20년 이상 앞서 일어났다.

그렇다. 사람들은 두려움에 떨었으나 자유의 불길은 밝게 타올랐고 조선인들은 그 불길이 꺼지는 것을 거부했다. 온 나라의 지하에 숨어 모든 조선인은 자유를 위해 싸우는 군인이 된 것처럼 보였다. 시장에 자신들의 농산물을 가져가는 농부, 자신들의 물건을 거리에 내다 파는 노점상, 장돌뱅이, 학생과 선생, 수사와 선교사, 중매쟁이 모두 하나가 되어 자신의 역할을 수행했다. 그들은 비밀 메시지들을 전달하고, 전단과 신문을 인쇄해 배달하고, 가장 훌륭하게는 돈을 모아 독립운동을 지속시켰다.

어느 날 늘 아버지를 도와주던 정동교회의 나이 든 집사가 우리를 방문했다. 그분이 『성경』과 함께 다른 교회 문서를 넣어 다니는 흰색 천

---

[18]　1919년 4월 15일 경기도 수원군 향남면(현재의 화성시 향남읍) 제암리에 있는 제암리 교회에서 일어난 학살 사건이다.

으로 만든 가방에서 작은 신문을 꺼냈는데, 그 신문의 이름은 '조선독립신문'이었다. 그 후 얼마 지나지 않아, 우려했던 대로 그분은 체포되어 투옥되고 고문을 당했다. 놀랍게도 그는 감옥에서 살아남은 몇 명 되지 않는 독립운동가 중 한 분이었다. 그러나 내가 그분을 다시 보았을 때, 나는 그분을 거의 알아보지 못했다. 그분은 너무나 왜소해지고 실의에 빠져 있었다.

CHAPTER 2

왕의 장례식

삼일운동이 일어나기 두 달 전인 1919년 1월 고종이 세상을 떴다. 그는 1910년까지 광무황제였으나, 일본의 침략으로 칭호가 왕으로 격하되었다.[1] 살아생전 그는 백성들의 존경을 별로 받지 못했다. 백성들은 그를 나라를 결국 가장 증오스러운 적인 일본에 넘겨준, 위약하고 우유부단한 왕이라고 놀려댔다. 그런데 이제 그가 죽자 온 나라가 깊은 슬픔에 빠졌고, 서울은 기이한 적막에 잠겼다. 언덕 위 채석장에서 들려오던 돌을 운반하는 사람들의 익숙한 노래도 더는 들리지 않았고, 집안일로 바쁜 아낙네들의 수다는 자취를 감췄으며, 저녁이면 들리던 기생과 난봉꾼의 활기찬 북소리와 방탕한 노래 또한 사라졌다. 거리에서 뛰노는 아이들조차 차분해지고 얌전해졌다.

정적.

---

[1] 고종은 일제의 강압에 못 이겨 1907년 대한제국의 황제 자리를 순종에게 양위해 태황제(太皇帝)로 불렸다. 뒤를 이은 대한제국의 2대 황제, 즉 순종은 1910년 국권피탈 이후 이왕(李王)으로 불렸다.

한국인에게 왕의 죽음은 신라[2], 고려, 조선 왕조로 12세기 반 동안 이어져 왔던 민족사의 가장 자랑스러운 시간들이 지나가고 있음을 뜻했다. 최초의 통일 왕조인 신라는 남쪽의 경주를 근거지로 668년에 건국했다. 신라는 북쪽으로는 중국, 남쪽으로는 일본의 침략을 끊임없이 받았다. 이 모든 공격을 물리치면서 신라 시기에 한국 문화는 새로운 절정기에 도달했다. 문예와 학문의 엄청난 발전, 장엄한 사찰들을 건설한 건축학적 성과, 금은보석으로 만든 화려한 공예품은 신라 황금시대의 일부에 불과하다.

신라의 고도 경주에 천문대로 세워진 화강암 탑(첨성대*)은 이 당시 매우 훌륭한 성과들의 금자탑으로 여전히 건재하다. 이 탑에서 천문박사는 농부를 위해 계절의 변화와 기상을 예보했다.

아마도 인간이 만든 가장 최초의 냉장 시설이라 할 '석빙고'는 신라의 또 다른 성과다. 거대한 방은 깊이 판 땅속에 있으며, 좁은 물길이 망처럼 그 바닥을 지나고 있다. 독창적인 기술로 강물을 끌어올려 수로를 통해 흐르게 하고, 방의 벽을 밀봉하고 진흙층으로 튼튼한 지붕을 덮으면 냉각 시스템이 완성된다. 겨울에는 얼어붙은 강에서 얼음을 채취해 석빙고에 저장한다. 지구의 천연 단열재와 강물의 끊임없는 흐름이 다음 겨울까지 얼음의 상태를 유지시켰다. 그리하여 귀족과 부자는 겨울에는 과일과 채소를, 여름에는 차가운 음료와 고기를 공급받았다.

정복 후 일본은 한민족의 모든 문화와 유적을 파괴하려고 했지만, 수많은 사찰이 접근하기 어려운 산자락에 세워져 있어 실패했다. 어쨌든 일본은 한국 문화의 유적과 유물이 관광 명소로서 가치 있는 자산이며

2   여기서 신라는 통일신라를 가리키는 듯하다.

그 자체로 상당한 이윤의 원천임을 곧 깨달았다.

신라 왕조의 가장 유명한 사찰 중 하나가 불국사다. 그 절은 신라의 수도 경주에서 가까운 토함산 자락에 있다. 불국사는 현존하는 가장 유명한 한국의 5대 사찰 중 하나다. 나무로 건축된 절의 구조물들은 여러 번 증축되었지만, 인상적인 경내는 15세기 동안 그 자리에 남아 있다. 위풍당당한 사찰 구조를 지탱하는 복잡한 석재 기초들은 신라의 건축과 예술적 성과의 뚜렷한 증거다.

토함산 정상에는 석굴암이라고 불리는 독특한 불교 성지가 있다. 훌륭한 이 사원은 진정한 인공 동굴로 산비탈을 깎아 만들었다. 전통에 따르면 순례자들은 일출과 석굴암 그리고 저 아래 찬란한 빛 속에 깨어나는 경주의 아름다운 계곡을 보기 위해 깜깜한 새벽부터 올라가야만 했다.

[석굴암의] 출입구는 처마가 곡선인 아치형의 지붕을 지탱하는 전통적인 둥근 모양의 기둥들과 엄청난 크기의 목재 문으로 이루어져 있다. 출입구에 들어서는 순간 순례자들은 참으로 진귀한 사원 앞에서 압도당한다. 중심부 뒤편으로는 연꽃 모양으로 만든 석조 대좌 위에 그 온화함과 자태로 영원한 평화를 느끼게 하는 거대한 부처가 앉아 있다. 사원 내 전체 그리고 그 안에 있는 모든 장식품과 마찬가지로 이 높이 솟은 불상은 토함산의 화강암을 잘라 깎아 만든 것이다. 반원 안에 있는 부처 주위에는 석벽들이 일렬로 높은 판에 조각되어 있고, 그 판에는 실물보다 조금 더 크게 부처의 보호자들이자 수호자들이 부조되어 있다.

이 번창했던 왕조는 마지막 시기에 파괴적인 내분으로 찢겼다. 왕건이 이끈 지배 세력의 승리는 918년 '고려'라 불리는 새로운 왕조로 이어졌다. 서양 세계는 이 시기로부터 'Korea'라는 이름을 채택했다. 수도는 북쪽, 즉 송도(개성)로 옮겨졌다. 1950~1953년에 일어난 한국전쟁의 휴전

협정이 여전히 발효 중이며, 판문점이 고려의 옛 수도 근처에 있다.

새롭게 창건된 왕조 또한 북으로는 강력한 몽골과 남으로는 탐욕스러운 일본이라는 외세의 끊임없는 침략을 받았다. 1231년에 칭기즈 칸이 세운 몽골이 몰려와, 수도를 압박해 고려에 대한 자신들의 지배를 강요했다. 이로써 역사상 최초로 한국이 외세의 지배를 받게 되었다. 쿠빌라이 칸[3]이 통치하는 몽골은 1273년과 1281년 두 차례 일본 정복을 시도했다. 이 두 번의 헛된 시도에서 고려는 몽골군에 인적·물적 자원을 제공하도록 강요받았다. 몽골이 결국 물러났을 때 고려 왕조는 황폐해졌다.

그러나 이러한 재난 때문에 고려가 또 다른 문화를 부흥시키지 못한 것은 아니다. 고려는 정부 조직을 개편하고, 관료 선발을 위한 시험 제도를 도입하고, 청년들의 공공 교육을 증진시켰다. 불교의 전통은 고려에서 최고조에 이르렀고, 승려들은 정부의 정책 결정에 중요한 역할을 했다. 인쇄술이 발전된 것은 고려 왕조 시대였고, 오늘날 전 세계 박물관들을 빛내고 있는 청자를 완성시킨 것도 고려의 예술가들이었다.

그러나 고려 왕조는 마지막 왕이 불교 승려의 설득으로 중국 침략이라는 야망에 찬 모험에 착수하기로 했을 때 파멸을 확정지었다.[4] 당시 중국의 명 왕조는 몽골을 무너뜨리고 전성기를 누리고 있었다. 모든 충고를

---

3   1215년 태어난 쿠빌라이 칸은 칭기즈 칸의 손자이자 몽골 제국 제5대 칸으로 원의 시조다. 그리고 저자가 말한 1231년은 2대 오고타이 칸 시절이다. 쿠빌라이 칸은 오고타이, 귀위크, 몽케 다음으로 칸에 오른 5대 왕으로, 자신이 상도에서 칸에 오른 뒤 별도의 쿠릴타이를 열어 대칸을 선언한 아리크 부케와 1260년부터 대립하다가 1264년 굴복시켰다. 이후 대도(大都, 베이징)로 수도를 옮기고, 국호를 원이라 했다. 쿠빌라이 칸은 1294년까지 제위에 있었다.

4   고려의 마지막 왕은 공양왕이며, 요동 정벌은 우왕 때의 일이다.

무시한 채 고려 병사들은 만주 출병의 명령을 받았으나, 압록강 연안에 도착했을 때 그들은 자살과 같은 출병에 거역해 반란을 일으켰다. 이성계가 반란군을 이끌었다. 그는 수도로 회군하여 승려들을 추방하고 왕을 물러나게 했다. 이때가 1392년으로 한반도의 마지막 왕조이자 새로운 왕조인 조선이 태어났다. 왕조를 개창하고 왕위에 오른 이성계는 수도를 한양으로 옮기고, 수도를 방어하기 위해 새로운 도성 주위에 거대한 성벽을 쌓았다. 승려들을 산으로 내쫓음으로써 불교가 나라에 미치던 영향은 제거되었고, 그들의 토지는 몰수되어 농민들에게 분배되었다.

그러나 누가 다스리든 한반도는 외세의 침략에서 자유롭지 못했다. 1592년 일본은 그들의 오래된 꿈을 이루기 위해 대대적인 군사 작전을 펼쳤다. 일본의 군주 히데요시(豊臣秀吉)는 25만 명의 군사로 대규모 공격을 감행했고, 훈련과 장비가 부실한 조선 병사들은 북으로 밀려났다. 7년 동안 조선인들은 적을 물리치기 위해 싸웠다. 조선은 거의 파멸할 상황까지 갔지만, 한민족 역사상 가장 유명한 애국자 이순신 장군이 눈부신 활약을 펼쳤다. 그는 역사상 최초의 장갑 전함인 '거북선'을 발명했다. 거북선의 공격을 받은 일본 함대는 대부분 침몰했고, 나머지는 달아났다. 패배한 히데요시는 자신의 꿈을 포기하고 철수했다. 그러나 다시 일본의 공격을 받게 되었을 때, 조선은 전쟁의 오랜 참화로부터 회복할 시간이 거의 없었다. 명 제국을 무너뜨린 것은 만주족이었다. 다행히도 만주족은 수백 명의 조선인을 노예로 잡아가는 데 만족하고 철수했다.

외세의 끊임없는 침략에도 불구하고 조선 왕조는 문화를 발전시키려고 노력했다. 가장 위대한 성과는 한국어에 잘 맞는 독특하고 고유한 표음문자를 창제한 것이다. 높은 문자 해독률은 이 '한글' 덕분이었다. 조선 왕조는 또한 독일의 구텐베르크보다 50여 년 앞서 활자를 만들었다.[5] 인쇄물이 급속히 증가하자 한국어 사전과 수많은 위대한 문학 작품이 출판되었다. 학교(향교*)가 오래된 불교 사찰들의 역할을 대신했다. '배움'은 자랑스럽고 장려할 만한 것으로 인정받았으며, 스승은 사회에서 가장 높은 자리에 올라섰다. 그러나 조선은 외부 세계에 지쳐 있었다. 국가의 문호는 모두 닫혔고, 외국과의 모든 접촉이 끊겼다. 조선은 '은자의 나라'로 알려졌다.

1853년 페리(Perry) 제독과 미국 함대가 일본에 무역 개방을 강요했을 때, 페리 제독은 자신도 모르게 아시아 전역에 새로운 역사의 장을 열었다. 일본은 근대식 무기를 획득할 기회를 얻었고, 엄청난 근대식 군대를 양성했다. 물론 이 군대는 조선 정복을 위해 바로 사용될 것이었다. 그러나 일본은 먼저 조선에서 중국을 제거해야만 했다. 이는 1894년 청일 전쟁에서 일본이 승리함으로써 달성되었다. 일본은 전쟁 목적을 "조선의 독립을 보호하는 것"이라고 선포했다.

그러나 여기에는 또 다른 장해물, 러시아라는 불길한 그림자가 있었다. 차르 치하의 러시아 역시 조선을 태평양 확장의 전진 기지로 확보하려는 꿈을 오래도록 가지고 있었다. 이 어려운 문제를 해결하고자, 일본은 근대식 해군을 만드는 데 착수했다. 일본은 10년 동안 끈기 있게 준비해 1904년에 다시 한 번 '조선의 독립을 보호하기 위해' 러시아에 전쟁을 선포했다. 당시 러시아는 강대국이었고 일본은 러시아에 맞설 기

---

5   충청북도 청주 흥덕사에서 승려 백운이 부처와 이전의 유명한 승려들의 말씀
     이나 편지 등에서 선의 요체를 깨닫는 데 필요한 내용을 뽑아 엮은 『직지심체
     요절』은 1974년에 발견되었으며 금속 활자로 만든 최초의 책이다. 고려 시대
     인 1377년에 금속 활자로 인쇄되었다고 하며, 구텐베르크는 1445년경에 주조
     활자 인쇄에 성공했다고 한다.

회가 거의 없었지만, 러시아 함대를 격파하고 굴욕스러운 평화 조약을 맺도록 함으로써 세계를 깜짝 놀라게 했다. 뉴햄프셔 주의 포츠머스에서 조인된 이 협정은 무엇보다 '조선 독립의 불가침성'을 선언했다.[6] 절망에 빠진 조선의 왕은 1882년 맺은 조미수호통상조약에 의거해 도와줄 것을 호소했다. 이러한 호소에 대해 시어도어 루스벨트 대통령은 한국인들에게 "일본과 협력하라"라고 단호히 통고했다. 잠시 동안의 위선에 찬 조작과 음모에 이어 일본은 마침내 온갖 핑계를 대어 1910년에 공식적으로 한국을 합병했다.

어떻게 이런 일이 일어났는가? 용감하고 자존심 강한 모든 한국의 남녀들은 어디에 있었는가? 수천 년 동안 모든 침략자에 맞서 싸웠던 애국지사들과 영웅들은 어디에 있었는가? 스스로 고립을 선택한 것, 다가올 20세기를 맞이할 기회를 거부한 결과 한국은 일본에 예속되었다. 일본이 서양식 전쟁 기술을 습득하고 있을 때 조선은 '은자의 나라'가 되었다. 그리고 자신의 궁에 갇힌 죄수에 불과했던 마지막 왕이 죽자 자랑스러운 조선의 역사는 막을 내린다. 정복자 일본은 관대하게도 궁궐의 살아남은 자들이 죽은 왕의 전통 국상, 고종을 위한 마지막 장례식을 치르는 것을 허락했다.

서울은 전국 각지에서 모여든 다양한 사람으로 넘쳐났다. 산골짜기에서 땔감을 모으며 사는 사람들, 진흙 벽돌과 초가지붕 집을 짓는 석공과

---

6 1905년 러일전쟁을 종결시키기 위해 러시아와 일본이 맺은 포츠머스 조약(Treaty of Portsmouth)을 말한다. 이 조약에는 '한국에 대해 일본이 지도, 보호, 감독에 필요한 조치를 취할 수 있음을 승인'하는 내용이 포함되어 있다. 그런데 조약을 중재한 미국은 일본과 같은 해에 가쓰라 태프트 밀약을 맺었고 영국은 일본과 동맹 관계를 맺었으며 또한 미국은 이 조약에 대해 독일과 사전 조율을 했으므로, 일본은 러시아를 비롯한 4대 열강의 승인을 받은 셈이다.

목수, 가정에서 사용하는 기름 먹인 한지를 만드는 도배공과 놋쇠 경첩 가구를 만드는 소목장이, 섬세한 솜씨로 금은보석으로 아름다운 장식품을 만드는 장인 등 조선의 부를 만들어내는 모든 생산자들이 자신의 연장을 내려놓고 왕의 장례를 치르기 위해 서울로 왔다. 화가, 서예가 또한 붓을 놓았다. 사제와 승려는 설교단과 사찰을 떠났다. 교사와 학생은 학교를 떠났다. 모두 고종의 장례식을 보기 위해 서울로 왔다. 그들은 기차를 타고, 말과 소가 끄는 수레를 타고, 자전거를 타고 왔다. 그러나 수천 명은 그냥 걸어왔다. 머리에 보따리를 이고 온 여자들과 등짐을 진 남자들, 말없는 사람들이 도성에 이르는 시골길을 따라 늘어섰다.

이들의 정체 모를 꾸러미들은 차치하더라도 서울에 모여든 수많은 군중에게는 한 가지 비밀, 일제에 맞서 전국 봉기를 일으키는 기회로 왕의 장례식을 이용하려는 계획이 있었다. 목사로 전국을 돌아다닌 아버지는 계획된 봉기 소식을 전달하는 사람 중 한 사람이었다. 3월 1일 일이 터질 때까지 일본 경찰과 첩자들이 이 일에 대해 알지 못했다는 것은 당시 조선 민중의 애국심과 단결의 증거다.

비록 열두 살에 불과했지만 나는 그 손님들에 대해 쉽게 말할 수 있었다. 우리 아이들은 그들을 가리켜 '시골뜨기'라고 불렀다. 그들은 도시에 사는 사람들처럼 걷지 않았다. 그들은 활기차게 움직이지 않고 천천히 걸음을 내디뎠다. 그들은 또한 뭔가 잃어버린 사람들처럼 보였다. 그들은 여기저기 두리번거렸고, 가게 유리창을 멍하니 쳐다보았다. 눈에 제일 많이 띄는 시골뜨기는 농부였다. 그들은 초라하고 남루한 옷에 짚신을 신고 있었다. 그들의 유일한 장신구는 헐렁한 바지에서 삐져나온 긴 대나무 담뱃대와 허리띠에 매달린 담배 주머니(쌈지*)였다.

그들의 태도는 겸손했고, 사투리는 이상했지만 재밌게 들렸다. 그런데 이들의 등장은 거대한 힘과 자긍심을 지니고 있었다. 조선의 전 역사에서 농부들은 고된 일을 통해 생필품인 쌀을 제공했다. 벼를 재배하기 위해 농부들은 수로와 도랑을 통해, 사람의 힘으로 움직이는 무자위로, 그리고 어깨에 짊어진 통을 이용해 들판에 물을 길어 와야 했다. 그들은 또한 산과 언덕을 개간해 돌로 계단식 대지를 만들고, 조각난 땅에 물을 채워야 했다. 물이 너무나 부족해 벼농사를 짓기 힘든 고지대에서는 배추, 무, 고추, 상추, 오이 등 채소뿐만 아니라 밀, 보리, 콩을 재배했다. 한반도 전역 곳곳에 펼쳐진 푸른 논의 풍경이야말로 농부의 노동의 가치를 입증하는 것이다.

당시 쌀은 종종 부의 척도로 이용되었다. 천석꾼, 오천석꾼, 만석꾼 등등은 한 가족이 소유한 토지에서 수확하는 쌀의 양을 가리킨다. 나는 집안 어른들이 우리 가족의 농지에서 일 년에 수확한 것에 대해 의논하던 모습을 기억한다. 4만 석, 5만 석. 대부분의 아시아 국가에서처럼 한국에서도 '먹는다'는 말은 문자 그대로 '[쌀로 지은] 밥을 먹는다'는 의미다.

마침내 왕의 장례식 날이 되었다. 나는 일찍 일어나 내 '새해' 옷, 흰색 무명 바지, 흰색 저고리, 푸른색 비단 조끼 위에 폭이 넓은 푸른색 옷고름을 우아한 나비매듭으로 묶는 긴 흰색 두루마기를 입었다. 나는 서둘러 아침을 먹었는데, 식사하는 내내 엄마가 장례식에 가지 못하게 막는 것은 아닐지 두려워하며 엄마를 쳐다보았다. 이상하다! 엄마는 내게 묻지 않았고, 내가 식사를 마치기 전에 자리에서 일어나 사라졌다. 나는 자유롭게 집을 나와 장례식에 갈 수 있었다. 그러나 나는 장례 절차가 진행되는 궁으로는 가지 않을 생각이었다.[7] 그곳에는 너무 많은 사람들

7   고종의 장례식은 창덕궁이 아니라 덕수궁 함녕전에서 치러졌다.

이 몰려서 구경조차 못할 것이다.

나는 서대문로에서 시내 전차를 타고 서울의 중심인 종로로 갔다. 그 거리는 모퉁이의 작은 절(종루*)에 있는 거대한 '독립의 종(Independence Bell)'(보신각종*) 때문에 '종로'라는 이름으로 불렸다. 너무 늦었다. 넓은 길 양쪽 모두 사람들로 가득 차 있었다. 다행히 나는 시내 전차를 한 번 더 탈 수 있게 돈을 남기고 도시 끝인 동대문으로 향했다. 그러나 절망적이었다. 이곳 역시 빽빽이 들어찬 군중이 무리지어 다니며 유리한 자리를 차지하기 위해 서로 밀치고 있었다. 나는 문 주변 그리고 결국에는 왕이 묻히는 곳에 이르는 시골길을 따라 걸었다.[8]

마침내 군중의 수가 줄어들었고, 길을 따라가다가 맨 앞 공간을 발견했다. 나는 서 있기도 하고 때로는 쭈그리고 앉아 있기도 하며 장례 행렬에 껴 있기 위한 긴 불침번을 시작했다. 어렵게 잡은 아주 좋은 자리를 잃을까 두려워 움직이지 않았지만, 녹초가 되어 꼼짝할 수 없었던 나는 결국 쉬려고 땅바닥에 주저앉았다. 나는 주위에서 들려오는 생생한 대화를 재미나게 들었다.

"아, 불쌍한 임금! 무척 슬픈 일이야!"

"불쌍한 임금? 그건 자기 잘못이지 ……. 자신이 자초한 운명이라고."

"여보게, 죽은 사람 놀리지 말게. 임금은 최선을 다했어."

"그래, 나도…… 그가 뭘 잘했는지…… 알아! 그들이 왕비를 살해하

---

[8] 저자가 말한 '문'은 동대문을 가리키며, 고종의 무덤인 홍릉(洪陵)은 경기도 남
양주시에 있다. 고종의 능을 '묘'로 하려는 일제의 의도를 피해 청량리 홍릉에
있던 명성황후의 시신을 옮겨와 합장함으로써, '능'이라는 명칭을 사용할 수 있
게 되었다고 한다.

고 아들을 납치하게 내버려 뒀고, 결국에는 나라를 적들에게 팔아버렸지……. 그가 잘한 일들이지!"

"뭔가 하기에는 이제 너무 늦었어. 소용없는 일이야. 무척 슬픈 날이야……."

"알아, 임금의 장례식을 본 적이 없거든."

"맞아, 고종 덕분에…… 오늘 볼 수 있는 거야."

잠시 잠잠해진 뒤 또 다른 무리가 대화를 시작했다.

"여보게, 너무 슬퍼하지 말게나. 그가 한 게 뭐가 있어!"

"자존심이 있었다면 자살했을걸."

"일본인들의 조롱 말고 좋은 게 뭐가 있었나?"

"싸우도록 사람들을 각성시켰을지도 모르지."

"싸워? 뭘로? 파리채와 빗자루로?"

"어이, 여보게. 말도 안 되는 소리 하지 말게나."

"맞아. 성인은 자신의 손을 피로 더럽히지 않는다고 공자가 말했어."

"공자는 일본에 대해 전혀 알지 못했어……. 그들은 우리나라를 점령하기 위해 기꺼이 건너왔다고."

대화는 점점 더 격렬해졌다. 잠시 침묵이 흐른 뒤 누군가가 다른 사람들을 깜짝 놀라게 했다.

"여보게들, 너무 소리가 크네……. 일본 놈들은 어디서나 듣고 있다는 걸 알잖은가."

"들으라지! 듣게 내버려 두라고."

"불쌍한 임금. 500년간 자랑스럽게 다스리고서는…… 조선 왕조에게는 비참한 종말이야……."

"일본이 수천 년을 기다려왔다는 것을 잊지 말게."

갑작스럽게 모든 대화가 멈추고 군중이 웅성거리기 시작했다. 우리는 저 멀리서 들리는 슬픈 피리 소리를 들을 수 있었다. 가장 오래된 악기 중 하나인 피리는 깔때기처럼 끝이 나팔꽃 모양으로 된 긴 금속관으로 만들어졌다.[9] 반대편 끝에는 연주자가 부는 대나무로 만든 취구가 있고 몸통 부분의 구멍을 손가락으로 여닫으며 연주하는데, 다양한 음조와 세기로 깨끗하면서도 날카로운 소리를 낸다. 마침내 왕실 행렬이 시야에 들어왔고, 사람들은 흥분하기 시작했다. 맨 먼저 화려한 궁중 의복과 멋진 고깔을 쓴 악대가 도착했다. 귀가 떠나갈 듯한 피리의 슬픈 소리가 연주자들의 당당한 걸음걸이 때문에 더욱 뚜렷해졌다.

그 뒤를 이어 북을 치는 사람들이 오고 있었다. 오래된 한국 북인 장구는 두 개의 큰 종을 닮았는데, 목 부분은 중앙에서 솜씨 좋게 연결되어 있고, 둥근 끝(북편과 채편*)은 질 좋은 동물 가죽으로 단단히 덮여 있다. 북에 묶여 있는 비단 끈은 두 손으로 자유롭게 북을 칠 수 있도록 고수(鼓手, 장구재비*)의 어깨를 가로질러 걸쳐 있다. 고수는 왼손의 손바닥과 손가락을 이용해 주요 장단을 맞추고, 오른손의 가늘고 잘 휘는 대나무 채로 감흥 나는 당김음을 낸다. 장구와 한국 춤은 떼려야 뗄 수 없다. 장구 소리만 들리면 사람들은 몸을 들썩이며 흔들어댄다.

더 많은 연주자가 뒤를 따랐고, 어떤 이들은 내가 이전에 본 적이 없는 악기를 지니고 있었다. 나는 목관 악기를 쉽게 알아보았고, 항상 그랬듯이 그 미묘한 소리에 매혹되었다. 크기와 모양이 아주 다양했는데 어떤 것은 위에서 아래로, 다른 것은 옆으로 부는 여러 모양의 목관 악기가 있었다. 목관 악기를 함께 연주하면 강렬한 즐거움과 감동이 있었

---

9   저자가 말하는 피리는 태평소로, 관은 금속이 아닌 나무로 만든다.

다. 긴 트럼펫(나발*)과 큰 놋쇠 심벌즈(바라를 일컫는 듯하다*)를 연주하는 사람들을 포함한 다른 연주대가 지나갔다. 마지막에는 커다란 법고 대열이 있었다. 각각의 북은 장대에 매달려 두 사람에 의해 운반되고 있었다. 능숙하게 북을 치는 사람이 두 손에 커다란 북채를 쥐고 따라오고 있었다. 그는 위엄 있게 북을 쳤고, 북소리는 대열 위로 울려 퍼졌다.

이제 형형색색의 옷을 입고 전통 고깔을 쓴 남자들이 들고 운반하는 긴 대나무 막대기 끝에서 펄럭이는 깃발의 물결이 오고 있었다. 흰색, 노란색, 파란색, 연보라색, 주홍색 등 여러 색의 깃발[輓章*]에는 엄청나게 큰 글자가 씌어 있었다.[10] 나는 몇몇 글자 외에는 이해할 수 없었다. 그저 죽은 임금의 덕을 찬양하는 글귀라고 추측할 뿐이었다. 깃발에 이어 임금이 개인적으로 가장 아꼈던 물품을 운반하는 행렬, 충성스러운 신하들의 이별 선물 행렬, 그리고 왕의 선조들에게 바치는 선물들을 운반하는 특별 그룹이 이어졌다. 다양한 크기와 모양의 항아리, 대접, 사발, 상자 등이 번쩍거리는 옷을 입은 왕실 짐꾼들의 긴 행렬에 의해 운반되었다. 이 모든 선물이 왕과 함께 무덤에 묻힐 것이라는 말이 들려왔다. 귀중한 보물을 묻어버리는 것은 너무 안타까운 일이 아닌가 하고 생각했다.

이제 흰색 의상(상복*)과 흰색 긴 모자(굴건*)를 쓴 사람들이 운반하는 순백의 기(공포*)의 행렬이 이어졌다. 이 순백의 기들이 '작은 상여'가 지나갈 길을 정돈하고 있었다. 작은 상여는 위의 관 안에 죽은 임금의 시

---

10   전통 장례 행렬에 사용되는 기에는 공포(功布), 명정(銘旌), 만장이 있다. '공포' 는 글을 쓰지 않은 흰색의 무명이나 삼베를 긴 대나무에 매달아 깃발로 만든 것 으로, 붉은 천에 흰색 글씨로 죽은 사람의 관직이나 이름을 쓴 '명정' 뒤를 따라 상여의 길잡이 역할을 한다.

신이 없었기 때문에 그렇게 불렸다. 옛날에는 관에 임금과 함께 다른 세상에서 임금의 시중을 들, 왕이 총애하는 신하가 있었을 것이다. 오늘날 이 두 번째 관은 그저 상징으로서만 필요할 뿐이다. 작은 상여는 날개 달린 지붕을 지탱하는 네 개의 원형 기둥과 함께 왕의 침실 모양으로 만들어져 있다. 침실 옆면은 개방되어 있어서 중앙에 자리 잡은 빈 관을 모든 곳에서 볼 수 있었다.

작은 상여는 단 위에 놓여 있었는데 그 단 아래에는 상여를 지탱하기 위한 복잡한 장치와 50여 명의 상여꾼들이 그들의 어깨에 그 구조물을 들고 옮길 수 있도록 한 가로 막대가 열을 이루고 있었다. 틀림없이 무게가 엄청날 테지만, 흰 옷과 모자를 쓴 상여꾼들은 품위 있는 걸음으로 다 함께 움직였다. 그들은 애도 노래의 반주(요령 소리*)에 따라 이쪽저쪽으로 흔들렸다.

영치기 영차!
영차! 영차!
영치기 영차!
영차! 영차!

아름다운 작은 상여가 천천히 사라졌다. 노인들은 작은 상여가 왕의 시신이 묻힐 대묘(大廟) 앞에 매장될 것이라고 설명했다. 나는 이런 왕실 행렬과 화려한 왕실 의상을 본 적이 없어 참으로 기뻤다. 일본은 심지어 한국의 역사적 과거에 대한 어떠한 사진이나 그림을 보는 것조차 금했다.

다시 한 번 나는 다른 연주자들을 이끄는 피리의 날카로운 소리를 들었다. 이 행렬 각각은 훨씬 더 인상적이었고, 그들의 음악은 웅대하게 뒤따르는 전체 대열에 퍼져 사람들을 다른 세상으로 데려가는 듯했다. 곧 큰 상여가 눈에 보였고, 그 장엄함이 모든 이들을 압도했다. 그것은 왕이 가장 좋아하던 놀이터인 '수상 궁전'(경회루*)을 본떠 만들었다. 단단한 화강암으로만 만들어진 그 궁전은 연꽃으로 채워진 연못 한가운데 있다. 누각에는 벽이 없고, 가늘고 긴 석재 기둥만이 아름다운 곡선 모양의 지붕을 받치고 있다. 사람들은 연못 기슭에서 어두운 내부를 볼 수 있었고, 큰 홀을 통해 퍼져 나오는 연꽃의 달콤한 향기를 맡을 수 있었다. 더운 여름날 저녁, 왕과 시종들은 여흥을 즐기기 위해 그 수상 궁전에 왔을 것이다. 그곳에서 그들은 시를 짓고 암송하면서, 쌀로 빚은 술을 마시고 산해진미를 맛보았을 것이다. 그리고 노래를 하고 악사들과 무희들의 리듬에 맞춰 큰 소리로 자신의 허벅지를 두드리며 장단을 맞추었을 것이다.

지금 그 누각을 본뜬 이 모형은 죽은 왕의 시신을 운반하고 있다. 흰색 옷과 흰색 모자를 쓴 수백 명의 남자가 이 거대한 구조물을 어깨에 짊어지고 운반하고 있다. 그들은 조금도 피로한 기색을 보이지 않은 채 품위 있는 걸음걸이로 힘차게 노래를 부르며 목소리를 높였다.

영치기 영차!
영차! 영차!
영치기 영차!
영차! 영차!

큰 상여가 방향을 바꾸며 위태롭게 흔들렸고, 사람들은 놀라서 숨이 막혔다. 상여꾼들은 개의치 않고 춤을 추듯이 나아갔다. 발을 맞추지 못하거나 이동의 흐름을 방해하지 않으면서 가끔 새로운 상여꾼이 재빨리 나아가 다른 사람과 교대했다.

나는 상여 중앙에 있는 화려한 관을 볼 수 있었다. 관이 왜 저렇게 크지? 나는 놀랐다. 물론 그들은 왕이 자신의 선조들을 만나는 오랜 여행에 필요한 상상할 수 있는 모든 것, 모든 계절과 상황에 맞는 예복과 실내복, 청주 술병과 왕이 좋아한 도자기 잔, 벼루와 화필과 말아놓은 고급 화선지, 왕의 여흥을 위한 한두 개의 관악기, 그리고 분명 황금 상자에 든 왕의 도장(국새*)을 놓아두어야 했을 것이다. 당연히 왕의 관은 커야만 할 것이다.

큰 상여 뒤로는 오랫동안 잊혀온 의복을 입은 남자 수행원들이 뒤따랐다. 그들은 머리를 숙인 채 걸어서 상여를 따라가고 있었다. 그들은 일본이 좋아한 관료들로서 왕의 신하로 남아 있도록 허락받았다. 그들은 말을 하지 않았고, 머리를 들어 사람들을 보는 것을 창피해하거나 부끄러워하는 듯 발을 질질 끌며 따라갔다. 장례 행렬은 갑작스럽게 끝에 이르렀다.

갑자기 비통한 울부짖음이 군중 속에서 터져 나왔다.

"아이고! 아이고! 아이고!"

"아이고! 아이고!"

그것은 장례식에서 늘 들리는 전통적인 곡소리였다. 이 곡소리는 애도, 작별, 기도의 울부짖음이었다. 그 비장한 음색은 한국인들의 목소리에 스며들어, 슬픔의 질은 그 말과 노래 속에서 알아낼 수 있었다.

"아이고! 아이고! 아이고!"

통곡 소리가 높아지면서 사람들이 뛰쳐나가 행렬에 합류했다. 마치 왕이 되돌아올 것이라고 손짓하듯 잊을 수 없는 울부짖는 소리가 높아졌다. 그러나 큰 상여에 누운 왕은 빠르게 사라져버렸고, 지나간 자리에는 휘몰아치는 먼지와 희미한 피리 소리만이 남아 있었다.

나는 사람들 속에서 빠져나와 집을 향해 걷기 시작했다. 갑자기 지쳐버렸고 배가 고팠으며, 매우 이상한 감정이 나를 엄습했다. 나는 전국에서 온 모든 사람들이 만든 엄청난 눈물바다를 목격했다. 나는 돈이 없었지만 이미 사람들로 가득 찬 전차에 올라탔다. 어느 누구도 차비에 신경을 쓰지 않았고, 무엇보다도 차장이 그 누구에게도 차비를 받으려 하지 않았다. 내가 집에 도착했을 때는 깜깜한 밤이었다.

"베드로야!"

엄마가 뛰어나와 대문에서 나를 반겼다.

"너무 늦었구나, 베드로야……."

"네, 엄마. 알고 있어요."

"배고프지……. 뭐라도 좀 먹었니?"

"아뇨. 그런데 배가 고프지 않아요"라고 대답했다. 나는 하루 종일 아무것도 먹지 못하고 굶었는데도 이렇게 말하는 나 자신에 깜짝 놀랐다.

"들어오렴."

엄마는 내 손을 붙잡고 방으로 데려갔다.

"여기 앉거라……. 금방 먹을 것을 가져오마."

그곳은 안방이었다. 우리는 모두 이곳에서 밥을 먹고, 밤이 되면 각자 요를 깔고 같은 방인 이곳에서 모두 잠들었다. 아기 메리는 벌써 잠들어 있었지만, 나머지 다른 형제자매는 내 모험에 대해 듣고 싶어서 가까이 몰려들었다. 누나 앨리스가 장례식에 온 사람들이 정말 슬퍼했는지, 그리고 다리를 저는 귀여운 누이동생 순옥은 왕실 의복이 어떠한지 물었고, 다른 형제들은 나를 쳐다보면서 내가 말하기를 기다리고 있었다.

아버지가 떠난 뒤 엄마가 나를 점점 더 집안의 가장처럼 대하고 있다고 느꼈다. 엄마는 아버지의 밥상으로 사용되었던 옻칠을 한 작은 상(소반*)을 가지고 왔다. 엄마는 내 앞에 앉아 "여기 저녁이 있으니 어서 먹으렴……, 베드로야!"라고 말했다. 작은 상에는 값비싼 음식들이 있었고, 내 형제자매가 부러움에 찬 눈으로 응시하는 것을 볼 수 있었다. '저녁'은 그야말로 만찬이었다. 김이 모락모락 나는 쌀밥, 내가 좋아하는 갈비탕, 콩나물과 무채, 지글지글 구운 불고기(숯불에 구운 양념이 된 쇠고기). 마치 내 생일상이나 설날 잔칫상 같았다. 그렇지만 나는 정말로 맛있게 먹을 수가 없었다. 장례 행렬의 광경과 내 주위 사람들의 소란스러운 소리가 아직도 내 마음에서 떠나지 않고 있었다.

"자, 베드로야!"

엄마가 여전히 장례식 현장에 있는 나를 정신 차리게 하고서는 말했다.

"베드로야, 먹거라……. 맛있는 이 불고기를 좀 먹어보렴."

"너무 배불러요, 엄마."

그러고서 나는 형제자매 쪽으로 상을 밀었고, 그들은 상에 남아 있는 모든 음식을 감사히 먹었다.

"그래, 얼마나 많은 사람들이 장례식에 왔는지 말해주겠니?"

"음, 엄마. 수천 명, 수천 명이에요. 창덕궁에서부터 종로, 동대문에 이르는 모든 길이 사람들로 가득 찼어요."

"그래서 그들이 왕의 훌륭한 장례식이 되게 했구나, 그렇지?"

"네, 엄마. 정말 훌륭했어요. 특히 불명예스러웠던 왕에게 말이죠."

엄마의 두 눈은 눈물로 흐려졌다. 엄마는 더는 묻지 않았다.

CHAPTER 3

어린 시절

한국사에서 가장 격렬한 시대에 속했던 나의 어린 시절은 짧았고 순식간에 지나갔다. 조선 왕조 500년의 막이 내리고 대한제국은 독립 국가로서의 그 존명을 위해 싸우고 있었다. 대한제국은 보수적인 왕당파와 성급한 개화파, 즉 굴복을 옹호하는 자들과 타협을 모르는 젊은 급진주의자들 간의 내부 불화로 분열되었다.

미국 교육을 받은 필립 제이슨[1] 박사가 설립한 독립협회는 개혁을 외

---

[1]   서재필(徐載弼)은 1884년 12월 4일 김옥균 , 박영효, 서광범, 홍영식 등 급진 개화파 인사들과 함께 갑신정변을 일으켰다가 실패하자 미국으로 망명했다. 1888년 필립 제이슨(Philip Jaisohn)으로 개명하고 1894년 미국 워싱턴 대학 의과 대학에서 세균학을 공부했으며, 졸업 후 개인 병원을 개업해 운영했다. 이후 1895년 박영효의 권유로 입국하여, 1894년 갑오개혁 추진 과정에서 설치된 입법 기관인 중추원 고문으로 임명(1896년 1월)되었다. 1896년에 우리나라 최초의 순 한글 신문인 ≪독립신문≫을 창간하고, 1896년 7월 2일 독립협회를 창립하는 등 활동을 하다가 1898년 5월 14일 미국으로 사실상 추방되었으며, 삼일운동을 계기로 다시 독립운동에 참여했다.

쳤는데, 외세의 침략에 저항하는 젊은 진보주의자들이 중심이었다. 고종 재위 때 장관으로 일했던 내 할아버지는 협회에 가입해 상당한 존경과 대중성을 얻은 신문을 발행하기 시작했다.[2] 아버지 또한 협회에 가입해 제이슨 박사의 열렬한 추종자가 되었다. 준회원들 중에는 리승만이라 불리는 젊은이도 있었다.

독립협회의 영향력이 커지자 이에 놀란 일본은 강제로 제이슨 박사를 미국으로 돌려보내도록 우유부단한 왕을 설득했다. 얼마 지나지 않아 대대적인 체포로 내 할아버지를 포함한 모든 지도자가 체포되어 협회는 거의 소멸되었다.[3] 할아버지는 수년간 옥고를 치르고 사형 판결을 받았다. 할머니는 내게 가족의 모든 재산이 할아버지의 석방을 위한 뇌물로 사용되었다는 비밀을 털어놓았다.[4]

아버지는 근대 교육이 위태로운 나라를 재건하기 위한 유일한 도구라고 생각했지만, 조국에는 그러한 학교가 없었다. 그래서 그는 적의 땅인 일본으로 갈 결심을 했다. 그는 준텐큐고샤(順天求合社)[5]라 불리는 학교에 입학했는데, 그때가 1899년이었다. 그는 20세기 세계사, 지리 그리고 신흥 학문인 화학, 물리학, 수학 연구에 몰두했다. 그가 기독교

---

2   1898년 고종은 중추원 의관 쉰 명 중 열일곱 명을 개혁파에 속하는 독립협회 및 만민공동회 회원 중에서 임명했다. 저자의 할아버지 현제창은 개혁파 열일곱 명 중 한 사람이다.

3   1898년 11월에 독립협회 간부 열일곱 명을 체포했는데, 현제창도 그중 한 명이었다.

4   현순의 어머니 평양 조씨는 1901년 사망했으므로, 피터 현이 이 책에서 언급한 안방 할머니로 보인다.

5   1834년 오사카에서 준텐 당숙(堂塾)으로 시작했다가 1871년 도쿄로 이전하면서 준텐큐고샤로 개칭했다. 이후 1899년 준텐큐고샤 중학교, 1900년 준텐 중학교로 다시 이름을 바꿨다.

를 알게 된 것 역시 이 시기였다. 그는 『성경』을 공부하고 교회 행사에 참석하기 시작했다. 1901년에 그는 감리교 선교사인 목사 피셔(Fisher)에게 세례를 받았다. 자신의 기독교 개종에 대해 아버지는 다음과 같이 썼다.

"공자는 윤리, 도덕, 통치에 대해 가르쳤다. 부처는 세 가지 삶인 전생, 현생, 미래의 삶에 대해 가르쳤다. 기독교는 영생을 가르쳤다."

1902년 학교를 졸업하고 아버지는 과학 분야의 공부를 계속하고 싶었지만, 경제적인 이유 때문에 한국으로 되돌아왔다. 정치 상황이 악화된 것을 보았고, 일본의 압력으로 고종은 일본의 지배가 확대되는 데 저항했던 모든 이들을 억압하고 박해했다. 근대 교육을 받은 아버지조차 의미 있는 일을 찾을 수 없었다. 우연히 신문 광고를 보고 아버지는 하와이의 사탕수수 농장에 한인 노동자들을 충원해주던 업체인 동서개발회사(East-West Development Company)[6]와 접촉했다. 아버지는 그에게 제시된 하와이 한인 이주 감독자이자 통역관 자리를 받아들였다. 젊은 아내였던 나의 어머니는 남편의 결정에 동의했다.

아버지가 일본에 유학하고 있는 동안 엄마는 시아버지를 위해 모든 집안일을 맡았다. 엄마는 할머니의 죽음, 아버지의 유일한 형제(玄昌麟*)의 죽음, 할아버지의 감옥 생활, 그리고 그 결과 집안의 재산이 사라져가는 것을 지켜보아야 했다. 아버지가 안 계셨을 때 엄마는 가족의 이 모든 위기를 겪으면서 살아남았다. 아버지가 일본에서 한국으로 돌아왔을 때 아버지와 어머니는 전통에 의하면 여전히 나이가 차지 않았고,

---

6   한인의 하와이 이주사업권을 가지고 있었던 미국인 데슐러(David W. Deshler)가 경영한 이주민 모집 회사였다.

남편과 아내로서 아직 합방도 하지 못했다. 이제 그들은 미지의 해안을 향해 이주 노동자들과 함께 외국 배를 타고 떠나고 있다. 이 얼마나 이상한 신혼인가! 우리 남매는 종종 어머니에게 결혼했을 때 아버지가 어땠는지 물어보았다. 엄마는 소녀처럼 킥킥 웃으며 우리에게 "아, 너무 못생겼었어"라고 대답했다. 그런데 부모님의 신혼 초기 사진으로 판단하건대 우리는 아버지가 매우 잘생기고 위엄 있었다고 생각했다.

아버지와 어머니는 1903년 2월에 호놀룰루에 도착했다. 그들은 120명의 한국인 이주민 가운데 있던 다섯 부부 중 한 쌍이었다. 그들은 도착하자마자 사탕수수 농장으로 가서 이튿날부터 바로 일할 것을 명령받았다. 이주 노동자들은 하루에 10시간, 일주일에 6일 동안 일하고, 한 달에 16달러를 받았다. 감독자이자 통역관인 아버지는 한 달에 30달러를 받았다. 이주 노동자들의 모든 요구를 살펴보는 동안, 아버지는 한국인으로서의 문화적 정체성을 보존하는 것을 돕기 위해 '자치회(Self-Rule Association)'를 조직했다. 일이 끝난 후 저녁에 그는 노동자들에게 영어를 가르쳤다. 그의 활동 소식은 다른 지역에 있는 수많은 한인 노동자의 관심을 끌었고, 얼마 뒤 호놀룰루 감리교회에서 함께 일하자고 아버지에게 요청했다.

아버지는 정식으로 감리교회의 제안을 받아들였고, 외진 지역에 있는 모든 한인 교회를 돌보는 일을 맡았다. 호놀룰루에서 둘째 딸 엘리자베스가 태어나면서 가족은 늘어났다. 큰누나 앨리스는 그보다 일 년 전에 와이파후(Waipahu)의 사탕수수 농장에서 태어났다. 아버지의 지도력을 알아차린 감리교 선교부는 '정원의 섬(Garden Island)'이라 불리는 카우아이(Kauai) 섬의 한인들을 위한 설교자로 아버지를 임명했다. 이곳에서 아버지는 말을 타고 섬 전역을 돌아다니면서 아픈 이들을 돌보고, 아이들이 학교에 가도록 도와주었으며, 종교 행사를 행했다. 그의 설교는 늘 기독교 신앙과 한인의 민족적 자유에 대한 열망을 결합하는 것이었다. 아버지의 가치를 알아차린 몇몇 농장주는 정기적으로 기부를 하기 시작했다. 그들 중 윌콕스(Wilcoxes)와 아이젠버그스(Isenbergs)는 든든한 후원자이자 평생 친구가 되었다. 이들의 도움으로 아버지는 카우아이에 최초의 한인 교회를 세웠다. 그것은 리후에(Lihue) 근처 언덕 꼭대기에 있었다. 이 명소 바로 아래에는 '카파이아(Kapaia)'라고 불리는 아름다운 작은 계곡이 있었는데, 얼마 뒤 이곳에 2층짜리 목조 건물이 설교자들을 위한 목사관으로 건립되었다. 바로 이 전원적인 곳으로 아버지는 수년 뒤 일곱 명의 아이들과 다시 한 번 돌아왔다.

당시 정원의 섬에서의 아버지와 어머니 그리고 그들의 두 딸의 삶은 끝없는 투쟁이었고, 어머니는 아버지의 빈약한 월급을 보충하기 위해 노동자들의 옷을 수선하는 일을 할 수밖에 없었다. 그렇지만 부모님은 그 지역 한인 공동체의 의식 향상과 단결로 보상받았고, 지역 사회는 아버지와 어머니의 안내와 도움에 매우 감사해하고 의존했다. 당시 또 다른 경사는 그들의 장남이자 카우아이에서 태어난 최초의 한국인 아기인 나의 출생이었다. 현씨 가족뿐 아니라 섬의 한인들 모두가 이 일을 기뻐했다. 내가 태어날 때 아버지는 일상적인 순회를 위해 집을 떠나 있었다. 홀로 남은 어머니는 산파의 도움으로 출산했고, 다음 날 어머니는 몸을 씻고 자신이 먹을 전통 해초국(미역국*)을 끓이기 위해 근처의 강으로 갔다.

반면 고국에서는 점점 더 경악스러운 소식이 들려왔다. 일본은 이제 대한제국 정부가 따라야 할 형식과 정책을 명령하고 있었다. 교단 총회에서 아버지가 만났던 감리교 감독은 더 많은 사람에게 봉사할 수 있는 고국으로 되돌아가라고 충고했다. 또한 그 감독은 고국으로 되돌아갈 자리를 아버지에게 약속했다. 아버지가 섬의 한인 노동자들을 포기하는 것은 쉽지 않았는데, 그들이 자신들을 돌봐준 아버지에게 크게 의존해왔기 때문이다. 그러나 1907년 5월, 아버지와 어머니는 세 명의 아이들을 데리고 고국으로 돌아가는 배에 올랐다. 내가 태어난 지 아홉 달 되었을 때였다.

아버지는 종교계와 교육계 지도자들의 뜨거운 환영을 받았고, 같은 해 9월 '배움의 문화전당'이라고 불리는 배재학당의 중학교 교장직을 맡았다. 이곳은 당시 감리교 선교단에 의해 설립된 한국에서 가장 유명한 교육 기관 중 하나였고, 지금도 여전히 그렇다. 영어 이외에 아버지는 세계사, 과학, 수학과 같은 많은 과목을 가르쳤다. 그는 또한 교육의 혜택을 받지 못하는 사람들을 위해 야학을 열었고, 일요일에는 정기적으로 서울 중앙 YMCA에서 설교를 했다. 그는 유명한 정동제일감리교회를 포함한 다른 교회에서 설교를 해달라고 초대받았다. 아버지의 설교는 항상 영감으로 가득 찬 것이었고, 수천 명의 사람들이 아버지의 설교를 듣기 위해 도시 전역에서 몰려들었다. 자신의 설교에 대한 이러한 만족스러운 반응으로 아버지는 복음을 전도하는 일을 계속하게 되었다. 그는 만주 지역의 한인 공동체를 돌아다녔고, 그 뒤로는 한반도 곳곳의 모든 촌락, 읍내와 도시에서 전도 집회를 열었다. 셀 수 없이 많은 한국인이 기독교로 개종했고, 아버지는 한국의 빌리 선데이[7]로 알려지게 되었다.

---

[7]   빌리 선데이(Billy Sunday)는 프로야구 선수였다가 전도사가 된 미국의 원리주의 목사다.

당시는 한국의 격변기였고, 다른 이들과 마찬가지로 우리 가족은 폭풍이 몰아치는 바다에서 난파된 배처럼 몹시 동요했다. 그럼에도 불구하고 내가 소중히 간직했던 유년 시절의 잊을 수 없는 귀중한 순간들이 있다. 그중 하나가 내가 학교에 간 첫날이다. 나는 여섯 살이 채 안 되었고, 학교에 가기에는 너무 어렸다. 그러나 나는 아버지를 따라 아버지가 교장으로 있던 '공옥학교'[8]에 가기로 결심했다. 이른 아침 나는 옷을 입고, 인력거를 타고 학교로 가는 아버지를 기다리며 밖에 숨어 있었다. 아버지가 인력거를 타고 움직이기 시작했을 때 나는 숨어 있던 곳에서 나와 인력거를 쫓기 시작했다. 그런데 인력거가 속도를 높였고, 그것을 놓치지 않으려고 나는 인력거 뒤에 달린 철제 보호대에 매달렸다. 인력거꾼은 멈췄고, 그를 잡아당기고 있는 별도의 짐을 발견했다. 아버지는 내 꾀에 웃음을 짓고는 나를 들어 올려, 학교에 가는 내내 자신의 무릎 위에 나를 앉혀놓았다. 이것이 내가 처음으로 학교에 가던 날 선택한 등교법이었다. 학생들이 내 주위로 몰려와서 무지개 소맷자락이 있는 전통 아이 옷(색동옷*)을 입고 있던 나를 놀리던 것이 기억난다. 나는 개의치 않았다. 나는 그곳에 있는 것만으로도 정말로 행복했다.

나는 3년간 이 학교에 다녔고, 선생님들이 일일 조회 때 모든 학생 앞에서 울었던 날을 가장 생생하게 기억하고 있다. 우리는 모두 평상시처럼 바닥에 앉아 우리 앞에서 교가를 부르며 인도할 선생님을 기다리고 있었다.

그때 한 선생님이 머뭇거리며 말했다.

---

8 공옥학교는 남학생 초등 교육 기관으로, 1899년 전덕기(全德基), 최병헌(崔炳憲)과 선교사 스크랜턴(W. B. Scranton), 벡(S. A. Beck) 등이 서울 상동교회(尙洞敎會) 안에 설립했다.

"나는 오늘 특별한 발표를 할 것이다."

평정심을 되찾으려고 잠시 애쓴 뒤에 선생님은 다음과 같이 말했다.

"총독의 명령으로, 모든 조회에서 우리는……, 일본어로…… 일본 국가를 불러야 한다."

"안 돼요! 안 돼요! 안 돼요!"

몇몇 학생이 소리쳤다. 선생님은 손을 들어 우리에게 이렇게 말했다.

"우리가 복종하지 않고 일본 노래를 부르지 않는다면, 학교를 계속 다니게 할 수 없다고 했다."

교단에 앉은 모든 선생님은 눈물을 흘렸고, 바닥에 앉은 학생들은 아무 말 없이 얼어붙었다.

마지막으로 선생님은 우리에게 증오스러운 일본 노래를 가르치기 시작했다. 나는 아직도 마지막 후렴구를 기억하고 있다.

"우리 국민 수는 이제 모두 합쳐 7000만이다."

일본은 3000만 한국인을 4000만 일본인에 더하는 것에 만족하지 않았다. 우리는 학교에서 매일 이 노래를 부르도록 강요받았다. 계속 후렴구를 반복하도록 가르치면서 선생님이 흘린 눈물을 나는 결코 잊지 못할 것이다.

그런데 내 유년 시절이 항상 이렇게 슬픈 것만은 아니었다. 사실 모든 눈이 녹아내리고, 차가운 바람이 멈추고, 햇볕이 점점 따스해지는 봄에는 특히 행복한 시간들이 있었다. 거리에 길게 늘어선 들풀과 나무에서는 새잎이 돋아났고, 언덕은 새로운 엷은 초록색으로 뒤덮였으며, 모든 동물과 새는 쉼 없이 돌아다니고 재잘거렸다. 그리고 부모님이 우리 가족의 봄나들이를 계획할 때도 그랬다. 어머니와 관리인의 아내인 은임 어머니는 하루 종일 나들이 준비를 했고, 그동안 아이들은 두 사람 주위에 모여 일 년 전 소풍을 회상했다.

나들이 날의 흥분은 새벽부터 시작되었다. 물론 우리는 일찍 일어나 나들이옷과 짚신을 신고 재빨리 아침을 먹었다. 한번은 어른들이 모여 나들이 준비물을 모두 챙기기 전에 우리 아이들이 먼저 준비를 끝냈다. 마침내 엄마가 "좋아, 준비 끝!"이라고 외치자 우리는 밖으로 뛰어나가 유명한 서대문 길을 지나 산으로 향했다. 우리는 곧 도심을 벗어나 좁고 구불구불한 산길을 오르기 시작했다. 더 높은 곳에 오르자 풍경이 완전히 변했다. 우리는 온갖 종류의 야생화와 노란빛, 흰빛, 분홍빛의 수많은 꽃에 둘러싸였다. 우리는 자갈과 돌이 잔뜩 깔린 곳을 지나 요란한 소리를 내며 흐르는 냇물 근처에 도착했다. 모두 멈춰 두 손을 공기 모양으로 모아 깨끗한 물을 떠 마신 뒤 햇볕에 따뜻하게 덥혀진 돌에 앉아 쉬었다.

우리는 다시 산을 오르기 시작했고 마침내 쉬기 좋은 곳을 발견했다. 옹이가 많은 오래된 소나무와 만개한 야생 배나무로 둘러싸인 넓고 깨끗한 곳이었다. 군락을 이룬 진달래는 이상한 모양의 어두운 바위에 대비되는 밝은 분홍으로 장식했다. 병약한 내 누이동생을 안고 산에 오른 관리인 은임 아버지는 그 애를 짚으로 만든 자리에 내려놓았다. 그러더니 가지가 늘어진 버드나무 숲으로 우리를 데려갔는데, 버드나무의 가늘고 긴 가지들이 아래로 흐르는 계곡물에까지 닿아 있었다. 그는 버드나무 가지를 꺾어 그 껍질을 조심스럽게 벗겨낸 후 한쪽 끝을 플루트의 리드(reed)처럼 만들었다. 그는 그것을 우리 모두에게 하나씩 만들어 주었는데, 제각각 다른 소리가 나도록 길이를 모두 다르게 만들었다. 우리가 동시에 버들피리를 불면 마치 궁정 악사들의 피리 소리처럼 들렸다. 우리는 버들피리를 불면서 부드러운 고사리와 민들레 줄기를 꺾고 바위틈에서 자라는 인삼처럼 뿌리가 흰 도라지를 캐기 위해 언덕으로 흩어졌다. 엄마는 산에서 자란 이 나물들을 참으로 매혹적인 봄철 별미로 밥상에 올릴 것이다.

우리는 관리인 아저씨의 이름이 무엇이었는지 전혀 알지 못했다. 그와 그의 가족은 대문 옆에 있는 작은 집, '문지기의 집(행랑채*)'에서 몇 년간 우리 가족과 함께 살았다. 그에게는 나보다 한두 살 아래인 은임이라 불리는 예쁜 딸이 있었다. 오래된 관습대로 일하는 어른들은 모두 아이와 자신의 관계에 따라 호칭이 붙었다. 그래서 관리인은 항상 '은임 아버지', 그의 아내는 '은임 어머니'였고, 그의 아들은 '은임의 남동생'이었다. 은임의 아버지는 일하러 나갔다가 저녁이면 항상 술에 잔뜩 취한 채 집으로 돌아오는, 아무짝에도 쓸모없는 향락적인 남자였다. 은임의 어머니는 남편이 술에 취해 돌아오면 부끄러워하며 그를 못 나가게 하려고 했지만, 그는 비틀거리며 아이들인 우리와 놀려고 해서 난처해하곤 했다. 나는 그가 말을 더듬고 비틀거리는 것을 흉내 내며, 그를 넘어뜨리기 위해 주위를 빙빙 돌곤 했다.

은임의 남동생은 지능이 다소 모자랐고, 모두 그에게 무관심했다. 은임의 어머니는 나를 좋아했다. 그녀는 아름답고 생기 넘쳤으며, 항상 자신의 이야기를 하면서 쾌활하게 웃었다. 그녀는 엄마의 없어서는 안 될 조력자로 집 청소, 빨래, 바느질, 음식 등을 했다. 날이 저물고 그녀가 나를 재우려고 방에 눕히면 나는 그녀를 독차지했다. 그녀는 아주 재밌는 이야기를 해준다고 하면서 나를 달래 재우려고 했다. 때때로 그녀는 딸 은임을 나와 함께 눕혔다. 아, 얼마나 기쁜가! 솜이불을 덮고 내 손은 천천히 은임에게 다가가 그녀를 만지며, 아주 조심스럽게 그 애의 몸을 탐험하는 것이다. 그 애 역시 마찬가지였다. 그래서 나는 누비이불 속에서 처음으로 소녀의 매혹적인 비밀을 발견했다.

우리의 소풍은 이제 절정에 달했다. 전통 불고기, 숯불 위에서 지글지글 익어가는 얇게 썬 양념한 쇠고기 냄새처럼 내가 좋아하는 것은 없었다. 불고기를 요리할 때, 주변은 모든 이의 식욕을 돋우는 냄새로 생기가 넘친다. 우리는 또 채 썬 오이, 콩나물, 버섯에 매운 고추장과 흰 쌀밥을 비벼서 만든 '비빔밥'이라고 불리는 특별식을 먹었다. 여기에 고사리, 콩나물, 도라지 그리고 몇 종류의 김치가 곁들여졌다. 훌륭한 잔치! 천국 같은 소풍!

점심을 먹고 우리는 바위산에서 물이 쏟아져 나오는 지점(약수터*)에 이를 때까지 계곡을 따라 언덕을 힘들게 올랐다. 은임의 아버지는 큰 병에 물을 담아 사람들에게 돌렸다.

"마셔, 얘들아! 마셔라! 약수다!"

엄마는 우리를 재촉했다. 그 물이 나를 건강하게 하고 병에 걸리지 않게 할 것이라고 안심시켰지만, 나는 약수를 많이 마시는 데 관심이 없었다. 우리는 다시 소풍 장소로 돌아와 짚으로 만든 돗자리에 앉아 아빠의 이야기를 들었다. 그것들은 대개 용감한 호랑이 사냥꾼, 정직하고 열심히 일해서 부자가 된 가난한 농부, 혹은 탐욕 때문에 자신의 모든 재산을 탕진한 나쁜 사람에 관한 이야기였다. 그 뒤에는 어른들의 요청에 따라 아이들은 가장 좋아하는 민요를 불렀다. 나는 언제나 내가 좋아하는 학생 행진곡을 독창하라는 요청을 받았다. 그리고 아버지는 우리를 지휘해 자신이 좋아하는 찬송가 「믿는 사람들은 군병 같으니(Onward Christian Soldiers)」를 부르는 것으로 응답했다. 그런 다음 아버지는 항상 자신의 신자들과 나라에 신의 축복이 함께하기를 기원하는 감사 기도를 드렸다. 피곤하기는 했지만, 행복한 걸음으로 집으로 돌아오면서 나는 엄마의 소맷자락을 잡아당기며 물어보았다.

"엄마, 언제 또 소풍 갈 거야?"

"내년 봄에."

엄마는 내 머리를 쓰다듬으며 가만히 웃었다.

내가 또렷이 기억하고 있는 또 다른 유년기의 재미는 외갓집을 방문하는 것이었다. 오래된 한국 관습에 따르면 소녀가 결혼을 해 남편 집으로 가면 친정과의 모든 인연을 끊어야 했다. 친정 부모는 이류 지위로 물러나며, 그녀의 아이들은 그들을 할아버지와 할머니가 아니라 외할아버지와 외할머니, 혹은 '다른 집(외가*)' 할아버지와 할머니로 부른다. 이러한 관습을 무시하고 엄마는 우리를 엄마의 아버지 집으로 데려가곤 했지만, 항상 어두워진 뒤였다. 엄마의 아버지는 왕실 의사였으며, 궁 밖에서는 어떠한 진료 행위도 금지되었다. 그래서 우리 중 누군가가 아프면, 엄마는 어두워진 뒤에야 외할아버지를 만나러 갔다. 외할아버지는 상냥하고 친절했으며, 엄마의 엄마는 아주 작은 어여쁜 숙녀였다. 엄마는 외할머니의 호리호리하고 우아한 모습을 물려받은 것이 틀림없다.

나의 '다른 집' 조부모들은 나를 보는 것을 항상 기뻐했고, 내 주머니에 조심스레 동전을 넣어주는 것은 말할 것도 없이 온갖 종류의 선물을 듬뿍 주었다. 마루에 누워 외할아버지에게 검진을 받아야 할 때만 내 기쁨이 다소 수그러들었다. 나는 외할아버지가 작은 탁자 위에 있는 벼루에 먹을 갈고 여린 손으로 붓을 집어 들어 화선지에 신기한 글씨를 쓰는 것을 보았는데, 그것은 어디서 진료를 받았는지 들키지 않기 위해 의사의 관례적인 인장을 찍지 않고 내 병증을 적는 것이었다. 저녁 늦게 집으로 오면 한약을 마셔야 했는데, 이는 매우 즐거운 내 '외'조부모 방문 중 달갑지 않은 부분이었다.

그렇지만 어린 시절의 가장 흥겨운 축제는 설날로, 양력으로 새해 첫 날이 아니라 음력에 따른 매년 2월의 어느 날이었다. 설 전날 엄마, 은임의 어머니 그리고 이웃 아주머니들은 셀 수 없이 많은 새해 별미, 즉 식혜, 밤에 꿀을 버무린 밥(약식*), 나무로 된 절구에 찐 쌀을 찧고 치대어 막대 모양의 덩어리로 둥글게 만든 쌀떡(가래떡*)을 준비하며 부엌에서 분주히 돌아다녔다. 가래떡은 잘게 썬 다음, 맛 좋은 고기 국물로 요리할 설날 아침까지 잘 보관했다. 이 떡국 한 그릇을 설날 아침에 먹지 않으면 한 살을 더 먹지 못한다고 어른들은 말했다.

새해 전날은 흥분되고 흥겨웠다. 몇몇 아주머니들이 둥글게 밀고 반죽하고 재료를 채워 넣을 동안 다른 아주머니들은 껍질을 벗기고 다지고 깎고 다듬느라 바쁠 때, 우리 아이들은 둥그렇게 둘러앉아 아주 재미있는 한국의 고전 놀이인 윷놀이를 했다. 우리는 마루 가운데 앉아 말판이 그려진 정사각형 화선지를 펼쳤다. 각자 다른 색의 단추나 조약돌로 된 네 개의 말을 가지고, 네 개의 말이 처음 출발지로 모두 돌아오는 사람이 승자가 되는 것이다. 경로는 대각선 상에 스무 개의 밭이 있는 것과 마찬가지로 사각형 안에도 스무 개의 밭이 있었다. 선수는 어느 경로나 선택할 수 있지만, 경주를 끝내려면 각각의 말은 스무 개의 밭을 모두 거쳐야 했다.[9]

말이 뛰어넘을 칸 수는 '윷'을 던져 결정한다. 윷은 한 면이 평평하고 다른 면은 둥근 네 개의 잘 자른 나무 막대기를 말한다. 선수는 윷을 위

---

[9] 저자가 윷판에 대해 착각한 것으로 보인다. 사각형 모양의 테두리에는 스무 개의 밭(말이 지나치는 칸)이 있지만, 사각형 내의 밭은 아홉 개로, 총 스물아홉 개의 밭으로 되어 있다. 또한 가운데 놓인 십자의 밭을 통하면 열 개의 밭을 지나 참먹이에 이를 수 있다.

로 던진다. 말은 [땅에 떨어진 윷의] 잦혀진 하나에서 최대 네 개인 평평한 면에 따라 한 칸에서 최대 네 칸을 움직인다. 나무 막대기의 평평한 면이 모두 바닥을 향해 엎어지면, 말은 다섯 칸을 움직일 수 있다. 시합은 다른 말이 앞선 말의 밭에 도달하면 앞선 말이 잡혀 출발점으로 되돌아가야 하기 때문에 복잡해진다. 너덧 명의 선수가 말을 잡기 위해 원하는 윷짝이 나오기를 기대하며 소리를 지르기 때문에 꽤나 소란스럽다. 하루 몫으로 엄마에게 받은 큰돈과 사탕을 패자가 승자에게 주어야 한다는 사실 때문에 모두의 흥분은 훨씬 고조되었다.

지난날 진 모든 빚을 포함해 지나는 해 마지막 날 자정까지 모든 것이 해결되어야 했다. 그렇게 하지 못하는 것은 가문을 욕되게 할 뿐 아니라 새해 내내 불행을 가져온다고 믿었다. 아이들은 새해가 올 때까지 잠을 자지 않아야 했다. 엄마는 우리 중 누군가 자정이 되기 전에 잠들어 잠자는 동안 새해를 맞이하게 되면, 아침에 우리의 눈썹이 하얗게 변할 것이라고 경고했다. 우리는 이 말에 매우 놀라, 온종일 흥분으로 기운이 다 빠지고 졸음이 쏟아져 눈꺼풀이 매우 무거워졌지만, 깨어 있으려고 노력해야 했다.

"베드로야, 잠들지 말거라."

엄마의 목소리에 깜짝 놀라 나는 눈을 뜨고 껌벅거리며 "아뇨, 엄마, 안 잤어요"라고 말했다.

내 말에 모든 여자들이 웃음을 터뜨려 나는 잠에서 깨어나 불침번을 서면서 새해 첫날 내 눈썹이 하얗게 되지 않도록 해야 했다.

마침내 새해의 첫새벽이 되었다! 기적처럼 엄마는 여덟 명의 아이들 각자에게 새 옷(설빔*)을 선물로 주었다. 이 아름다운 새 옷을 입고 아버지와 어머니에게 새해 인사를 하는 것이 우리의 첫 번째 임무였다. 가장 나이 많은 아이부터 가장 어린 아이까지, 우리는 그분들에게 전통 인사를 드렸다. 그에 대한 보상으로 아버지는 우리 모두에게 세뱃돈을 주었는데, 허리띠에 묶인 새로운 수를 놓은 내 비단 주머니에 들어가는 첫 번째 돈이었다.

그런 뒤 우리는 새해 아침에 한 살을 더 먹기 위해 없어서는 안 될 떡국을 먹었다. 이제 나이가 찬 아이들은 어른들을 찾아뵙고 인사를 드리러 가야 했다. 은임의 아버지는 맨 먼저 할아버지와 '다른 집' 할머니, 그 뒤를 이어 도시 곳곳에 흩어져 살고 있는 삼촌과 고모로 이어지는 방문을 온종일 안내했다. 방문할 때마다 두 명의 누나와 나는 어른들이 아이들의 새해 방문을 기다리고 있는 안방으로 들어갔다. 그곳에서 우리는 전통 인사를 했다.

소녀가 이 정중한 인사를 잘하려면 민첩함과 균형감이 있어야 했다. 매우 느리게, 소녀는 무릎을 구부리며 뒤로 넘어지지 않고 바닥까지 몸을 낮춰야 했다. 동시에 손은 다리 옆에 두어야 했는데, 당연히 다리는 손이 천천히 내려와 바닥에 닿을 때까지 헐렁한 치마에 가려져 있었다. 그 뒤 소녀는 머리를 숙이고 손을 아래로 향했다. 계속 균형을 유지한 채, 이제는 역순으로 움직여서 리듬을 잃지 않으면서 일어섰다. 절은 하나의 꽃이 피는 듯한 우아한 동작으로 행해졌다. 나는 몇 번이나 소녀의 절을 흉내 내려고 했지만, 균형을 잃고 넘어져 누나들이 웃음을 터뜨렸다.

반대로 남자아이가 절하는 방법은 매우 쉬웠다. 나는 무릎을 꿇고 팔을 뻗어 바닥에 양손을 포개어 놓았다. 그 뒤 이마가 손등에 닿을 때까지 허리를 구부렸다. 잠시 뒤 몸을 쭉 펴고 일어섰다. 의식은 끝났다. 이제 우리는 설날 별미를 먹으러 간다. 어른들과 마찬가지로 떡, 과자와 과일이 놓인 작은 상이 우리 앞에 놓인다. 그러나 최고의 순간은 막 떠나려 할 때 붉은 종이로 예쁘게 싼 세뱃돈을 받는 순간이며, 나는 재빨리 그것을 돈주머니에 넣었다. 거리를 돌아다니며 멈출 때마다 의식을 반복하면서 별미에 대한 욕구를 상실했고, 다리가 아프기 시작했다. 그렇지만 돈주머니가 더 가득 차고 무거워졌기 때문에 개의치 않았다. 집으로 돌아온 뒤 내가 하는 첫 번째 일은 돈주머니에 있는 돈을 세는 것이었다. 너무 많아서 엄마가 그중 일부를 보관하기 위해 가져갔다.

새해 첫째 날보다 둘째 날에 훨씬 바빴다. 나는 아침을 재빨리 먹고 동네 친구들을 만나기 위해 뛰어나갔다. 각자 자신의 새해 첫날 일들, 얼마나 많이 먹었는지, 몇 번이나 무릎을 꿇고 절을 했는지, 그리고 가장 중요한 것으로 새해 첫날이 끝나고 얼마나 많은 돈을 모았는지 이야기했다. 나는 되도록 빨리 내가 받은 세뱃돈을 쓸 준비가 되어 있었고, 어디에 그 돈을 쓸 것인지 알고 있었다. 한 무리의 소년들과 나는 연을 파는 가게로 달려갔다. 맨 먼저 끝에 긴 자루가 달린 나무로 만든 튼튼한 얼레를 샀다. 그리고 매우 질긴 명주실을 감은 실패, 아교풀 한 다발, 그리고 마지막으로 내가 발견한 가장 아름다운 연을 샀다. 그 연은 붉은색, 노란색, 녹색 줄무늬와 윗부분 모서리에 맹렬하게 바라보는 눈동자가 그려져 있었다. 우리는 집으로 돌아오면서 길에서 발견하는 깨진 사기를 모두 주웠다.

집으로 돌아온 우리는 많은 일을 해야 했다. 우선 몇몇 아이들이 내 새 얼레에 실을 감는 동안 다른 아이들은 단지에 아교풀을 팔팔 끓였다. 계속해서 다른 아이들은 우리가 발견한 사기 조각을 쇠로 만든 주발에 넣어 돌조각으로 사기 가루가 될 때까지 부수기에 여념 없었다. 뜨거운 아교 단지에 담겨 있던 실은 다른 얼레에 감겼다. 그 뒤 실은 사기 가루가 담긴 주발에 담겼다가 내 얼레로 되감겼다. 실이 칼처럼 거칠고 날카로워진 것을 확인할 때까지 이를 반복했다.

우리는 모든 연날리기꾼이 모이는 언덕 정상의 전장으로 올라갔다.

"야, 저 우스꽝스러운 연 좀 봐!"

"너희는 저렇게 꼴사나운 연을 본 적 있냐? 날 수나 있나?"라며 몇몇 소년들이 우리를 조롱했다.

못 들은 척하면서 나는 첫 비행을 위해 연을 날렸다. 연은 우아하게 날아 아주 위풍당당하게 올라갔다. 그 뒤 나는 싸움 전술 시험에 들어갔다. 얼레를 다루면서 연이 오른쪽으로, 그리고 나서는 왼쪽으로 비스듬히 미끄러지듯 움직이게 했다. 얼레를 매우 빠르게 돌려 더는 오르지 못할 때까지 연을 똑바로 띄워 올렸다. 순간 줄을 갑자기 잡아당겨 연을 거꾸로 뒤집었다. 그 위치에서 줄을 급히 잡아당겨 줄이 느슨해지고 연이 다시 솟아오를 때까지 연을 똑바로 떨어뜨렸다. 모든 것을 성공적으로 다루자 내 친구들은 깡충깡충 뛰며 신이 나서 박수를 쳤다.

"저기 봐, 베드로야!"

나는 누군가 고함치는 소리를 들었고, 연이 바로 내 쪽으로 날아오는 것을 보았다. 나는 연을 공격자에게서 벗어날 수 있도록 재빠르게 조작해야 했다. 나는 내 연이 높이 날아올라 공격자보다 높게 날도록, 그렇지만 공격자를 피할 수 있도록 했다. 우리는 몇 번이나 쫓고 쫓기는 상황을 되풀이해야 했고, 그동안 양측 소년들이 고함을 질렀다. 결국 나는 과감한 조치를 취했다. 나는 내 연을 공격하는 적의 연을 유혹했고, 적의 연이 유혹에 넘어올 때 도망가지 않고 내 연을 곧게 띄워 올렸다. 내가 더 위에 있을 때, 나는 내 연을 급강하시켜서 적의 연줄 위로 나의 날카로운 연줄을 스치게 했다. 순간 연줄이 끊어지고 적의 연은 무기력하게 공중에 떠다녔다. 내 친구들의 승리의 함성이 산 중턱에 울려 퍼졌다.

가끔 옆 사람이 연날리기 패권을 둘러싸고 다른 사람에게 도전하기 때문에 연싸움은 작은 전쟁과 비슷했다. 그러한 사건이 있으면 어른이 연날리기를 책임졌다. 준비는 매우 섬세했다. 커다란 얼레, 아주 날카로운 줄과 특별하게 설계된 연, 그 색상과 장식에 따라 이 연들은 '파란 코', '붉은 치마', '호랑이 눈'과 같은 별명을 얻게 된다. 싸움이 고조되면 아이들뿐만 아니라 어른들도 아우성친다.

"파란 코 좀 봐!"

"붉은 치마야, 도망가! 도망가라고 붉은 치마!"

"쫓아! 호랑이 눈, 쫓으라고!"

하루 종일 뜨거운 싸움의 승리로 함성과 아우성이 언덕에 울려 퍼졌다.

새해 축하 행사는 첫 번째 만월인 15일(대보름*)까지 계속되지만, 너무나 빨리 지나갔다. 다행히도 내 어린 시절의 다른 즐거운 날들이 있었는데, 그것은 조부모들을 방문하는 날들로 며칠간 계속되었다. 그들은 넓은 땅으로 둘러싸인 언덕 밑 큰 집에 살았는데, 그 땅은 그곳에 살고 있는 소작인들이 경작하고 있었다. 할머니는 항상 안방 할머니, 즉 '다른 방' 할머니로 불렸다. 나는 엄마가 설명해줄 때까지 왜 그런지 몰랐다. 우리의 진짜 할머니인 아버지의 어머니는 돌아가셨고, 할아버지는 재혼하셨다. 그래서 우리는 새로운 할머니를 어떻게 불러야 하는지, 그 할머니를 진짜 할머니와 어떻게 구별해야 하는지 배웠다. '다른 방' 할머니. 나는 유난히 더운 여름날 방문했던 것을 기억한다. 할아버지는 소작인들을 불러서 손자를 위해 어떤 신선한 곡물을 요리하라고 시켰다. 곧 그들은 들에서 곡물 더미를 가져와 물을 채운 큰솥에 불을 피웠다. 솥에서 물이 끓기 시작했을 때 모든 곡물을 넣었다. 모든 일이 끝나고 소작인들은 내가 더 먹을 수 없을 때까지 계속 곡물을 주었다. 나는 할

아버지의 들에서 나온 곡물만큼 달콤하고 맛있는 곡물을 먹어보지 못했다.

"베드로야."

어느 날 할아버지가 나를 불렀다.

나는 "네, 할아버지"라고 대답하고 달려가서 할아버지 앞에 앉았다.

"베드로야, 이제 여덟 살이 되었구나."

할아버지는 진중하게 말했다.

"네, 할아버지."

"이제 조상들에 대해 배워야 하겠구나."

"네, 할아버지."

"너는 현씨 가문의 선조가 누구인지 아느냐?"

"모릅니다, 할아버지."

"그분의 이름은 현담윤으로, 고려 왕조 명종 시대의 위대한 장군이시다. 그분의 위대한 명성에 경의를 표하고자, 우리는 그분의 성을 따서 현씨라는 가문을 세우게 되었다."

"그분은 전쟁을 많이 하셨나요, 할아버지?"

"처음부터 장군은 아니셨다. 사실 그분은 평안북도에 있는 영변 마을에 사는 평범한 농부였다."

"그런데 어떻게 장군이 되었나요?"

"거의 800년 전의 일이다. 왕의 자리가 도지사 중 한 사람(서경 유수로 있던 조위총*)에 의해 위협받아서 왕이 도망을 가야 했다. 농부였던 현담윤은 왕이 마을 근처로 피신해온 것을 알고 그를 돕기로 마음먹었다. 두 아들과 함께 그분은 대규모 농민군을 조직해 배신자와 그 일당에 맞서 싸웠고, 결국 그들을 확실하게 물리쳤다. 그의 군사적 재능을 알아본 왕은 현담윤에게 장군이라는 호칭을 내렸고, 사령관으로 임명했다. 두 아들 또한 높은 자리를 받았고, 귀족 신분과 함께 아주 많은 땅이 현씨 일가에게 수여되었다."

"할아버지, 그 많은 땅은 어떻게 되었고, 우리는 왜 이제 더는 귀족이 아닌가요?"

"음, 현씨 일가는 500년 전 고려가 멸망했을 때 모든 지위와 땅을 잃었다. 그리고 왕에게 여전히 충성했던 현씨 사람들은 조선 왕조하에서 새로운 통치자로 일하는 것을 거부했다."

"그러면 무슨 일이 일어난 거죠, 할아버지?"

"5세대 동안, 현씨 사람들은 농촌에서 농부로 조용히 살았다."

이 시점에서 내 마음은 증조할머니의 옛날이야기를 듣는 것이 더 재미있지 않을까 하는 생각으로 혼란스러워지기 시작했다.

"이놈."

나는 할아버지의 화난 목소리에 깜짝 놀랐다.

"왜 듣지 않는 거냐?"라고 할아버지는 꾸중했다.

"아뇨, 저…… 듣고 있어요, 할아버지."

"음, 됐다."

할아버지의 목소리는 체념한 것 같았다.

"오늘은 이것으로 충분하다. 가서 놀거라, 베드로야."

나는 슬그머니 방에서 나와 증조할머니의 재밌는 이야기를 듣는 것이 더 즐거웠다.

그런데 때때로 아버지와 반복되는 할아버지의 이야기 속에서 나는 현씨 가문이 다시 성공하게 되었다는 것을 알게 되었다. 새로운 영웅은 서울로 장작을 팔기 위해 왔던 보잘것없는 농부의 아들(玄壽謙*)이었다.

그는 정부의 외교 분야에서 일을 하게 되었던 '황'이라는 성의 양반을 돕게 되었다. 황은 그의 집안, 중국 고전에 대한 지식과 맑은 마음을 지닌 이 젊은 시골 소년에게 감명을 받았다. 결국 황은 자신의 딸과의 결혼을 제안했다. 곧 그는 사위를 외교 부서(사역원*)에서 일하게 했다. 그 뒤 현씨 사람들은 '외교가(역관*) 집안'으로 알려지게 되었다. 최고 전성기일 때 현씨 사람들은 중국에 가는 조선 사신을 따라가거나 왕의 개인 시종과 같은 외교 분야의 요직을 차지했다.

대원군의 뛰어난 고문이었던 아버지의 할아버지는 부인이 세 명이었다. 첫째 부인은 자식을 낳지 못하고 죽었고, 둘째 부인은 네 명의 아들이 있었는데 그중 가장 나이 많은 사람이 유명한 외교관 현제승이었고, 셋째 부인은 아버지의 아버지인 제창이라는 남자아이를 낳았다. 현씨의 가족사는 스물여덟 세대에 이르며, 1919년 3월 봉기 당시는 현씨 가족의 역사가 789년이 되던 해였다. 내 세대의 네 명의 아들 중 가장 나이가 많은 나는, 가족의 모든 전통을 이어받을 책임이 있었다. 어린 시절 나는 그러한 막중한 책임을 알지 못했고, 심지어 가족 내에서 나의 명예스러운 자리 때문에 어린 동생들이 느끼는 어떠한 반감조차 전혀 알지 못했다.

어쩌면 나는 내가 할아버지가 총애하는 손자라는 것과 나에게 베푸는 모든 호의를 만끽하는 것을 당연히 여기지 않아야 했던 듯하다. 오랜 관습에 따라, 할아버지는 자신의 상에 나를 앉히고 식사를 같이하게 했다. 그것은 명예이자 할아버지를 위해 특별히 준비된 음식을 먹는 특권이기도 했다. 그러고 나면 나는 모든 형제자매에게 그것을 자랑했다. 그들 모두 얼마나 질투를 느낄 것이며 부러워할 것인가! 더구나 쌀쌀한 바람이 종이(한지*) 문을 뚫고 들어오는 추운 겨울밤, 할아버지와 안방 할머니 사이에서 따뜻하게 잠자는 것이 나에게 허락되었다.

　잠자리를 준비하기 위해 가장 따뜻한 곳인 부엌 가까운 바닥(아랫목*)에 할아버지를 위한 요를 깐다. 그 뒤 안방 할머니를 위한 다른 요가 그 옆에 펼쳐진다. 나는 따뜻하고 안전한 그분들 사이로 기어 들어간다. 나는 훨씬 더 큰 보상을 받았다. 안방 할머니가 주무시기 위해 누우면 나는 그분 쪽으로 돌아누워 가슴을 만졌다. 부드럽고 따뜻한 그 느낌이란! 때때로 그분은 내가 잠들 때까지 가슴을 만지도록 내버려 두었다. 그러한 겨울 저녁에 나는 잠을 자다가 돌아누웠는데 잘못하여 할아버지의 성기를 만졌다. 잠을 자고 있었지만 깜짝 놀란 나는 재빨리 손을 움츠렸다. 하지만 그때 나는 호기심으로 가득 찼다. 이제 의식적으로 다시 만져질 때까지 손을 조금씩 밀어보았다. 유쾌하기는 했지만 안방 할머니의 가슴만큼은 아니었다. 나의 호기심은 충족되었고, 흥미를 잃고는 다시 잠들었다. 편안함과 즐거움을 맛보기 위해 조부모 사이에서 내가 편하게 드러누웠던 그 겨울밤들은 어린 시절의 잊지 못할 기억으로 남아 있다.

CHAPTER 4

증조할머니

내가 할아버지 집에 가는 데는 분명 다른 이유도 있었다. 중요한 동기 중 하나는 방문이 끝날 즈음 일어나는 '용돈 주기'라고 불렀던 것이다. 안방 할머니는 내 손을 잡고 손바닥에 동전을 쥐어 주었다. 그리고 내 손을 쥐며 말씀했다.

"들거라, 베드로야. 집에 도착하기 전에 배가 고프거든 가다가 뭐라도 사 먹어라."

나를 이렇게 잘 알고 계시다니! 집으로 돌아오는 도중, 길거리에 늘어선 노점상을 지날 때 배가 고파졌다. 거리 전체가 음식 냄새로 가득 차고, 고구마와 밤을 굽는 노점상들에 이르자 배고픔을 참을 수 없게 됐다. 나는 안방 할머니가 준 동전을 기쁘게 썼다. 아, 군밤과 고구마! 이것들은 가을과 겨울에 내가 좋아하는 간식거리였지만, 계절이 바뀌면 노점상 거리의 냄새도 바뀌었다. 봄과 여름에는 과일, 그러니까 버찌, 살구, 복숭아, 배 그리고 계절이 끝날 무렵에는 온갖 종류의 멜론(수박, 참외 등 박과의 과일을 가리키는 것으로 보인다*)의 달콤한 향으로 채워졌다. 그러면 이제 내가 안방 할머니에게서 받은 동전은 모두 버찌와 살구를 파는 노점상들에게 건네진다.

자주 그러지는 않지만 '용돈 주기'가 뜻밖의 장해에 부딪히기도 했다. 안방 할머니가 잊어버리면 나는 늘어선 노점상 앞에서 평상시처럼 멈추지 못하고 집으로 걸어와야 하는 가혹한 상황에 맞닥뜨려야 했다. 상황을 바꾸려고 나는 벽에 기대어 별안간 몹시 슬프게 흐느끼기 시작한다. 안방 할머니가 애처로운 울음소리를 듣지 못하더라도 누군가 알아차리고 알려줄 것을 나는 알고 있었다. 나는 확실히 하기 위해 안방 할머니가 몹시 걱정하며 나타날 때까지 계속 흐느껴 울었다. 깜박 잊어버렸다는 것을 변상하기 위해 할머니는 평소보다 더 많은 돈을 내 손에 쥐여 주었다. 이 비극적인 상황을 재빨리 회복하고 안방 할머니의 실수를 용서하며 나는 집을 향해 걷기 시작했다. 이미 내 마음은 길에 늘어선 노점상들의 온갖 맛있는 음식 냄새를 맡고 맛보는 데 있었다. 유일한 난제는 무엇을 사는 데 돈을 쓸 것인지 결정할 수 없다는 점이었다. 달콤한 가을 배 혹은 맛있는 감.

내가 그토록 즐겼던 노점상의 이러한 간식은 물론 한순간의 즐거움이었다. 나는 증조할머니의 옛날이야기에서 훨씬 더 오래가는 기쁨을 발견했다. 그분은 할아버지 집에 있는 자기 방에서 살았다. 내가 들어갈 때면 항상 그분은 솜으로 만든 따뜻한 보료 위에서 대중적인 소설을 읽고 있었다. 그분은 책을 내려놓고 나에게 가까이 오라고 했다. 나는 바닥에 엎드려 턱을 괴고, 기꺼이 이야기를 들을 준비를 했다. 그분의 얼굴은 둥글고 관대하고 따스하며 인자해 보였고, 눈은 기발한 생각과 평화스러운 웃음으로 반짝거렸다. 차분하고 따스한 목소리로 들려주는 이야기는 모험과 신비에 대한 기대감으로 나를 흥분시켰다.

언제나 용감함, 익살 혹은 지혜와 같은 교훈으로 마무리되는 이야기를 증조할머니가 끝내면, 나는 곧바로 "와, 증조할머니, 다른 이야기요"라고 청했다. 증조할머니는 내가 무릎을 베고 누울 수 있게끔 좀 더 가까이 오게 하고서는, 다른 이야기들과 마찬가지로 마치 예전에 일어난 듯 들리는 또 다른 이야기를 들려주었다. 물론 나는 만족하지 않았고, 이야기가 끝나면 여전히 또 다른 이야기를 해달라고 조르곤 했다. 나는 그분이 할 수 있는 이야기는 끝이 없다고 믿었고, 그분이 돌아가셨을 때 들려주지 못한 수많은 이야기가 있었을 것이라는 확신이 들었다. 그분이 해주었던 이야기들은 내게 깊은 감명을 주었고, 나는 그러한 감명과 증조할머니의 이미지를 내 어린 시절의 진귀한 보물로 소중히 여겼다.

신나는 이야기 중에서 내가 가장 좋아했던 것은 '지주와 호랑이'였다. 그 기억을 떠올릴 때마다 나는 증조할머니의 얼굴이 분위기에 따라 변하는 것을 볼 수 있었고, 너무나 불길하고 신비롭게 들리는 그 저음의 목소리를 들을 수 있었다. 이야기 내용은 이러하다.

아주 먼 옛날, 작은 마을에 한 지주가 살았다. 지주가 소유한 크고 비옥한 농토는 높이 솟은 산의 작은 언덕들에 있었는데, 그 산에는 사나운 호랑이가 많이 살았다. 우아하지만 위험한 호랑이들은 항상 산에서 접근할 수 없는 곳에 머물렀지만, 겨울에 배가 고파지면 음식을 찾아 산속 은신처를 떠나 마을로 내려오기도 했다. 다행히 야생 호랑이의 습격은 자주 있지는 않았고, 자신의 집과 외양간을 잘 지키고 있던 지주는 호랑이 걱정을 그다지 하지 않았다.

그는 지주라서 거의 일을 하지 않았다. 소작인들이 그 일을 모두 했다. 그 대신 그는 중국 고전을 공부하고 시를 짓고 암송하면서 정신을 수양하는 데 전념했다. 또한 육체를 정신만큼 건강하게 유지해야 한다고 믿었다. 이를 위해 그는 매우 진귀한 약초의 쓰디쓴 즙(한약*)을 마셨고, 운동을 매우 열심히 했다. 겨울 사냥철에 자신의 활과 화살로 사슴을 잡으면, 그 자리에서 사슴뿔을 잘라내고 마구 쏟아져 나오는 뜨거운 피를 마셨다. 실제로 이 모든 의식으로 강인해진 그는 집에 불이 났을 때 사람들을 지붕 위로 가볍게 던져 올려 불을 껐다.

어느 추운 겨울밤, 그는 이상한 소리 때문에 잠에서 깨어났다. 이제까지 한 번도 들어본 적이 없는 소리여서, 그게 무엇인지 알아내기 위해 귀를 기울이며 소리를 들었다. "쿵! 쿵! 쿵!" 하는 이상한 소리만 나는 것이 아니라 소리의 규칙적인 리듬이 그를 흥분시켰다. 그러고는 적막……"쿵! 쿵! 쿵!" 그리고 다시 적막이 반복되었다. 이제 지주는 완전히 잠에서 깼고, 수수께끼를 풀기로 마음먹었다. 그는 일어나 옷을 입고 밖으로 나섰다.

나는 너무 흥분해 증조할머니의 다리를 붙잡고 간청했다.

"어떻게 되었어요? 어떻게 되었어요? 증조할머니, 빨리요. 빨리 어떻게 되었는지 말해주세요."

"베드로야, 무섭니?"

증조할머니는 차분한 목소리로 나를 놀렸다.

"네가 정말로 흥분할 것에 대해서는 아직 시작도 안 했는데."

"그래도요. 증조할머니, 빨리요."

"네가 조용히 듣는다면 어떻게 되었는지 말해줄게"라며 여전히 나를 놀렸다.

할머니의 이야기가 이어졌다…….

마침내 지주는 외양간에서 이상한 소리가 나는 이유를 알게 되었다. 몰래 다가간 그는 엄청나게 큰 "쿵! 쿵! 쿵! 쿵!" 소리에 깜짝 놀랐다. 다행히 밝은 달빛 덕분에 그는 소가 위아래로 펄쩍펄쩍 뛰며 그런 소리를 내고 있다는 것을 알 수 있었다. 그런데 무엇이 소를 저렇게 불안하고 깜짝 놀라게 했을까? 놀랍게도 땅바닥에 있는 큰 뱀이 소의 다리를 휘감고서는 위아래로 뛰게 하는 것이 보였다. 그런데 더 가까이에서 보니 소의 다리를 휘감고 있는 것은 뱀이 아니었다. 그것은 털로 덮인 살진 것이었고, 그 둘레에는 검은 줄무늬가 있었다. 지주는 그것이 호랑이의 꼬리라는 것을 알아차렸다.

배가 매우 고픈 호랑이가 먹을 것을 찾아 마을로 내려왔던 것이다. 호랑이는 외양간에 묶여 있는 가축들을 발견했다. 나무 벽의 옹이구멍을 발견한 호랑이는 소가 외양간 밖으로 나오게 하려고 그 속으로 꼬리를 슬며시 밀어 넣었다. 그래서 호랑이가 꼬리를 앞뒤로 휘두를 때마다 깜짝 놀란 소가 위아래로 펄쩍펄쩍 뛰었던 것이다. "쿵! 쿵! 쿵! 쿵!" 적막의 순간 그리고 이어지는 호랑이 꼬리의 움직임, 그리고 다시 "쿵! 쿵! 쿵!" 하는 소리.

지주는 재빨리 소를 외양간 밖으로 나오게 했다. 그런 뒤 외양간으로 살금살금 다가가서 옹이구멍이 난 벽에 다리를 뻗대면서 소리 없이 바닥에 앉았다. 단번의 재빠른 동작으로 그는 호랑이의 꼬리를 붙잡았고, 팔뚝에 꼬리를 묶고는 "야~압" 하고 땅이 흔들릴 정도로 소리를 지르며 있는 힘껏 뒤로 잡아당겼다.

갑작스러운 공격에 놀란 호랑이는 "그~아~아" 힘차게 포효하며 구멍 밖으로 꼬리를 빼내려고 했다.

지주는 벽 쪽으로 홱 끌려가면서도 호랑이의 꼬리를 붙잡고 있었다.

지주의 힘과 용기가 최고로 도전받는 순간이었다. 그는 숨을 깊게 들이쉬고는 호랑이의 꼬리를 들어 올려 뒤로 잡아당겼다.

"야~압!"

호랑이도 마찬가지로 필사적으로 반응했다.

"그~아~아."

지주나 호랑이 모두 싸움을 포기하지 않았고, 밤새 내내 계속되었다.

"야~압!"

"그~아~아."

"야~압!"

"그~아~아."

왔다 갔다, 왔다 갔다, 왔다 갔다.

그러는 사이 새벽이 되었고, 날이 밝을 무렵 소작인들이 반복되는 이상한 소리, "야~압!" "그~아~아"에 놀라 잠에서 깼다. 그들은 마당에 모여 어디에서 소리가 나는지 알아보려고 했다. 그들은 문을 열고 밖으로 나갔고, 외양간 벽 근처에서 믿지 못할 광경을 목격했다. 거대한 호랑이가 벽을 기대어 앉아 있었고, "야~압" 하는 가는 소리가 외양간 안에서 들려오면 호랑이가 벽 쪽으로 끌려갔다. 그러면 호랑이가 동시에 힘없이 "그~아~아" 하고 소리 지르며 앞으로 움직였다. 전혀 호랑이답지 않은 행동을 반복하고 있었다. 소작인들은 아주 이상하게도 호랑이의 꼬리가 없다는 것을 알아차렸다.

소작인들은 종종걸음을 치며 외양간으로 달려갔다. 거기에서 그들은 주인인 지주가 다리로 벽을 떠받치면서 땅바닥에 앉아 있는 것을 발견했다. 호랑이의 허약한 "그~아~아" 하는 외침이 들리면 지주가 벽 쪽으로 당겨졌다. 그러면 지주가 상체를 뒤로 젖히고 희미하게 "야~압" 소리를 냈다. 호랑이와 지주의 움직임과 거의 알아들을 수 없는 외침은 규칙적으로 이어졌다. 지주의 팔뚝에 둘려 있는 늘어진 호랑이의 꼬리를 본 소작인들은 영문을 몰라 어리둥절해했다.

나는 깜짝 놀라 증조할머니에게 물었다.
"호랑이 꼬리가 어떻게 잘렸나요?"
"애야, 베드로야. 네가 그 꼬리를 잡고 있고, 밤새도록 계속 옹이구멍에 비비게 된다면, 역시 잘릴 거야."
할머니의 나지막한 대답에 나는 웃음을 터뜨리고는 손뼉을 치고 발을 구르면서 방바닥을 뒹굴었다. 불쌍한 호랑이는 꼬리가 잘린 것을 몰랐고, 불쌍한 지주 역시 자신의 팔뚝에 늘어진 호랑이 꼬리를 두른 채 안간힘을 쓰며 소리를 내고 있었다.
나는 박장대소를 한 뒤 증조할머니의 무릎을 당기면서 평소처럼 "증조할머니 하나만 더 해주세요, 제발. 딱 하나만요"라고 간청했다. 때때로 이야기들은 이어지듯 만들어져 증조할머니의 머리에서 줄줄 나오는 것 같았다. 어쨌든 이야기들은 흥미를 자아내고, 흥분되며, 재미있었다. 나에게 변치 않는 감동을 준 다른 이야기는 '고통 받는 세 남자'라고 불렸다.

옛날 한 시골 마을에 세 명의 고통 받는 남자들이 살고 있었다. 자신들의 고통 때문에 혹은 고통이라는 불행으로 그들의 소문은 온 마을에 널리 퍼졌다. 그들의 고통이 복통 혹은 소화불량, 인후염, 감기 혹은 상처로 인한 발의 통증과 같은 어떤 평범한 질병에서 생겼기 때문에 그들이 유명한 것은 아니었다. 세 명의 고통 받는 남자들에게 그 원인만큼이나 고통의 종류는 아주 기이한 것이 아니었다.

농부 이 씨에게 고통은 머리, 머릿속이 아니라 두피 전체에 있었다. 의원이 진단할 수 없는 어떤 이상한 괴로움이 두피에 심각하고도 거듭되는 가려움을 유발했다. 이 미칠 것 같은 가려움을 제거할 방법을 찾기 위해 농부 이 씨는 깨어 있는 모든 시간을 머리를 긁으며 보냈다. 긁고 긁고, 때로는 양손으로 긁으면서. 들에서 일하면서도 그는 괭이를 던져버리고 몇 분마다 머리를 긁어야 했다. 지나가는 이웃이 "이 씨, 좋은 아침이네요, 잘 지내죠?"라고 인사를 하면, 그는 머리를 긁으며 공손하게 인사를 했다.

"좋은……" 머리를 긁고, 머리를 긁고 "아침이네요……". 머리를 긁고, 머리를 긁고 "좋……" 머리를 긁고 "……습니다". 머리를 긁고, 머리를 긁고 "감사……" 머리를 긁고, 머리를 긁고 "……합니다". 머리를 긁고, 머리를 긁고 …….

농부 김 씨의 고통은 몹시 괴롭지만, 몸의 전혀 다른 부위에 있었다. 두피가 아니라 콧구멍이었다. 어떤 의원도 치료할 수 없는 이상한 질병 때문에 코에서 콧물이 나왔다. 사실 콧물이 하도 나와서 수건만으로는 부족했다. 그 대신 소매 위에 헝겊을 잘 덧대어 기분 나쁜 콧물을 닦을 수 있었다. 들에서 일을 할 때 그는 너무나 자주 괭이를 던져버리고 양팔로 코를 닦았다. 지나가는 이웃이 "어이, 김 씨, 좋은 아침이네요. 잘 지내죠?"라고 인사를 하면 그는 정중하게 인사를 하고 재빨리 코를 닦았다. 그런 뒤 그는 "좋은……" 코를 닦고, 코를 닦고 "아침이네요……" 하며 코를 닦고, 코를 닦았다. "좋……" 코를 닦고, 코를 닦고 "……습니다" 하며 코를 닦고, 코를 닦았다. "감사……" 코를 닦고, 코를 닦고 "……합니다" 코를 닦고, 코를 닦고…….

농부 조 씨에게는 또 다른 수수께끼가 있었다. 머리가 가렵거나 콧물을 흘리는 것이 아니라, 눈이었다! 그의 눈은 모든 날벌레의 꿀단지였다. 농부 조 씨가 어디를 가건 날벌레들이 따라와 눈가에서 떼를 지어 날아다녔다. 의사들이 곤충을 쫓기 위해 여러 약을 써보았으나 소용없었다. 당시 스님의 충고로 농부 조 씨는 기도하고 향을 태우는 절을 찾아다녔지만, 날벌레들은 점점 더 눈가에서 떼를 지어 날아다녔다. 날벌레를 쫓아버리기 위해 손을 눈앞에서 휘젓는 것 말고는 농부 조 씨가 할 수 있는 것이 없었다. 그는 괭이를 내려놓고 날벌레를 쫓기 위해 손을 흔들었다. 지나가는 이웃이 그에게 "좋은 아침이네요, 조 씨! 잘 지내죠?"라고 인사를 하면 농부 조 씨는 눈앞으로 손을 흔들면서 정중하게 인사를 했다. 그리고 그는 "좋은……" 손을 흔들고, 손을 흔들고 "아침이네요……" 하며 손을 흔들고, 손을 흔들고. "좋……" 손을 흔들고, 손을 흔들고 "……습니다" 하며 손을 흔들고 또 흔들고. "감사……" 손을 흔들고, 손을 흔들고 "……합니다"라고 하며 손을 흔들고, 손을 흔들고…….

더운 여름날에 이어 추수를 마치고 나자, 모든 농부가 걱정거리와 괭이를 던져버리고 기념일을 위해 모이는 가을 축제 시간이 되었다. 보통 때처럼 마을 어른들은 축제를 위한 행사를 논의하고 계획하기 위해 만났다. 따뜻한 곡차를 마시고 긴 담뱃대로 담배를 피우며, 마을에서 과거에 열렸던 신나는 축제들을 되새겼다. 그런데 함께 노래 부르기, 춤추기 그리고 이야기하기처럼 해마다 같은 행사를 반복하는 것은 별 재미가 없다는 데 의견의 일치를 보았다. 이번 축제에서 그들은 색다르고 흥미로운 행사가 열리기를 기대하고 있었다.

어른들 사이에는 병이 든 아버지를 대신해 참석한 젊은이가 있었는데, 그가 어른들의 관심을 끌기 위해 조심스럽게 기침을 했다. 지도자

격인 노인이 담뱃대로 그 젊은이를 가리키며 말하는 것을 허락했다. 젊은이는 인사를 하고 축제를 위해 특색 있는 행사에 대한 자신의 생각을 내놓았다. 감동을 받은 어른들은 그 젊은이의 제안을 채택하고 싶지는 않았지만, 그렇게 흥미진진한 생각을 거부할 수는 없었다. 그리하여 축제의 주요 행사가 발표되었다. '고통 받는 세 남자의 시합.' 그들은 그 발표가 자신들의 마을뿐 아니라 주변의 모든 마을에 그러한 소동과 흥미를 불러일으킬 것이라고는 생각하지 못했다. 농부들과 그 가족들은 가을 축제날을 기다리기가 몹시 힘들었다.

마침내 축제의 날이 왔다. 아침 일찍부터 온 마을 사람들이 모여들기 시작했다. 남자, 여자 그리고 아이들은 음식과 마실 것들을 가져와서 마을 장터를 둘러싼 언덕에 자리를 잡았다. 마을의 징이 정오를 알리자 어른들이 우아하고 품위 있는 축제 의상을 입고 장터로 행진했다. 연장자가 앞섰고 침묵을 알리는 부채를 흔들었다.

"참으로 존경하는 농부 여러분……."

잠시 그 어른은 아이들을 진정시키기 위해 멈췄다.

"오늘 우리는 아주 기이한 시합을 보기 위해 여기에 왔습니다."

빗발치는 박수 소리가 울려 퍼졌다.

"이것은 대단한 시합입니다." 그 어른은 이어 말했다. "남자들의 정신력, 인내심 그리고 참을성에 대한 도전입니다. 이 역사적인 시합의 참가자들은 우리의 동료인 농부 이 씨와 김 씨, 조 씨 등 고통 받는 세 남자입니다. 자, 이제 그들을 소개합니다!"

고통 받는 세 남자가 머리를 긁고 또 긁고, 코를 닦고 또 닦고, 손을 흔들고 또 흔들며 걸어 나올 때 고막이 터질 듯 박수가 터져 나왔다. 어떤 사람들은 일어나 환호했고, 또 어떤 사람들은 불쌍한 마음에 표정이 일

그려져 있었다.

웅성거리는 사람들을 향해 마을 어른이 "자, 고통 받는 세 남자입니다"라고 외쳤다. "고통 말고도 그들은 공통점이 하나 더 있습니다. 호박떡을 굉장히 좋아한다는 것입니다." 사람들은 그 말에 동의한다는 표시로 박수를 쳤다. "그래서 우리는 이긴 사람에게 엄청나게 큰 호박떡을 줄 것입니다"라고 마을 어른이 말했다.

어른이 부채를 흔들자 네 명의 남자가 나무 연단을 들고 나타났는데, 그 연단은 따뜻한 호박떡의 달콤한 향이 나는 진흙으로 만든 커다란 항아리(시루*)를 받치고 있었다. 사람들이 고함을 지르고 환호하는 동안 네 남자는 장터 한복판에 그 연단을 내려놓았다. 그러자 고통 받는 세 남자가 떡을 가운데 두고 얼굴을 마주 보며 멍석에 앉았다.

이제 어른이 마지막 지시를 내렸다. "부채의 신호에 맞춰" 그는 진지하게 "고통 받는 세 남자는 움직이지 말아야 한다"라고 말했다.

"농부 이 씨는 가려운 머리를 긁지 말아야 하고, 농부 김 씨는 흘러내리는 콧물을 닦지 말아야 하며, 농부 조 씨는 손을 흔들어 날벌레를 쫓지 말아야 한다. 포기하는 사람이 탈락하며, 가장 오랫동안 움직이지 않고 남아 있는 사람이 승자가 되어 이 멋진 호박떡을 상으로 받을 것이다."

사람들은 웅성거렸고 고통 받는 세 남자는 마지막으로 미친 듯이 머리를 긁고, 코를 닦고, 손을 흔들어댔다. 그렇지만 어른이 부채를 흔들면서 "시작"이라고 외치자 고통 받는 세 남자는 그 즉시 꼼짝하지 않았다. 그들을 바라보는 마을 사람들도 모두 그랬다.

1분이 지나고, 5분 그리고 10분이 흘렀다. 고통 받는 세 남자는 여전히 전혀 움직이지 않고 있었다. 사람들은 머리가 가려운 남자를 보고 있었다. 분명 너무도 괴로운 가려움으로 고통 받고 있었다. 사람들은 콧물을 흘리는 남자 쪽을 쳐다보았다. 흠뻑 젖어 있었지만 닦지 않았다. 눈이 곪고 있는 남자는 수많은 날벌레 떼가 날아들었지만 손을 흔들지 않았다. 다시 10분이 흘렀으나 고통 받는 세 남자는 전혀 동요하지 않았다. 머리를 긁지도, 코를 닦지도, 손을 흔들지도 않았다. 그들을 보던 사람들은 점점 따분해지기 시작했다. 구경하던 사람들 중 누군가가 머리를 긁고, 누군가는 코를 닦고, 누군가는 눈앞에서 손을 흔들고 있었다. 시간이 더 흐르자, 고통 받는 세 남자보다 사람들의 괴로움이 더 커졌다. 또 10분이 흘렀다. 미친 듯이 사람들이 머리를 긁고, 코를 닦고, 손을 흔들어댔다. 아이들까지 광란에 합류했다. 그러나 고통 받는 세 남자는 평온한 상태로 동요되지 않았다.

고통스러운 정적은 혼잣소리에 깨졌다. 머리가 가려운 농부 이 씨였다. "이 큰 시합의 결과를 기다리면서 잠자코 여기 앉아 있는 건 정말 어리석은 짓 같아."

그는 목소리를 더 높이며 말했다. "그래서 시간을 때우기 위해 이야기를 하나 하겠어요."

사람들은 안도의 한숨을 내쉬며 귀를 기울였다.

"여러분 모두 알고 있듯이, 이 장터로 오면서 나는 여러 차례 큰 소나무 숲을 지나쳤지요."

그가 잠시 멈추자 사람들은 더욱 귀를 기울였다.

"그런데 오늘 아침" 그러면서 농부 이 씨의 목소리가 낮아졌다. "바로 그 숲을 지나며 걷고 있을 때, 이상한 동물…… 이상한 사슴을 보았어요. 머리 양쪽에 두 개의 뿔이 돋은 대신 이 사슴은 뿔 하나는 이쪽에 있었고" 라고 말하며 그는 손가락 끝으로 자신의 머리를 두드렸고, 다시 머리를 두드리며 말했다. "또 하나는 이쪽에 있었어요."

"다른 뿔은 여기 그리고 또 다른 뿔은 여기에 있었지요"라고 하며 그는 자신의 머리를 조금 더 두드렸다.

"사실, 머리 곳곳에 뿔이 있었어요"라고 말하며, 자신의 머리를 여기저기 두드리더니 이야기를 마쳤다. 농부 이 씨의 얼굴은 고통이 완전히 가신 표정으로 빛났다.

"아, 아깝구만 아까워!" 그것은 콧물을 흘리는 농부 김 씨의 목소리였다. 사람들 모두 그의 말을 듣기 위해 몸을 돌렸다.

"애석하게도 내가 이 씨 자네와 거기에 없었구먼." 농부 김 씨는 몹시 유감스러운 듯 말을 계속했다. "여러분 모두 알고 있듯이 나는 활의 명수입니다. 아, 애석하게도 제가 농부 이 씨와 활과 화살을 가지고 거기에 없었네요. 제겐 오로지 정확한 한 발만 있으면 됐는데요. 이렇게요……."

그는 왼손에 활, 오른손에 화살을 든 것처럼 자세를 취했다. 그리고 천천히 시위를 당기며 소매로 젖은 코를 깔끔하게 닦았다. "맞아요. 나는…… 이렇게…… 정확히 한 발만으로 이상한 동물을 쓰러뜨렸을 것이라고 믿어요." 콧물을 다시 한 번 깔끔하게 닦으며 농부 김 씨의 얼굴은 안심하는 표정으로 빛났다.

요란한 기침 소리에 사람들의 관심이 농부 조 씨에게 쏠렸는데, 그는 포복절도하도록 웃고 있었다. 애써 제정신을 차린 그는 얼굴 앞에서 손을 흔들며 말했다. "나는 이런 말도 안 되는 이야기를 더는 듣고 싶지 않아요."

그는 계속 손을 흔들며 애원했다. "제발요, 제발. 이런 말도 안 되는 이야기는 그만해요!" 흔들고, 흔들고, 흔들었다. "나는 말도 안 되는 이야기를 더는 듣고 싶지 않아요."

언덕 위의 모든 사람이 그 이야기를 완벽히 이해했다. 안도의 한숨과 함께 사람들은 다시 고통 받는 세 남자를 흉내 내기 시작했다. 그들은 소리를 지르고 머리를 두드리며 "그래, 그래, 그래! 이상한 사슴은 여기 저기 그리고 머리 곳곳에 뿔이 있어! 맞아, 맞아, 맞아. 내 활과 화살 한 발로! 딱 한 발……. 아주 정확해!" 고함 소리로 고막이 터질 듯했다. "그만!" 흔들고 흔들고. "그만! 말도 안 되는 이야기는 그만!" 흔들고 흔들고 흔들고…….

매우 현명한 어른이 장터 한복판으로 느긋하게 걸어와 조용히 부채를 흔들었다.

"참으로 존경하는 농부님과 이웃 여러분." 그는 각 단어를 천천히 단조로운 어조로 말했다. "나는 이 대단한 시합이 끝났음을 선포합니다. 이에 더해 이 세 명의 고귀한 경쟁자들이 비겼음을 선포합니다. 동등한 고통, 동등한 인내심, 그리고 동등한 재치."

사람들은 동의하는 의미로 환호하며 박수를 쳤다. 그 어른이 다시 한 번 부채를 흔들자, 사람들이 조용해졌다.

그는 숨을 깊이 들이쉬고는 말했다. "또한 매우 독특한 이 시합의 정신에 따라 나는 이 멋진 호박떡을 고통 받는 세 남자에게 똑같이 나누어 주겠습니다!"

세 남자는 일어서서 겸손하게 사방팔방으로 인사를 했는데, 여전히 머리를 긁고 또 긁고, 코를 닦고 또 닦고, 손을 흔들고 또 흔들고 있었다. 그런 뒤 그들은 떡을 썰어 자신들과 함께 괴로운 체험을 해 많은 고통을 받은 모든 사람에게 돌렸다.

이것이 증조할머니가 내게 해주었던 재밌는 이야기다. 아흔두 살의 나이로 증조할머니가 세상을 떠났을 때 나는 여덟 살이었다. 그렇지만 맏아들로서, 나는 장례식에서 내 세대를 공식적으로 대표해야 할 의무가 있었다. 내가 입을 전통 상복이 만들어졌다. 바지, 저고리, 두루마기 모두가 거칠고 표백하지 않은 누런색 무명(삼베*)으로 만들어졌다. 장례식 날 아침에 나는 증조할머니에게 마지막으로 존경심을 표하기 위해 어른들과 함께 나란히 섰다. 나란히 선 사람들은 세대와 가족을 대표했다. 내 차례가 되어 증조할머니가 안치된 방으로 들어갔다. 시신이 있는 방에 혼자 있는 것은 난생처음이었다. 그런데 무섭지 않았다. 나는 몸을 숙여 증조할머니를 가리고 있는 병풍 너머를 보았다. 증조할머니는, 그녀가 앉아서 나에게 흥미로운 많은 이야기를 해주었던 바로 그 면보료 위에 누워 있었다. 이제 증조할머니의 얼굴은 평온했고, 즐거운 꿈을 꾸고 있는 듯 살짝 미소를 지으며 깊은 잠에 빠져 있었다. 나는 뒤로 물러서서 무릎을 꿇으며 세 번 절을 했다. 내 사랑했던 증조할머니, 그녀가 그리울 것이다.

또 다른 내 의무는 장지로 가는 길에 상여와 함께하는 것이었다. 일본 지배자들은 선산에 장사 지내는 것을 금했기 때문에 우리 가족은 매우 부끄럽게도 증조할머니를 공원묘지에 매장할 수밖에 없었다. 그렇지만 증조할머니의 장례식은 호화롭고 위풍당당했다. 상여는 머리에 흰색 띠를 두르고 상복을 입은 남자 열 명이 운반했다. 모든 현씨 일가 사람들이 길게 줄지어 상여 뒤를 따라갔다. 하지만 여자들은 인력거를 타고 따라왔다. 상여 소리꾼들의 슬프면서도 운율이 있는 외침이 행렬과 함께했다. 중간쯤 간 지점에서 장례 행렬이 멈추었다. 그곳에는 커다란 천막이 있어 여자들이 뜨거운 햇빛을 피해 쉴 수 있었다. 모두에게 가벼운 식사와 간식이 제공되었다.

드디어 장지로 정한 곳에 도착했을 때, 장지 옆에 모인 어른들이 그곳을 선택한 이유에 대해 자세히 설명했다. 나는 복잡한 설명을 모두 이해할 수는 없었지만, 다른 방향을 가리키며 다음과 같이 말하던 그들의 모습은 기억이 난다.

"보거라. 태양이 저쪽에서 떠오르고, 여기서 한강이 아주 잘 보인다. 여름에 비가 오더라도 이곳으로 흘러넘치지 않을 것이고, 저쪽의 높은 언덕이 강풍으로부터 묘지를 지켜줄 것이다."[1]

정말 훌륭하다는 생각과 함께, 내가 사랑한 증조할머니를 위해 이토록 훌륭한 묘지를 선택한 현명한 어른들이 고맙게 여겨졌다.

매장하기로 한 바로 그 지점에 놓기 위해 관이 바닥으로 내려졌다. 묘가 [흙으로] 채워지고 그 위에 거대한 둥근 언덕(봉분*)이 만들어졌다. 놀랍게도, 여자들이 옻칠한 아름다운 상을 가지고 와서 묘지 앞에 놓았고, 다른 여자들은 접시와 그릇을 가져와서 상 위에 진수성찬을 차렸다. 국과 밥, 구운 생선과 고기, 게다가 김치가 담긴 색색의 그릇. 여자들은 상 가장자리에 은으로 만든 수저를 놓는 것으로 준비를 끝마쳤다.

그런데 무엇인가가 나를 불안하게 했다. 나는 엄마에게 가서 상을 가리켰다. "엄마 저기 봐요. 국을 밥 왼편에 놓았어요. 저한테 국은 항상 밥 오른편에 놓아야 한다고 엄마가 말했잖아요."

엄마가 나를 부드럽게 토닥거리며 말했다. "그랬지. 그런데 할머니는 지금 땅속에 누워서 올려다보고 계신단다. 너의 왼편은 할머니의 오른편이란다."

---

[1]   1912년 일본은 '묘지, 화장장, 매장 및 화장 취체 규칙'을 공포해 미아리, 수철리(현재의 금호동), 신사리(현재의 은평구 신사동) 등 세 개 지역에 공동묘지를 만들었다. 글의 내용에 따를 때 저자의 증조할머니의 묘지는 수철리 공동묘지로 추측된다.

CHAPTER 5

아버지 없는 생활

아버지가 떠나간 남대문 기차역에서의 잊히지 않는 밤 이후, 내 삶은 갑작스럽게 변했다. 나는 공립 초등학교를 졸업하고 '재능을 꽃피우는 배움의 전당' 배재학당에 입학했다. 훌륭한 학교인 배재학당의 교복을 입는 것은 내가 아주 어릴 적부터 꿈꾸던 것이었다. 정말 멋진 교복을 입은 내 모든 영웅이 거기에 있었다. 축구와 야구를 하는 강인한 선수들, 그들은 일요일에 아빠의 교회로 당당히 걸어 들어왔다. 그들은 모두 배재학당 출신이었다. 그런데 드디어 입학해 배재학당의 학생이 되었을 때 모습은 내가 꿈꿔온 것이 아니었다. 아버지가 떠나고 엄마는 교복을 살 돈이 없었고, 그래서 나는 내 새로운 신분을 보여줄 수 있는 배재학당의 모자만 쓴 채 바지에 긴 두루마기를 입었다. 또한 나는 축구나 야구를 하기에는 너무 어리고 너무 작았다.

더구나 내게는 다른 특별한 문제가 있었다. 가끔 학교를 오가는 길에 어느 낯선 사람이 나를 한쪽으로 데려가서 말을 걸었는데, 흔치 않은 친절에 그와 대화를 나누게 되었다. 처음에는 내가 새 학교를 얼마나 좋아하는지, 가족은 모두 잘 지내는지와 같은 악의 없는 질문만 했다. 내가 엄마에게 이러한 일에 대해 이야기하자 엄마가 "그는 일본 경찰의 첩자란다"라고 했다.

'그들이 나에게 뭘 알아내고 싶은 거지?' 나는 곰곰이 생각해보았다.

"그들은 아빠가 어디에서 무엇을 하는지 아빠에 대해 정보를 수집하는 것이란다."

"하지만 나는 모르잖아요."

"그래도 그들은 계속 너를 따라다닐 거고, 너를 그들의 첩자로 만들려고 할 거야."

엄마는 불길하게 느끼는 것 같았다. 그런 뒤 나에게 주의를 주었다.

"그들을 적대시하지도 말고, 그렇다고 너무 친하게 지내지도 말거라."

그 이후 나는 비밀에 싸인 삶, 속임수와 책략의 삶을 살기 시작했다. 아무리 그래도 일본 경찰들은 결코 포기하지 않았다. 낯선 이는 이제 나와 더 자주 대면했고, 대담해졌다.

"아버지한테서 무슨 이야기를 들었니? 아버지한테서 어떤 편지를 받았니? 아버지의 가장 친한 친구들은 누구니? 어머니는 식구들이 먹고살 돈을 어디서 벌어오시니?"

그의 질문은 점점 더 개인적이고 집요해졌다.

어느 날 저녁 엄마는 자고 있는 나를 깨우며 일어나라고 했다. 다른 형제들은 모두 잠에 빠져 있었다. 엄마는 나를 방 한쪽으로 데리고 가서 속삭였다.

"잘 듣거라, 베드로야. 너는 더 이상 학교에 다닐 수 없단다."

"왜요, 엄마?" 나는 깜짝 놀랐다.

"경찰이 너를 쫓아다니고, 네가 털어놓도록 끔찍한 일을 저지를 것이기 때문이야."

"그렇지만 제가 학교를 가지 않더라도 그들이 그렇게 하지 않을까요?"

"우리에게 돈이 없다고……, 어느 누구도 우리를 도와주지 않는다는 확신을 그들에게 주어야 한다. 그래서 내가 이런 방 한 칸짜리 집으로 이사 온 것이란다."

"알았어요, 엄마." 나는 어른스럽게 이야기하려고 했다.

"나도 일하러 다닐래요. 돈을 벌게요."

엄마는 눈물을 머금은 눈으로 나를 바라보았다.

"훌륭하다, 베드로야. 이제 너는 우리 집안의 가장이다."

나는 배재학당을 떠나야 한다는 생각 때문에 마음속에서 솟구쳐 오르는 눈물을 감추려고 노력했다.

돈을 벌기 위한 첫 번째 모험은 어릴 적 꾸던 또 하나의 꿈을 실현하는 것이었다. 남대문 기차역 길거리에서 노점상이 되는 것 말이다. 나는 나보다 나이가 많고 키가 큰 소년을 동업자로 찾아냈다. 엄마가 나에게 맡겼던 1원짜리 은화[1]를 움켜쥐고, 우리는 남대문 근처에 있는 도심의 큰 시장으로 갔다. 나는 가지고 있던 돈을 전부 주고 배를 한 상자 샀다. 최상품을 살 형편은 못 됐지만 우리가 산 상자에는 많은 배가 들어 있었고, 내게는 그것이 충분히 크고 달콤해 보였다. 동업자와 나는 상자를 가지고 남대문으로 갔고, 나무 아래 그늘진 자리를 발견했다. 우리는 길바닥에 멍석을 펼치고 그 위에 배를 잘 쌓아 올려놓았다. 아주 신나는 순간이었다! 마침내 내가 남대문 시장의 노점상이 된

---

1   원서에는 a silver dollar, five cents 등으로 되어 있다. 센트는 '전', 달러는 '원' 으로 번역했다.

것이다!

"배 사세요! 배 사세요! 맛있는 배가 5전입니다! 단돈 5전입니다!"

우리는 열과 성을 다해 번갈아 가며 소리를 질렀다. 나는 이미 이윤을 계산하고 있었다. 배 한 개당 5전, 배가 100개면 5원! 와, 나는 정말로 뿌듯했고 흥분됐다.

"배 사세요! 맛있는 배요! 5전! 단돈 5전!"

해가 높이 떠올랐고 정오가 가까워지고 있었지만, 우리는 아직 단 한 개의 배도 팔지 못했다! 이내 우리 둘은 허기가 졌고, 그래서 배 몇 개를 먹었다. 나는 배의 빛깔이 점점 변하는 것을 알아차렸다. 걱정이 되었다. 우리가 지금 배를 모두 팔지 못한다면 우리는 5원을 벌 수 없다. 끔찍한 생각을 떨쳐 버리려고, 우리는 마음을 다잡으며 다시 소리치기 시작했다.

"배 사세요! 맛있는 배! 5전! 단돈 5전입니다!"

하지만 여전히 사는 사람이 없다! 뭐가 잘못되었지? 나는 염탐 임무를 띠워 동업자를 길 아래편으로 보냈다. 그는 되돌아와서 숨을 헐떡이며 말했다.

"알았어. 배를 파는 사람들이 있는데…… 우리 것보다 크면서도…… 더 싸!"

"그 배를 사는 걸 봤어?"

"응! 사람들이 사고 있어."

우리는 계획을 바꾸었다. 각각 세 개씩 쌓은 후 다음과 같이 외쳤다.

"배 세 개요! 5전에 달콤한 배 세 개요! 단돈 5전에 배 세 개요!"

몇몇 사람이 잠시 멈춰 서서 살펴보기는 했으나, 이내 가버렸다.

이제 상황은 매우 심각해졌다. 뜨거운 오후의 햇볕이 내리쬐고 있었고, 시들고 있는 배의 일부는 상태가 좋지 않아 갈색 반점을 보이고 있었다. 우리는 다시 계획을 바꿔 이번에는 배 네 개를 한 무더기로 쌓고 "5전에 배 네 개요! 단돈 5전에 배 네 개요!"라고 외치기 시작했다.

나는 조금씩 허둥대기 시작했다. 나는 기도했다.

'오, 신이시여! 제발 배를 팔게 해주소서!'

그렇지만 기도는 전혀 도움이 되지 못했다. 나는 각 무더기에 배 두 개씩을 더 얹었다. 우리는…… 크게 손해를 보더라도 …… 그것을 처분해야만 했다.

"5전에 배 여섯 개요!"

속에서 화가 치밀었다. 왜 내 배를 사지 않는 거지? 왜?

"5전에 배 여섯 개요! 5전에 배 여섯 개요!"

우리의 외침은 기운을 잃고 있었다. 날이 저물고, 사람들은 종종걸음을 치며 집으로 가고 있었다. 그들은 이제 배를 거들떠보지도 않았다. 우리는 어떻게 해야 할지 알지 못했다. 이미 어두워지고 있었다. 우리는 아직 먹을 수 있는 배 몇 개를 챙기고, 그 나머지와 상자는 도랑에 버렸다. 집에 돌아온 후 나는 시든 배를 넘겨주며 겸연쩍게 말했다.

"엄마, 장사는 잘되지 않았어요. 사람들이 왜 내가 파는 배를 사지 않는지 모르겠어요.…… 돈을 전부 잃었어요, 엄마."

"베드로야" 엄마는 위로하는 목소리로 말했다. "이제 노점상 일이 쉽지 않다는 것을 알겠니? 남대문로의 노점상들은 그 일을 오랫동안 해왔단다. 그들은 어떻게 장사해야 할지 잘 알고 있단다."

나는 더는 장사를 하지 않았다. 하지만 여전히 돈을 벌어야 했다. 나는 유명한 보석상에서 일하는 사람들에 대해 듣고 그곳을 찾아갔다. 그 곳은 장인들이 온갖 종류의 아름다운 것, 즉 왕을 위해 칠기(漆器), 도자기, 좋은 보석을 만들어내는 오래된 공예품 작업장이었다. 그곳은 왕실 공예품 제작소로 알려져 왔지만, 내가 찾아간 당시에는 이미 일본인이 소유하고 있었다. 나는 운이 좋게도 그 보석 세공인의 견습생으로 채용되었다. 나의 일은 아침에 값비싼 재료인 은과 금을 확인하고, 도가니에 불을 지펴 장인이 원하는 만큼 녹이며, 판금 기계를 이용해 원하는 크기로 깎아내는 등 보석 세공 장인이 필요로 하는 온갖 종류의 일을 거드는 것이었다. 때때로 나는 장인이 일정한 속도로 두드릴 수 있도록 뜨거운 금속을 집게로 붙잡았다. 이윽고 나는 장인의 망치와 동일한 속도로 금속을 앞뒤로 돌리고 움직일 수 있게 되었다. 몇 달 후 장인은 금 한 가닥을 내게 주며 반지를 만들게 했다. 평범한 금 띠가 되었지만, 매우 아름답다고 생각했다. 장인 중에 일하면서 하루 종일 노래를 흥얼거리는 일본인이 있었다. 나는 그에게서 오늘날까지도 기억해 부르곤 하는 첫 일본 노래를 배웠다.

일하면서 가장 즐거운 시간은 점심시간이었다. 나는 큰 놋그릇을 보자기에 싸서 일하는 곳에 가져왔다. 이 그릇에는 엄마가 준비해준 맛있는 음식, 즉 밥, 김치, 콩나물 혹은 오이 무침 그리고 때때로 생각지도 않게 약간의 고기와 생선이 들어 있었다. 점심시간을 알리는 종이 울리면, 노동자들은 모두 작업장 밖으로 나가서 점심을 먹을 수 있는 곳이면 어디든 앉는다. 그런데 일주일에 한 번, 엄마는 내게 작업장 식당에서 점심을 먹으라고 했다. 25전을 내면 김치를 곁들인 화려한 비빔밥이나 김치를 곁들인 국수를 먹을 수 있었다. 그러나 나는 대개 모든 것이 갖춰진 점심을 주문했다. 종업원은 옻칠한 작은 밥상을 준비하고 진수성찬을 차린다. 김이 나는 쌀밥, 뭇국, 석쇠에 구운 쇠고기, 생선전, 무채, 당연히 김치. 마치 내 생일상 같았다. 어른들은 나를 보고 웃으며 말했다.

"저것 좀 봐, 저 아이 좀 보라고! 하루에 50전을 벌어서 점심으로 75전을 쓴다니까!"

그렇지만 나는 그들이 나에게 귀찮게 말을 걸도록 내버려 두지 않았다. 너무 낭비하는 것은 아닌지 걱정하지도 않았다(그것은 엄마가 내게 허락한 것이었다). 게다가 점심은 아주 맛있고 만족스러웠으며, 일본 경찰이 더는 귀찮게 굴지 않아 엄마도 만족해했다.

그런데도 엄마는 어느 곳이든 따라다니는 경찰을 계속 조심해야 했다. 엄마는 보통 일주일에 한 번 나와 함께 오랫동안 저녁 산책을 할 때 특히 초조해했다. 집을 나서기 전에 수상한 사람들이 있는지 주위를 살폈다. 안전하다는 확신이 서면 내게 같이 가자고 신호를 보냈다. 엄마는 급한 심부름을 하듯 빠르게 걸었다. 먼저, 우리는 깜짝 놀라며 우리를 맞이하는 삼촌 집에 들렀다. 이렇게 늦은 밤에 우리는 무엇을 하는 것일까? 한참 뒤 삼촌 집에서 나와 다시 산책을 하기 시작했다. 엄마는 그제야 우리가 갈 집의 주소를 내게 털어놓았다. 우리는 거의 반대 방향으로 걸어야 했다. 모퉁이를 돌아 멈춘 다음, 누가 따라오는지 살피기 위해 잠시 그 자리에 가만히 서 있었다. 한참을 돌아서 마침내 목적지에 도착한 우리는 문을 두드렸다. 그러면 노인이 우리를 맞아들여 엄마와 이야기를 나눌 방으로 들어간다.

나는 그가 어머니에게 줄 돈이 없다고 매우 공손히 말하는 것을 들었다. 엄마는 훨씬 더 공손하게, 아이들이 굶주리고 있기 때문에 그가 돈을 좀 가지고 있는 것이 실로 좋을 것이라고 그에게 알려주었다. 이후 두 사람의 공손한 대화는 논쟁으로 변했다.

"위대한 혁명의 지도자님, 내 말 좀 들어보세요."

엄마는 화가 나서 목소리를 높였다.

"나는 내 가족을 위해 여기 맡겨놓은 돈이 있다는 것을 알고 있습니다. 이제 그 돈을 제게 주세요."

그 남자는 말이 없었고, 힘없이 잠시 기다려달라고 엄마를 설득했다.

"기다리라고요? 뭘 기다리라는 거죠? 내 아이들이 모두 굶어 죽을 때까지 기다릴까요?"

"며칠만 더 기다려줘요.…… 돈을 드릴게요."

그러자 엄마는 매우 격렬하게 그를 공격했다.

"들어보세요, 딱한 지도자님. 나는 여기서 구걸하는 게 아니라 우리 가족을 먹여 살리기 위해 당신에게 맡겨둔 돈을 달라는 것입니다. 내 남편은 혁명을 위해 자신의 삶을 바치고 있습니다. 이제 제게 돈을 주세요."

나는 힘없이 일어나 방을 나가는 남자에게 미안한 마음이 들었다. 놀라서 엄마를 바라보았다.

"그에게 돈이 있다고 생각하세요?"

"물론."

엄마는 확신했다.

"기다려보렴."

그 남자는 곧 돌아와 엄마에게 약간의 돈을 건넸다. 엄마는 찬찬히 계산해보고 그 남자에게 이렇게 말했다.

"이것은 일주일 치군요. 감사합니다. 다음 주에 다시 오겠습니다."

우리는 한밤중이 다 되어서야 좁은 골목과 인기척이 없는 어두운 길을 걸어 집으로 되돌아왔다. 나는 엄마의 대담함에 압도되어 물어보았다.

"엄마, 돈이 있는지 정말로 알고 있었어요?"

"물론이지, 나는 알고 있었다. 베드로야, 그들은 독립운동을 위해 엄청난 돈을 모았단다. 그들은 여러 지도자에게 돈을 맡겼고, 집으로 결코 되돌아올 수 없는 아빠와 같은 분들의 가족을 부양하는 데 그 돈을 사용하게 했단다."

나는 엄청나게 중요한 이 은밀한 정보에 두려운 느낌마저 들었다. 이제 나 자신도 한국 독립을 위해 싸우는 비밀 운동의 일부였음을 깨달았다. 거의 일 년 동안 규칙적으로, 엄마와 나는 한밤중에 산책을 했다. 그리고 엄마는 돈을 받아내려고 매번 용감한 싸움을 벌였는데, 그것은 우리 아이들을 부양하기 위해서였다.

그 당시 엄마가 경찰에 몇 번이나 체포되어 극심한 심문을 당했는지 나는 알 수 없다. "음, 이를 악물고 버텼지"라고 엄마는 당시 경찰과의 경험에 대해 나에게 의기양양하게 말했다.

"나를 가게 하든가, 아니면 당신들이 가서 여덟 명의 아이들을 먹여 살리든가"라고 말하며 엄마는 경찰에게 반항했다. 그러나 아빠 없는 생활은 점점 더 어려워지기만 했다. 커가는 여덟 명의 아이들과 한방에서 생활하는 것, 먹을 것을 얻기 위한 매일의 투쟁, 아빠에 대한 그리움, 그리고 매일 커져 가며 우리 모두를 짓누르는 엄마의 외로움. 그래서 엄마는 조선을 떠나 중국에 있는 아빠와 합치겠다고 마음먹었다. 그런데 어떻게? 비록 우리가 여행할 돈이 있다손 쳐도, 일본 경찰은 우리가 조선을 떠나는 것을 절대로 허가하지 않을 것이다. 평소 엄마는 문제에 직접 부딪쳐서 가장 중요한 것을 제일 먼저 했다. 엄마가 할 수 있는 거친 행동을 모두 동원해서, 엄마는 자금 관리자를 설득해 6개월 치 생활비를 한꺼번에 받아냈다. 다음은 경찰의 통행증.

엄마는 일본인 교회에 파견된 한 미국 선교사를 알고 있었다. 그가 일본의 첩자라는 풍문이 조선인들 사이에 돌았다. 엄마는 이 선교사가 일본 고위 관리와 친분이 있다고 확신했다. 엄마와 나는 그의 집을 알아내 저녁에 찾아갔다. 선교사는 엄마를 알아보고 우리를 맞이했다. 우리는 긴장하며 미국식 의자에 앉았다. 방은 화려한 미국식 가구로 채워져 있었다. 엄마는 선교사에게 우리의 방문 목적에 대해 설명했다. 선교사는 한국어를 알지 못했지만 일본어를 유창하게 구사했으므로 내가 통역을 했다. 엄마는 현재 우리 가족이 처한 상황에 대해 다음과 같이 핵심만 이야기했다. 남편은 일 년 동안 집을 떠나 있으며, 자신이 친구와 친척에게 구걸하여 아이들을 겨우 부양하고 있다. 그런데 이제 더는 할 수 없다. 가족을 데리고 상하이로 가서 아이들의 아빠를 찾겠다.

"도와주셔야 합니다"라고 엄마는 분명히 말했다.

"어떻게 도와드릴까요?"

"우리에게 필요한 통행증을 얻어주세요."

오랜 침묵이 흐른 뒤 선교사가 물었다.

"그런데 내가 어떻게 통행증을 얻을 수 있지요? 그것은 매우 어렵습니다."

"당신에게는 어려운 일이 아닐 겁니다. 게다가 당신이 우리 가족을 돕는다면 조선인들은 당신을 존경할 것입니다."

선교사는 엄마의 계략에 움찔했다.

"내가 할 수 있는지 알아보겠습니다."

"네, 즉시 통행증을 얻어주시기 바랍니다. 음……, 다음 주까지. 일주일 후에 다시 오겠습니다."

선교사가 뭐라 대답하기도 전에 엄마는 일어서서 그에게 함박웃음을 지으며 크게 감사를 표시한 후 서둘러 그 집에서 나왔다.

어둠 속에 집으로 돌아오면서 나는 엄마에게 물었다.

"그가 통행증을 얻을 수 있다고 생각하세요?"

엄마는 "그럴 것이니 걱정 말거라, 베드로야"라고 나를 안심시켰다.

우리가 일주일 후에 다시 찾아갔을 때, 선교사는 환한 웃음으로 우리를 맞이했다. 그는 책상으로 가서 작은 책자를 들고 왔다. 그는 그것으로 자신의 손바닥을 한 번 찰싹 때리고 나서 엄마에게 건네주었다. 엄마는 정중하게 그것을 받은 뒤 놀라움을 감춘 채 말했다.

"진심으로 감사드립니다. 나는 당신이 서울에서 우리를 위해 이것을 구해줄 유일한 사람이라는 것을 알고 있었습니다."

CHAPTER 6

일본인

어릴 적에 일본인들과 마주치면 항상 거리를 두고 슬그머니 쳐다보았다. 나는 형제들에게, 특히 엄마에게 일본인은 어린아이라도 믿지 말라고 배웠다. 그들은 교활하고 신뢰할 수 없다고 들었고, 나는 들은 대로 그들과 절대로 가까이 지내지 않았다. 그런데 학교를 오갈 때 일본인 학교를 지나쳐야 했다. 이러한 일상의 마주침에서 내가 할 수 있는 최선은 일본인과 반대편으로 걸어가는 것이었고, 그들이 길 양쪽 모두를 차지했을 때는 숫자가 적은 쪽을 택했다. 그러나 내가 어디로 걸어가든 그들이 내 곁을 지나칠 때마다 나는 몸이 뻣뻣해졌고, 그들의 조롱과 웃음을 무시하려고 노력해야 했다.

이러한 혐오스러운 순간에도 나는 조심스럽게 그들을 관찰했다. 그들은 모두 교복을 입고 있었는데, 소녀들은 짧은 검정 치마와 서양 스타일을 흉내 낸 흰색 블라우스를 입었다. 머리 또한 한결같이 짧았다. 뒷머리는 일직선으로 목덜미를 가로질렀으며, 앞머리는 뺨을 따라 중간쯤 내려왔고 이마를 덮었다. 그래서 그런지 소녀들은 일본인 상점

진열창에 전시된 일본 인형을 닮았다. 서양 스타일을 흉내 내어, 소년들은 앞에 놋쇠 단추를 단 딱 맞는 상의에 검정 바지를 입었다. 반짝거리는 검정 가죽 신발이 인상적이었고, 가로질러 어깨에 메는 끈이 달린 가죽 가방도 약간 탐이 났다. 책, 연필, 도시락을 넣고 다니기에 얼마나 깔끔하고 편한가.

반대로 나는 발목을 끈(대님*)으로 동여맨 한복 바지를 입고, 짧은 흰색 저고리 위에 나비매듭을 한 헐렁한 두루마기를 입었다. 머리에는 학교 휘장이 달린 검정 모자를 쓰고 있었다. '좋아.' 다른 자존심 높은 조선의 학생 모두가 그랬듯이, 나는 꽤 옷을 잘 입었다고 느꼈다. 그런데 왜 일본인은 항상 나를 조롱하고 웃는 것일까? 엉성하게 만든 조선 신발(짚신*) 때문인가? 아니면 책과 점심을 싸 가는 천으로 만든 보자기 때문인가?

가끔 길거리에 일본 아이들이 없을 때, 나는 학교 담 옆에 멈춰 교실을 유심히 들여다보았다. 건물 전체에 횡으로 설치된 유리창을 통해 방과 후 활동을 하는 남자아이들을 볼 수 있었다. 이 중 가장 매력적인 것은 검도 수업이었다. 작은 사무라이처럼 옷을 입은 남자아이들이 서로 마주 보며 두 줄로 서 있었고, 각자 긴 죽도를 쥐고 있었다. 선생이 갑자기 고막이 터질 듯한 소리로 지시를 했다. 한 줄로 선 남자아이들이 등골이 오싹한 소리로 대답하며 머리 위로 죽도를 들어 올렸다. 그러고는 다른 지시에 따라 죽도를 아래를 향해 베며 앞으로 돌진했다. 그다음에 그들은 뒷걸음치며 자세를 다시 잡았다. 선생의 다음 명령에 따라 맞은편에 있는 남자아이들의 차례가 되어 소리를 지르고 돌진하며, 베기를 했다. 아주 진지하게 그들은 이 동작을 반복했다. 고막이 터질 듯한 외침은 근력보다 폐활량을 더 발전시켜, 적이 죽도에 깜짝 놀라는 것이 아니라 분명히 외침 소리에 겁을 먹을 것이다.

일본인에게 너무 가까이 다가갔다가 생긴 끔찍한 결과들은 어느 날 갑자기 내게 모습을 드러냈다. 여덟 살 때 나는 두 누나, 엄마와 함께 삼촌의 생신 잔치에 갔다. 늘 그렇듯이 아빠는 지방의 교회를 방문하느라 집을 떠나 있었다. 특이한 이 삼촌은 엄청난 존경을 받고 있었다. 그는 조선의 마지막 왕을 위해 고위직으로 일한 마지막 현씨였다. 나는 아주 오래 뒤에 그가 교육부 장관 혹은 차관으로 일했다고 들었다. 서울과 서울 인근에 사는 현씨 일가가 그분의 대궐 같은 집에 모였는데, 그 집은 선조들이 서울에 지은 많은 대저택 중 하나로 여전히 현씨 가족이 살고 있었다. 일가친척이 모인 이 자리에서 나는 삼촌과 숙모, 사촌을 모두 만났다. 여자들은 모두 어른들을 위해 따뜻한 청주, 갓 구운 고기와 생선을 들고 큰 부엌을 드나드느라 바빴다. 때로 나는 고기나 생선 토막을 건네받았다. 얼마나 맛있던지!

아이들과 놀다가 우연히 자물쇠로 잠근 내문(內門)을 발견했다. 문을 열려고 하자 다른 아이들은 깜짝 놀라 도망쳐버렸다. 나는 너무 이상하다고 생각했다. 뒤채로 들어가는 문이 왜 잠겨 있지? 호기심이 생겨 엄마에게 가서 물었다.

"엄마, 뒤채에는 누가 살고 있는 거죠? 왜 문이 잠겨 있죠?"

"가서 놀거라, 베드로야."

엄마는 내 질문을 무시하고 얼른 화제를 바꾸었다.

"너는 어른들이 먼저 식사를 하신 뒤에 저녁을 먹을 거야."

나는 저녁밥을 먹으면서 자물쇠로 잠근 문의 수수께끼에 더 관심을 갖게 되었다. 형들을 계속 졸라서 어른들이 없는 곳에 모인 다음, 그들의 이야기를 조합해 끔찍한 이야기의 조각을 맞추려 했다. 삼촌의 큰아들이 공부하러 일본에 갔다가 학교를 마치고 일본인 아내와 집으로 돌아왔다. 삼촌은 작은 뒤채에 그들을 머물게 하여 이 불명예를 감추려고 했다. 시간이 흘러 그들은 남녀 두 명의 자식을 두게 되었다. "혼혈아!"라고 아이들이 소곤거렸다. 그들은 손님이 있으면 안채에 들어오지 못했다. 일본인 아내는 부엌에서 요리하고 설거지를 했다. 또한 빨래를 했고, 손님이 없으면 삼촌의 저녁 식사에 시중을 드는 것도 허용되었다. 그런데 이번처럼 삼촌의 생신 잔치 등에는 두 아이를 비롯해 모든 가족이 자물쇠로 잠근 작은 문 안에 갇혀 있어야 했다.

"그들은 환심을 사려는 태도와 인사 뒤에 사악한 본성을 감추고 있다"라는 일본인에 대한 엄마의 끊임없는 경고는 화창한 여름날 나에게 냉엄한 현실로 나타났다. 나는 두 누나 앨리스, 엘리자베스와 함께 주일학교를 마치고 집으로 돌아오고 있었다. 나는 '아름다운 구슬'을 뜻하는 미옥과 '빛나는 구슬'을 뜻하는 영옥이라는 누나들의 한국 이름을 좋아했다. 집으로 오는 제일 빠른 길은 일본인 거주지를 지나쳐야 했기 때문에 우리는 그곳을 피해 시간이 거의 두 배나 더 걸리는 가장 먼 길로 돌아왔다. 어느 뜨거운 여름 정오에 우리는 평소와 달리 위험을 무릅쓰고, 일본인 가옥들을 지나 집으로 가기로 결심했다. 멀리 길에서 놀고 있는 일본인 아이들이 보였다. 우리는 잔뜩 긴장한 채 반대편으로 조심스럽게 걸었다. 그때 일이 일어났다. 그들 중 한 명이 소리를 질러 명령하자 거대한 경찰견이 우리에게 덤벼들었다. "엄마! 엄마!"라고 누나들은 소리를 질렀고, 나는 살기 위해 도망쳤다. 누나들의 소리가 들리지 않아, 나는 멈춰 뒤를 돌아보았다. 누나들은 도랑에 빠져 사나운 개로부터 도망치려고 필사적으로 몸부림치고 있었다. 나는 그들을 구하러 갈 수도 도망칠 수도 없었다. 일본 아이들은 신이 나서 손뼉을 치고 뛰어오르고 고함을 치면서, 누나들을 둘러싸고 있었다.

나는 "사람 살려요, 사람 살려요"라고 소리를 질렀다. 작은 악마들은 내 고함 소리에 깜짝 놀라 돌아서서 나를 노려보았다. 나는 누군가 내 고함을 듣고 도와주러 올 것이라는 희망으로 더욱더 크게 계속 소리를 질렀다. 그러나 일요일이라 행인은 아무도 없었다. 또한 일본인 거주 지역이라 근처에 조선인은 한 명도 없었다. 그런데 나의 끈질긴 외침이 효과가 있었는지, 일본인 아이들이 개를 데리고 집으로 돌아갔다. 그제야 나는 겨우 누나들 쪽으로 갈 수 있었다. 도랑에서 기어 나온 누나들의 머리는 헝클어졌으며, 얼굴과 팔은 개가 할퀴어 피가 나고 있었다. 우리는 집으로 뛰어가 엄마가 문을 열자마자 엄마를 꼭 껴안고 걷잡을 수 없는 울음을 터뜨렸다.

다행히 자라나는 아이들은 때때로 잘 잊어버린다는 축복을 받는다. 일본 개의 공격을 받은 일 년 뒤, 나는 진고개,[1] '젖은 언덕'이라 불리던 새로운 일본인 마을에 어른들과 함께 갔다. 그곳은 서울 시내 전체를 내려다볼 수 있는 남산 아래에 있었다. 벌벌 떨면서 나는 남자 어른의 손을 꼭 붙잡았고, 우리는 일본인들로 가득 찬 길거리를 지나쳐 갔다. 나는 나 자신에게 '용기를 내자. 내가 두려워한다는 것을 일본인들이 모르게 하자'고 다짐했다. 나에게는 대담한 여행이었던 이 기회를 통해 나는 많은 것을 보고 배웠다. 상점마다 큰 유리창이 있었고, 유리창 안에는 온갖 종류의 물건, 옷가지, 그릇, 그림과 식물이 진열되어 있었다. 나는 무수히 많은 축소 모형들, 즉 아주 작은 병풍, 인형, 사당에 매료되었다.

---

[1]   지금의 서울특별시 중구 충무로 2가 부근에 있는 고개다. 남산의 산줄기가 뻗어 내려오면서 형성된 이 고개는 그리 높지 않았지만 땅이 질어 유래된 이름으로 보이며, 한자명으로는 이현(泥峴)이다.

이런 것들을 보면서 왜 일본인들을 '작은 섬사람들'이라고 부르는지 이해했다. 또한 일본인이 책을 사랑한다는 것을 알게 되었다. 서점은 사람들로 가득 찼는데, 모두 가판대 주위에 서서 책을 읽고 있었다. 나는 누구나 서점에 들어가 원하는 어떤 책이든 골라서 읽을 수 있게 하는 것이 일본의 관습이라는 것을 알게 되었다.

"저들은 모두 뭘 읽고 있죠?" 어른들에게 물었다.

"대부분 소설이지. 그들 중 일부가 교과서를 공부하기도 하지만, 대부분은 소설이란다."

한 번도 읽어본 적이 없었기에 나는 소설이 무엇인지 알지 못했다.

나의 '어른스러운' 행동의 대가로 어른들은 나를 다시 한 번, 이번에는 저녁에 진고개로 데리고 갔다. 엄마도 허락했다. 같은 길인데 저녁에는 다른 세상이었다. 모든 상점은 밝게 불을 밝히고 있었고, 상점의 모든 것은 반짝거리고 눈이 부셨다. 화려한 기모노를 입은 일본 성인 남녀들이 수다를 떨고 명랑하게 웃으며 산책하고 있었다. 우리는 일본 극장 앞에 멈춰 섰다. 길고 폭이 좁은 깃발들과 문구가 적힌 것들이 대나무 장대에서 펄럭거렸다. 우리는 배우들의 모습이 그려진 커다란 포스터를 살펴보았다. 모두 심각하고 험상궂게 보였다. 어른들 간에 약간의 논쟁이 있은 후, 표를 구매한 우리는 안으로 들어갔다. 우리는 2층으로 올라가 명석 위에 앉았다. 극장은 가득 찼다. 사람들은 신이 나서 웅성거렸고, 행상들은 "뜨거운 차요! 달콤한 떡이요!"라고 외쳤다. 갑자기 불빛이 희미해지고 극장 전체가 쥐 죽은 듯 고요해졌다. 무대 뒤에서 두 짝의 나무토막(딱따기*)이 부딪치며 내는 "딱, 딱, 딱" 하는 소리가 아주 크게 들렸다. 그런 뒤 "둥, 둥, 둥" 하는 북소리가 들렸다. 소리가 점점 커지고 빨라지면서 다른 북의 날카롭고 초조한 울림과 합쳐졌다. 무대의 막이 천천히 열렸다.

우아한 옷을 입은 사무라이가 무대 중앙에 서 있었다. 왼쪽에는 칼을, 오른쪽에는 단도(짧은 칼)를 차고 있었다. 그는 몇 걸음 뽐내며 걸어 나와 말하기 시작했다. 그의 말은 차라리 노래 혹은 찬가에 가까웠다. 자존심 강한 사무라이의 목소리가 그렇듯이 그의 목소리는 깊은 중저음이었고 날카로웠다. 그가 청중 쪽으로 움직였다. 의도적인 동작과 위협적인 몸짓을 보며 나는 그가 매우 분개에 차 있다고 추측했고, 하찮은 사람이 아니라는 것을 알 수 있었다. 대사를 끝내면서 그는 다리를 벌리고 무대 뒤를 바라보며 서 있었다. 이제 나무토막들과 북이 더 찬찬하고 차분한 새로운 리듬을 울렸다. 다른 사무라이가 무대에 등장했다. 그의 옷은 부드러우면서 어두운 색이었고, 얼굴 화장은 매우 평범했다. 그러나 그의 몸짓과 자세는 마찬가지로 분개에 차 있었고, 그의 목소리 역시 날카롭고 귀에 거슬렀다. 그도 동작을 하며 노래를 불렀고, 마지막에 동의와 연민을 기대하듯이 머리를 청중을 향해 돌린 채 다른 사무라이의 반대편에 자리 잡았다. 이후에 두 명의 사무라이는 돌아가며, 때로는 동시에 검술과 몸짓을 하면서 대사를 외쳤다.

그런 뒤 날카롭고 소리 높이 외치는 소리가 들렸다. 두 명의 사무라이는 그 자리에 얼어붙은 듯이 꼼짝하지 않았다. 안쪽의 막이 천천히 열리며, 놀랄 만큼 아름다운 여인의 모습이 드러나기 시작했다. 그 여인은 선명한 꽃무늬에 허리 부분에는 금색 나비매듭(오비*)을 한 얇은 기모노를 입고 있었다. 여인의 머리는 날개 달린 성 모양으로 치장되었다. 여인은 가냘픈 가성으로 말하며, 좌우로 흔들거리는 걸음걸이로 조금씩 움직였다. 매우 흥분한 두 명의 사무라이는 돌격할 준비를 하며 자신들의 검을 휘둘렀다. 사무라이 중 한 사람의 머리가 막 떨어질 찰나였다.

결정적인 이 순간, 얇은 기모노를 입은 여인이 기절한 왼편 사무라이 쪽으로 휘청거리더니 정신을 잃고 쓰러졌다. 사무라이는 한 팔로 여인을 안고 승리의 함성을 질렀다. 다른 사무라이는 몸을 굽히고 머리를 떨궜으며, 칼을 칼집에 넣고, 가장 비극적인 목소리와 억양으로 찬가를 부르며 비틀거렸다. "딱, 딱, 딱", "둥, 둥, 둥" 하는 리듬에 맞춰 막이 닫혔다.

깊은 감동을 받고 극장에서 나왔을 때, 내 마음은 이상한 혼란에 빠졌다. 믿을 수 없는 사악한 사람들인 그들이 어떻게 저런 신성하고 아름다운 이야기를 창작할 수 있을까? 그리고 서점의 사람들 모두 책을 얼마나 열심히 읽는가! 서점을 방문한 뒤 일본인에게 가졌던 나쁜 감정은 상당히 누그러졌다. 그러나 이렇게 너그러워진 감정은 어른들이 나를 일본인 번화가의 다른 구역으로 데려간 순간 바로 깨졌다. 그곳에 상점은 없었다. 그 대신 거리를 향해 난 작은 난간이 있는 2층 목조 가옥들만이 있었다. 그 난간에서 부드럽고 달콤한 목소리가 들렸다.

"들어오세요! 들어오세요!"

위를 올려다보자, 밝은색 기모노를 입고 얼굴에 화장을 진하게 한 젊은 일본 아가씨들이 보였다. 나는 어른들에게 그들이 누구이며 그들이 대체 누구를 부르는지 물어보았다.

"그들은 너를 부르고 있는 거란다"라고 대답하면서 어른들은 웃음을 터뜨렸다. 나는 어른들이 왜 웃는지 이해할 수 없었지만, 내가 농담의 대상이었다는 것을 알고는 화가 난 척했다.

우리는 이 2층 집들을 빠르게 지나쳤고, "들어오세요! 여기요, 들어오세요!"라고 속삭이는 젊고 예쁜 아가씨들을 더 많이 보았다. 어른들이 멈춰 서서 속닥거리느라 바쁘더니 한 사람이 그 집으로 사라졌다. 나머지 사람들은 작은 공원으로 걸어가 벤치에 앉았다. 남자들은 매우 생기 넘치는 대화를 계속했다. 나는 농담의 본질을 이해하지는 못했지만, 그것이 집으로 사라진 남자와 관련이 있다는 것을 알았다. 그 이후 어른들은 내 쪽으로 돌아섰고, 그중 한 사람이 말했다.

"내년에 우리는 너를 꼭 그 집으로 데려갈 거고, 그곳에서 너는 예쁜 일본 아가씨들 중 한 사람을 만날 수 있을 게다."

"아니요, 아니요! 나는 그곳에 가고 싶지 않아요! 가고 싶지 않다고요!"

그토록 강하게 부정하기는 했지만, 이상하게도 내 가슴은 쿵쾅거렸다. 잠시 후 바람을 피운 친구가 되돌아와 우리와 합류했다. 모두 깔깔대고 탄성을 지르며 그의 등을 힘차게 두드렸다. 이 모습을 본 뒤 일본인에게 잠시 가졌던 친밀감은 곧 사라져버렸다.

일본인과 관련해 결정타는 말 그대로 채찍을 들고 내게 덤벼들었다. 나는 열세 살이었고, 공립 초등학교에서의 마지막 학년을 보내고 있었다. 내가 다니던 사립 학교와 달리 교장을 포함한 그곳의 모든 선생님은 일본인이었다. 더구나 사립 학교에서는 역사와 문학 같은 몇몇 과목을 한국어로 가르쳤지만, 공립 학교에서는 우리나라와 관련된 그 어떤 것도 배우지 못했고, 모든 수업은 일본어로 이루어졌다. 그런데도 나는 두 가지 중요한 이유 때문에 공립 학교로 전학을 갔다. 첫째, 아버지가 정동제일감리교회의 목사직을 그만두고 우리나라 도처에 있는 감리교 주일학교의 책임자가 되었기 때문이다. 그래서 우리는 목사 관사에서 나와 새집으로 이사해야만 했는데, 그 집에서는 공립 학교가 더 가까웠다. 둘째, 고등학교에 들어가려면 일본어로 시험을 치러야만 했다. 이 특전을 위해 우리는 어쩔 수 없이 공립 학교에 다니면서 조선인 학생에게 가해지는 일상적인 모욕을 견뎌야 했다.

아침 수업에 들어가기 전, 우리는 학년별로 군대식 대열을 이루어 운동장에 집합해야 했다. 금빛 단추가 달린 검은 제복을 입고 옆구리에 칼을 찬 교장은 우리를 바라보며 계단 맨 앞에 서 있었다. 마찬가지로 검정 제복을 입은 선생님들이 그의 양옆에 서 있었다. 훈련된 사무라이의 목소리로 교장은 명령했다.

"차렷!"

우리의 몸은 경직되고 표정은 얼어붙었다. 그러면 선생님 한 분이 앞으로 나와서 일본의 국가인 「기미가요(君が代: '천왕이 통치하는 시대'라는 뜻*)」를 선창했다. 우리는 그를 따라 있는 힘껏 노래를 불렀다. 매일 내가 일본 황제에 대한 애정이 담긴 가사들을 아주 멸시하며 내뱉었다는 것은 아무도 몰랐을 것이다. 교장이 다른 명령을 내리면, 우리는 방향을 틀어 해가 뜨는 방향인 동쪽으로 향했다. 그리고 또 다른 외침. 우리는 몸을 앞으로 숙이고 똑바로 서라는 마지막 명령이 있을 때까지 공손한 자세를 유지했다. 이러한 의식이 모두 끝난 뒤에야 우리는 교실로 행진했다.

일본에 대한 나의 불확실한 평가는 1919년 3월 4일 결정타를 맞았다. 조선의 독립을 위한 시위의 첫 물결은 진압되었다. 황제의 칙령이 공포되었고, 큰 벽보로 인쇄되어 도시 전역의 모든 공공건물의 벽, 출입문, 문, 유리창에 붙었다. 그 어떤 조선인도 황제의 포고문을 어길 수 없었다. 벽보 아래 찍힌 황제의 인장은 그것이 진짜임을 입증했고, 더 나아가 모든 구경꾼을 위협했다. 이 벽보 중 하나가 내가 다니는 학교의 나무 문에도 붙었다. 나는 멈춰 서서 읽어보았다.

"너희 불쌍한 조선인들은 들으라! 너희들의 위대하고도 너그러운 황제의 말을 들으라."

벽보에는 조선에 대한 황제의 관대하고 너그러운 행동이 모두 나열

되어 있었다.

너희 불쌍한 조선인들의 머리에 이 신성한 칙령으로 감명을 주겠다. 이제부터 다음 사항은 법에 허용되지 않는다.

- 세 명 이상이 무리 지어 공적이거나 사적으로 모이는 것.
- 황제와 그의 관료들에 대해 비판적 생각을 표현하는 것.
- 황제 혹은 조선총독부에 해로운 단어로 글을 쓰고 인쇄하며 혹은 배포하는 것.
- 이 신성한 칙령의 시행을 무시하고 묵살할 음모를 꾸미거나 방해 하는 것.
- 이 칙령을 위반한 모든 자는 체포·구금되어 처벌받을 것임.

나는 순간 멍해져 절망감을 느끼며 그 자리에 서 있었다. 그때 무슨 까닭인지, 나무 문에 걸려 있던 벽보 모서리에서 반짝거리는 압정이 눈에 들어왔다. 주위를 둘러보니 아무도 없었다. 나는 맨 아래 압정 중 하나를 비틀어 빼고 다른 하나도 빼버렸다. 헐렁해진 벽보가 바람에 날리기 시작했다. 내가 윗부분의 압정을 찾고 있을 때 사무라이의 쉰 목소리가 들렸다.

"바카! 바카! 바카!"

바카(ばか)는 상황에 따라 아무 짝에도 쓸모없는 사람, 놀림감, 멍청 이 혹은 개자식을 의미할 수 있는 두루뭉술한 일본식 욕이다. 뒤를 돌아 보니 일그러진 얼굴로 팔을 마구 흔들면서, 마치 나를 죽일 듯 뛰어오는 일본인이 보였다. 나는 도망쳤고, 그 일본인은 쫓아왔다.

"멈춰! 바카! 멈춰! 저 바카 잡아라! 누구 없소! 저 바카 잡아라!"

화난 외침은 점점 더 커졌고, 나는 나를 죽이려는 사람이 점점 더 가까워진다고 판단했다. 일본인에 의해 죽을지도 모른다는 끔찍한 생각 때문에 나는 더 힘을 내어 빨리 달아났다. 결국 고함 소리와 뛰어오는 발자국 소리는 점점 희미해졌지만, 나는 절대로 멈추지 않았다. 추격자의 소리가 하나도 들리지 않을 때까지 계속 뛰었다. 혹시나 격분한 사람이 집 근처에 숨어서 나를 기다리고 있지나 않을지 겁이 났다.

다른 길로 돌아서 집에 가기까지 한참을 망설였다. 엄마는 나를 수상하다는 듯 바라보더니, 어디에 있었냐고 물었다.

"밖에서 그냥 놀았어요." 나는 거짓말을 했다.

"너희 학교 교장이 너더러 지금 당장 자기를 찾아오라고 한다."

엄마는 불안해 보였다. 나는 당황했다. '학교 교장이?' 나는 이해할 수 없었다. 학교 수업은 이미 한참 전에 끝났기 때문이다.

"내일 만나러 갈게요."

나는 엄마에게 말했다.

"아니 베드로야, 즉시 가는 게 좋겠다. 수위가 소식을 전하러 왔었고, 교장은 너를 기다리고 있을 것이다."

나는 잔뜩 겁을 먹고, 후문을 통해 학교에 들어갔다. 교장실 앞에 서서 "선생님" 하고 부르자, 문이 열리며 키가 크고 호리호리한 교장의 모습이 보였다. 나는 옆구리에 칼을 차고 검정 제복을 완벽하게 갖춰 입은 교장을 보고 깜짝 놀랐다.

"이쪽으로 오거라."

그는 이렇게 명령하고는 내 뒤에 있는 문을 닫았다.

"교문 앞에서 뭘 했지?"

"선생님, 언제요?"

나는 천진하게 물었다.

"방금 전에!"

그는 벌떡 일어서더니 다시 말했다.

"방금. 조금 전!"

"네, 선생님. 놀고 있었습니다."

"놀았다고?"

그는 분별력을 잃기 직전인 것처럼 보였다.

"놀았다고? 황제의 포고령을 가지고 놀았다고? 바카!"

그제야 나는 상황을 이해했다. 나를 잡지 못한 그 미친놈이 학교에 와서 내가 황제의 신성한 벽보를 찢고 있었다고 알린 것이다.

"나는 그저 압정을 빼려고 했습니다"라고 온순하게 말했다.

"압정! 압정!"

고함 소리는 견딜 수 없을 정도로 커졌다.

"너는 황제의 포고문을 훼손한 것이야!"

나는 더 설명할 수 없어서 말없이 서 있었다. 분노한 교장은 다시 소리쳤다.

"말해! 바카, 말해! 누가 그 일을 시켰지?"

침묵이 흘렀다.

"이 못된 조센진 바카! 자백해! 네 짓이지? 누가 그 일을 시켰지?"

침묵이 또 흘렀다.

교장은 자리에서 벌떡 일어나더니 문밖으로 나갔다. 그러고는 순식간에 길고 가느다란 버드나무 가지를 한 움큼 쥐고 돌아왔는데, 수위가 쓰는 빗자루를 꺾어 온 것 같았다.

"바지를 올려라, 바카!"

교장은 맨 종아리를 때려 아이를 처벌하는 조선의 전통 방식을 준비하고 있었다. 그런데 조선인은 나뭇가지 하나만 이용하지, 다발을 사용하지는 않는다. 첫 번째 매가 내 다리를 스쳐 지나갔을 때, 나는 이것이 조선식 처벌이 아님을 알았다. 나뭇가지 다발로, 그는 온 힘을 다해 나를 때렸다. 나는 움찔했지만 똑바로 서 있었다. 계속 매를 휘두르면서 교장은 소리쳤다.

"말해! 말해! 말해!"

매를 휘두르면 휘두를수록, 나는 더 이를 악물었고 아무 말도 하지 않았다. 그러자 교장은 완전히 이성을 잃었다. 멈추지 않고 계속 매를 휘둘렀고, 분이 풀리지 않는지 내 몸 여기저기를 때리기 시작했다. 나는 머리를 감쌌고, 그러자 내 손을 매로 때렸다. 교장은 미치광이였다. 힘이 다 빠질 때까지 계속 매질을 해댔다. 마침내 나뭇가지들이 부러지자 집어던지고는 손으로 나를 마구 때리기 시작했다.

"바카! 이 못된 조센진 바카! 나가! 나가!"

나는 고통스러운 발걸음으로 절름거리며 천천히 그곳을 나왔다.

나는 거의 어두워진 후에야 집에 돌아왔다. 엄마는 나에게 달려와 부어오른 내 얼굴을 보았다.

"세상에! 무슨 일이냐? 무슨 일이야?"

"내가 벽보에서 압정을 떼어냈다고 교장이 나를 때렸어요."

"다리 좀 보자."

나는 돌아서서 바지를 올렸다.

"세상에!" 엄마는 비명을 질렀다. 누나들이 뛰어와 피범벅이 된 모습 때문에 얼굴을 가리고 울기 시작했다.

"압정! 그래서 교장이 이렇게 때렸다고!"

누나 앨리스는 부엌으로 달려가 뜨거운 물을 가득 담은 냄비를 들고 돌아왔다. 엄마는 물에 소금을 약간 넣어 저은 후 내 다리에 살짝 바르고 천으로 다리를 닦기 시작했다. 매질을 당하는 동안 마음을 단단히 먹어서인지, 상처에 소금물이 닿아 쓰라린 것조차 느끼지 못했다.

"세상에! 세상에!"

엄마는 내 다리를 조심스럽게 씻기면서 계속해서 신음 소리를 냈다.

"세상에! 네 다리가 피범벅이구나."

나는 돌아서서 엄마의 어깨에 손을 얹었다.

"엄마! 엄마!" 나는 자랑스러운 목소리로 말했다. "일본인 교장이 지칠 때까지 나를 때렸어요. 그렇지만 엄마, 맞는 동안 나는 울지 않았어요."

엄마에게 내가 얼마나 그를 경멸하고 있으며 나 자신을 자랑스러워하는지 말하고 나서, 나는 감정을 주체하지 못해 엉엉 울었다.

CHAPTER 7

중국으로의 도피

어쩌면 결코 되돌아오지 못할 한국 땅을 우리 가족이 떠나야 할 때가
되었다. 우리 가족은 일본 경찰의 시달림을 더는 견딜 수 없었고, 매일
음식을 구걸해야 하는 창피스러운 상황이었다. 그리고 우리는 한국으
로 돌아오는 것이 점점 더 어려워진 아빠가 중국에 있다는 것을 알았다.
그래서 미지의 땅으로의 한밤중의 출발은 필사적인 탈출, 괴로운 망명
이자 아버지를 찾는 것이었다.

나는 서둘러 서울을 떠나던 때를 지금도 어렴풋하게 기억하고 있다.
그중에 어떤 것들, 내 마음속에 없어지지 않고 계속 있는 장면과 이미지
는 여전히 생생하게 떠오른다. 나는 그때가 가을이었던 것으로 기억하
는데,[1] 서울 길거리에 늘어선 양버들 아래 나뭇잎이 떨어져 있었기 때문

1   1920년 4월 27일 자 ≪동아일보≫, "망명객의 가족 참혹한 현목사 가족"에서
     현순 가족이 4월 30일 떠난다고 한 점과 현순자사에 "四月初에 崔云丁·安玄鄉과
     同伴하여 杭州에 가서 西湖를 구경하고…… 同月 下旬頃에 義子 金成根 家에 炸彈
     이 暴發되어 後房壁이 破傷되었는데 李華淑은 머리 빗고 金元慶은 누워 讀書하다

이다. 나는 또한 엄마가 차가운 밤공기 때문에 솜을 넣은 옷을 우리에게 입혔던 것도 기억한다. 그렇지만 우리가 어떻게 남대문의 기차역으로 갔는지는 기억이 나지 않는다. 인력거를 타고 가지 않은 것은 아는데, 너무 비싸서 우리가 타고 싶다 했어도 우리를 안내한 이 씨 아저씨가 허락하지 않았을 것이기 때문이다. 이 씨 아저씨는 검소하기로 소문난 개성 출신이었다. 어떤 일이든 해서 돈을 모으기 바란다면 "개성 출신에게 물어보라"는 말이 있다.

우리 모두 평소처럼 연장자들이 어린아이들을 등에 업고 걸어서 역으로 갔을 것이다. 그런데 짐 보따리들! 연장자들은 어떻게 그것들을 역으로 가져갔을까? 그 짐 보따리들은 가련할 정도로 누추하게 보였을 테지만, 그들은 우리 가족의 모든 귀중품을 날랐다. 거기에는 우리의 옷, 신발과 샌들(짚신으로 생각된다*), 엄마와 누이들의 머리를 묶는 색색의 끈을 담은 상자, 가족사진처럼 엄마가 두고 올 수 없었던 여자들의 금은 장신구 등을 모두 담은 작은 서랍장이 있었다. 물론 장거리 여행을 위한 온갖 음식이 담긴 특별한 짐도 있었다. 우리 가족이 쓰던 놋그릇은 모두 남겨두고 떠났는데, 그것은 여러 세대를 전해 내려오며 사용되어 얇아진 우리의 귀중한 그릇과 대접이었다. 게다가 애석하도 식구대로 크기가 다양한 집안의 은수저, 그리고 단지와 솥과 냄비 같은 부엌에서 쓰는 물건, 맛있는 김치가 아직도 담겨 있는 항아리를 남겨두었다. 그런데 벽에 걸린 족자와 그림을 남겨둔 것, 특히 우리가 잠을 자는 방에 항상 세

가 破傷 벽돌에 맞지 아니하여 危險을 免하였으나 집은 法警들에게 빼앗기고 逐出을 當하였었다. 數日間 他處에서 留連타가 다시 家具 等物을 찾아가지고 그 愛仁里 다른 집으로 옮겨들었다. 其時에 李康浩가 余의 家族을 帶同하고 上海에 나왔었다"라고 한 것으로 보아 저자의 착오로 보인다.

워져 있던 그림이 그려진 여섯 폭의 병풍을 두고 떠난 것이 가장 슬펐다. 병풍에는 우아한 두루미, 뛰노는 말, 잠자는 사자 등이 새겨져 있고, 족자에는 산, 숲, 강의 신비로운 세계가 매우 늠름하고 무성하게 그려져 있었다. 그것들은 신비한 여행, 가슴 설레는 희망, 비밀 계획 등 내 어릴 적 꿈을 모두 간직하고 있었다. 지금도 나는 눈을 감으면 여전히 그것들을 볼 수 있다.

그런데 정말 이상하다! 이러한 가족의 귀중품을 이별 선물로 받은 어느 누구도 우리 가족이 떠나는 것을 보기 위해 역으로 배웅을 나오지 않았다. 몇몇 친구만이 역으로 우리를 배웅 나와 짐을 들어주며 안전한 여행이 되기를 기원했다. 그들 중에는 아버지 교회의 믿음직한 집사 정씨가 있었는데, 그의 몸은 감옥에서 일본인들에게 고문을 받아 망가져 있었다. 기차가 천천히 역에서 빠져나갈 때, 나는 엄마에게 불평을 늘어놓았다.

"어째서 우리 친척들은 단 한 사람도 역에 나오지 않은 거죠?"

나는 씁쓸하게 물었다.

"그리고 우리 가족의 모든 귀중품을 가져간 그 친한 친구들은 아무도 나타나지 않았네요. 그들은 우리가 조선을 영원히 떠나 외국에서 살기 위해 가는 것을 모르는 건가요?"

"베드로야."

엄마는 위로하는 목소리로 속삭였다.

"이해해야 한다. 그들은 일본 경찰을 두려워한다. 그들은 우리가 떠난 뒤에 경찰이 찾아올까 봐 우리를 만나고 싶지 않은 것이다."

기차 내부에는 양쪽에 놓인, 기차 길이만큼 긴 두 개의 나무 의자 외에는 아무것도 없었다. 우리의 작은 짐 몇 개는 선반에 올려놓았고, 나머지는 바닥에 놓았다. 우리는 귀퉁이에 자리를 잡았고, 모두 한동안 말을 하지 않았다. 우리는 우리에게 일어나는 일을 믿을 수가 없었다. 나는 창에 기대어 사라져가는 도시, 그다음에는 우리가 철교 위로 건너온 한강, 그리고 이어 논뙈기들과 초가지붕을 인 농가가 모여 있는 시골을 바라보았다. 해가 지기 시작했고 곧 어둠을 제외하고는 아무것도 없었다. 우리가 다시 이 모든 것을 언제 볼 수 있을까? 철로 위로 미끄러지는 바퀴가 끊임없이 흔들리고 덜커덕거려 우리는 더더욱 슬퍼졌다.

엄마는 우리 가족이 자기연민의 감정에 빠지는 것을 눈치채고, 재치있게 저녁 먹을 시간이라고 알렸다. 엄마는 짐 하나를 풀어 큰 상자를 꺼냈다. 아기들을 제외하고 우리 각자에게 옻칠을 한 대접과 짝을 맞춘 젓가락 한 쌍씩을 건넸다. 양념을 한 고기, 콩나물, 짠지와 밥을 섞고 간장과 참기름으로 양념을 하는 한국의 전통 음식 비빔밥으로 대접을 채웠다. 달리는 기차에서 음식을 먹으니 왠지 맛깔스럽고 즐겁고, 정말 맛있었다. 내가 두 그릇째 달라고 했을 때, 엄마는 평소처럼 너무 빨리 먹지 말라고 나를 꾸짖지 않았다. 이 씨 아저씨는 돈을 아껴야 한다는 것을 의식해서 두 번째 그릇을 사양했다! 기차를 타고 첫 식사를 끝마쳤을 때, 우리는 고향인 서울을 멀리 떠나 있었다. 나는 다른 사람들 또한 어떤 이들은 대접, 어떤 이들은 작은 대나무 소쿠리, 그리고 다른 이들은 신문지에 싼 주먹밥 등을 저녁으로 먹고 있다는 것을 알아차렸다. 그들 모두 공통된 한 가지를 먹고 있었다. 객실 전체에 퍼지는 김치와 발효된 마늘 향은 이 기차가 정말로 한국 기차임을 입증했다!

누나 앨리스는 빈 대접과 젓가락을 모두 모아서 짐 꾸러미에 다시 넣었다. 누나가 그것들을 설거지하기 위해서는 기차가 다음 역에 멈추기를 기다려야 했고, 그것은 누나가 여행을 하는 도중에 따라야 했던 절차였다. 이 씨 아저씨는 이부자리를 풀어 바닥에 무명으로 된 요를 깔았다. 제일 먼저 엄마와 아기 메리가 누웠다. 돌쟁이 메리는 낯선 환경 때문에 계속 울었다. 엄마, 젖을 무한정 제공하는 우리의 자그마한 어머니가 아기를 달랬다. 다음으로 모든 것을 흘깃 쳐다보며 응시하는, 세 살배기 데이비드가 요 위에 자리를 잡았다. 데이비드는 매우 경계심이 많은 아이였다. 엄마가 누울 수 있도록 그들 사이에는 항상 작은 공간이 남아 있었다. 데이비드 다음으로 네 살인 조슈아가 누워 금세 잠이 들었다.

조슈아를 알고 있는 모든 이들이 그 애를 부활한 아이라고 불렀다. 우리는 그 일이 일어날 때 정동제일감리교회의 목사관에서 살고 있었다. 갓난아이 조슈아는 첫돌이 채 안 되었던 어느 여름에 고열을 동반한 심각한 병을 앓았는데, 엄마가 구한 가장 강력한 생약으로도 열이 가라앉지 않았다. 고통스러운 며칠을 보낸 뒤, 우리의 작은 남동생이 죽었다. 그는 우리 가족에 포함시킬 정도로 오래 살지 못하고 죽었다. 엄마는 다음 날 장례를 치르기 위해 아기 조슈아의 호흡이 멈춘 몸을 빈방에 눕혔다. 교회 친구들이 마루에 모였고 불침번을 서며 보살폈다. 그들은 찬송가를 부르고 기도를 드리며, 갑작스럽게 자식을 잃은 엄마를 위로했다. 그들은 다음 날 장례식에 참석하기로 하고 밤이 깊어 헤어졌다. 다음 날 새벽, 우리가 잠든 방으로 엄마가 조슈아를 싼 작은 포대기를 움켜쥐고 달려왔다.

"살아 있어! 살아 있다고!"
엄마는 기뻐 어찌할 줄 몰랐다.
"숨을 쉬고 있다고! 살아 있다고! 숨을 쉬고 있다고!"
엄마는 가슴을 드러내고 아기에게 젖을 물렸다. 우리는 엄마 곁에 모여 아기가 온 힘을 다해 젖을 빠는 것을 보았다. 우리는 펄쩍펄쩍 뛰며 손뼉을 쳤다.

"조슈아! 조슈아! 조슈아!"

우리 모두 고함을 질렀다.

"살아 있어! 살아 있어!"

친구들이 예정된 장례식을 치르기 위해 도착했을 때, 엄마는 그들에게 믿기지 않는 이야기를 했다. 밤새 잠을 잘 수 없었던 엄마는 새벽에 죽은 아기가 누워 있는 빈방으로 눈물을 흘리며 들어갔다. 다시 한 번 아기를 보기 위해 면으로 된 천을 젖혔을 때, 아기는 눈을 뜬 채 깜빡이고 있었다. 몸을 구부리고 아기의 몸을 더듬어보았다. 따뜻했다. 그러고 나서 엄마는 아기를 안아 올리며 "살아 있어! 살아 있다고!"라고 소리치며 우리가 자고 있는 방으로 달려왔다.

조슈아, 부활한 아기. 그 애는 정말로 죽음에서 되돌아왔다. 그 일이 실제로 일어난 것을 증명이라도 하듯이 조슈아는 세 살 때 다시 '죽었다'. 이번에 엄마는 매우 신중했고 빈방에 시신을 놓아두기 전에 그 애의 죽음을 확인했다. 그러고서 엄마는 다음 날 장례식을 위해 필요한 모든 조치를 취했다. 그런데 새벽에 억제할 수 없는 갈망에 이끌린 엄마는 잠자리에서 나와 두 번 죽은 아기를 보러 갔다. 아기는 거기에 있었다, 눈을 뜨고 웃으며 엄마를 쳐다보면서. 엄마는 그를 와락 안아 들고 따뜻한 방으로 데려갔다. 이번에는 비명 소리가 없었고, 받아들임과 고마움만 있었다. 그리고 지금 조슈아는 우리 모두, 그의 형들과 누이들, 엄마와 이 씨 아저씨와 함께 있으며, 알지 못하는 머나먼 곳으로 향하는 덜컹거리는 기차를 타고 아주 시끄러운 소음에도 잠이 푹 들어 있다.

그다음으로 일곱 살인 폴이 동생들의 발이 닿는 반대편에 누워 있다.

폴은 말이 없는 아이다. 그 애의 대답은 언제나 간단하고 직선적이다.

"아뇨, 원하지 않아요." "네, 좋아해요."

그 애의 재주, 재능과 생각은 항상 자립적이며, 주위의 어떤 것에도 영향을 받지 않는다. 폴 옆에는 '순한 옥'인 순옥(順玉)이 누워 있다. 나는 여덟 형제 중 왜 그 애의 이름은 『성경』에 나오는 이름이나 서양식 이름이 아닌지 알지 못한다. 장애에 대한 연민 때문이 아니라 그 애의 재치 때문에 나는 순옥을 가장 좋아했다. 그 애는 항상 사물의 재밌는 면을 보았고, 모두를 웃겼다. 그 애가 여섯 살 때 곱사등이가 되었다는 것이 너무나 불쌍했다. 그 애의 상태는 나이가 들수록 점점 더 심각해졌고, 이제 어디를 가든 우리가 그 애를 옮겨야 했다.

조부모를 찾아뵈러 가서 일어난 일이었다. 순옥이 대청마루를 오르내릴 때 디딤돌 역할을 하는 커다란 화강암 돌덩어리(섬돌*)로 떨어진 것이 분명했다. 어떻게 그런 일이 일어났는지 아무도 목격하지 못했지만, 그 애가 뒷걸음질을 치다가 떨어져 등골이 부서진 듯했다. 안방 할머니는 너무나 놀라 그 일을 엄마에게 말하지 못했고, 순옥 또한 약속을 지켜 그 일에 대해 누구에게도 말하지 않았다. 실제로 거의 일 년 후 고통이 점차 심해질 때까지 상처는 발견되지 않았다. 엄마는 의사에게 데려갔고, 의사는 척추에 작은 돌출부가 있는 것을 발견했다. 치료를 하기에는 너무 늦었다는 말만 들을 수 있었다. 그 애는 대부분의 시간을 누워 있었지만 내 모든 교과서로 공부했고, 나와 함께 어떻게든 공부를 하려고 했다. 사실 그 애는 나를 대신해 특히 연산과 작문 과목의 숙제를 많이 해주었다. 물론 내가 좋아하는 누이동생이었다는 다른 이유도 있었지만.

마지막으로 내가 누울 차례가 되었다. 나는 짚신과 무명으로 덧댄 조선식 긴 양말(버선*)을 제외하고는 옷을 그대로 입고 있었다. 아이들 중에서 특히 나는 감정적이고 충동적인 아이였다. 내 머리는 새로운 공상과 생각으로 가득 찼고, 항상 가만히 있지 못했다. 나는 늘 이화학당을 자주 찾아가 내 에너지를 발산했는데, 그 학교는 한국 최초의 여학교로서 아버지의 교회 옆에 있었다. 여학생 기숙사에 난입해 그들이 소리치는 것을 보고 도망가거나 교장인 터틀 여사가 귀한 미국 과일과 야채를 재배하며 보살피는 정원에 침입하는 것이 매우 즐거웠다. 매번 달아나고 나면 그 중학교를 다니고 있던 앨리스와 엘리자베스 두 누나가 항상 꾸중을 들었다. 그러면 그들은 슬피 울면서 엄마에게 그 일을 이르곤 했다.

"엄마, 베드로가 또 그랬어요!"

동정을 하면서도 그러한 잦은 사건에 별로 흥분하지 않은 엄마는 "그래, 그 애가 이번에는 어떤 일을 저질렀니?"라고만 물었다.

그런데 내가 한 그 어떤 장난도 어느 여름날 벌어진 최고의 소동에 미치지는 못했다. 찌는 듯 무더운 여름날이었는데, 너무 더워서 내가 좋아하는 학교 운동장 주위에는 아무도 보이지 않았다. 나는 나를 충실히 따르는 몇몇 아이를 모아 탐험을 하러 갔다. 재미있을 만한 것을 찾았지만 소용이 없던 차에, 우연히 터틀 여사의 집 뒤꼍에 있는 우물을 발견했다. 그녀의 이름 터틀은 한국어로 '흔들기(shake)'를 뜻했는데, 그녀가 걸을 때면 커다란 가슴이 위아래로 흔들렸다. 어느 정도 흔들리는지를 보면, 우리는 그녀가 어떤 기분인지 말할 수 있었다. 그 무더운 여름날, 나는 우물 꼭대기 선반에 묶여 있는 줄을 발견했다. 그것은 우물 바닥까지 내려져 있었고, 차가운 물에 잠긴 큰 병에 묶여 있었다. 병을 끌어올려 보니 뭔지 갈색 액체가 채워져 있었다. 나는 줄을 풀어 병을 움켜쥐고는 우리의 비밀 은신처로 갔다.

나는 의기양양하게 병을 열어 내용물을 맛보았다. 곧 실망한 나는 맛없는 그것을 뱉어버렸다. 나는 주위에 있는 친구들에게 병을 건네면서 맛을 보라고 했다. 모두들 들이켜더니 마찬가지로 내뱉었다.

"이게 뭐지?"라고 내가 물었다.

"맛이 없어!"

모두 동의했다. 내가 다시 물었다.

"그런데 이게 뭐지?"

"차 맛 같은데……."

누군가 의견을 냈다.

나는 다시 한 번 들이켜고, 움찔한 뒤 내뱉었다.

"맞아, 이것은 차야. 그런데 왜 '셰이크 셰이크(Shake Shake)'는 차를 병에 담아 우물에 담가두지?"라고 내가 말했다. 어느 누구도 설명하지 못했다. 내 머릿속에 번뜩 생각이 스쳐 지나갔다. 나는 병을 비우고 그 속을 소변으로 채웠다. 돌아가며 각자 그 병을 다시 채운 것이다. 놀랍게도 색은 우리가 버린 차와 비슷해졌다. 도로 가져다 놓는 것을 친구들이 너무 두려워해, 나 혼자 되돌아가서 줄 끝에 병을 매고 그것을 우물 아래로 떨어뜨렸다. 나로서는 그것이 차가 담긴 이상한 병 덕분에 맛본 마지막 즐거움이었다.

그 주 일요일 아침, 나는 평소처럼 이화학당 강당에서 열린 주일학교에 참석했다. 놀랍게도 터틀 여사가 한국인 교장인 연로하고 온화한 정 선생님과 함께 연단에 앉아 있었다. 터틀 여사의 얼굴 표정이 불길했다. 가슴을 떠받치며 팔짱을 끼고 있는 것은 상황이 훨씬 더 심각하다는 것을 의미했다. 나는 나를 따르는 애들에게로 몸을 돌려 신호를 보냈다.

"말하지 마라. 무조건 침묵이다."

평상시처럼 노래와 본기도를 한 후, 정 선생님은 우리 앞으로 와서 우리를 똑바로 쳐다보았다.

그는 몇 번이나 헛기침을 한 뒤 말했다.

"지난 일요일 오후 아주 끔찍한 일이 일어났다."

그가 다시 헛기침을 하고 말했다.

"누가 그랬지? 우리는 누가 그랬는지 알고 싶다."

놀란 척을 하며, 나는 내 친구들 쪽을 보면서 모두가 들을 수 있을 정도로 크게 속삭이며 말했다.

"누가 그랬지, 응? 누가 그랬는지 알고 있니?"

이번에는 터틀 여사가 일어서서 연단 끝 쪽으로 몸을 떨며 걸어갔다. 특이한 한국어로 말할 때 그녀의 목소리 또한 떨렸고 호박이 언덕 아래로 구르는 듯했지만 완전히 알아들을 수 있었다.

"누가…… 그랬지?" 터틀 여사는 천천히 말했다.

"나는…… 누가…… 그랬는지…… 알고 싶다."

오랫동안 아무런 대답이 없자, 터틀 여사는 우리를 위협했다. "나는…… 여기 남아 있을 것이고……, 누가 그랬는지…… 알 때까지…… 가지 않을 것이다."

남자아이들과 통로를 사이에 두고 앉아 있던 소녀들이 모두 몸을 돌려 나를 째려보았다. 나는 결백한 척했다. 얼마나 오랫동안 곤란한 순간이 지속되었는지 기억하지 못하지만, 우리는 결국 노래를 부르지 않고 어떤 마무리 기도도 하지 않은 채 해산했다. 그것은 내 삶에서 가장 짧은 주일학교 모임이었다. 무더운 여름날 오후와 우물 속의 차 병을 떠올릴 때면, 나는 양심의 가책을 느끼지 않을 수 없었다. 여전히 웃음도 나지만!

이제 기차 안의 모든 사람은 잠 잘 준비를 마쳤다. 몇몇을 제외하고 그들은 초라한 차림이었다. 나는 그들이 서울에서 자신들의 생산물을 팔고 집으로 돌아가는 농부라고 짐작했다. 그들 대부분은 이리저리 기운 바지와 저고리를 입고 있었다. 두 명의 시골 선비도 있었는데, 긴 머리를 정수리에서 작은 덩이(상투*)로 감아 맨 그들의 모습이 눈에 띄었다. 그리고 덩이 위에 검은 말총으로 만든 높고 뻣뻣한 모자(갓*)를 쓰고 있었다. 이 모자는 조심스럽게 벗겨져서 선비들이 잠자러 눕기 전에 그들 옆에 안전하게 놓였다. 서서히 모든 승객이 의자 혹은 바닥에 무리를 지어 자리를 잡고 잠이 들었다.

나는 누이동생 순옥의 옆 바닥에 자리를 잡았다. 짐 꾸러미 중 하나를 등받이 삼아 벤치 위에 몸을 누인 누나 엘리자베스가 보였다. 우리 형제들 모두 누나 엘리자베스를 '감추는 사람(hider)'이라 불렀다. 누나는 자신이 갖고 있는 모든 것을 감추었다. 그것들은 누나의 보물로, 엄마가 바느질을 하고 남은 갖가지 색의 천 조각, 실, 단추 등이었지만, 내가 보기에 가장 소중한 것은 누나의 몫으로 엄마가 준 사탕과 견과류였다. 누나는 다른 형제들처럼 그것을 한꺼번에 먹지 않았다. 누나는 그것을 아껴서 다른 보물과 함께 숨겨두었다. 그런데 나는 항상 그것을 기어코 찾아서 훔쳤다. 나는 집에서 달려 나와 길모퉁이에 숨어 가능한 한 빨리 그것을 먹어치웠다. 그리고 나면 늘 벌을 받곤 했다.

"엄마! 엄마! 엄마!" 누나 엘리자베스는 엉엉 울었다.

"또 베드로야! 또 베드로야!"

"이번엔 뭐니?" 엄마는 평소처럼 별로 흥분하지 않았다.

"내 사탕과 견과류를 모두 훔쳤어요." 누나는 훨씬 더 크게 흐느껴 울었다. 내 마음을 움직일 정도로 가슴이 미어지게 누나가 슬피 울어서 진심으로 미안한 마음이 들었지만, 내가 할 수 있는 일은 아무것도 없었다. 게다가 왜 누나는 그것을 먹지 않았을까, 혹은 내가 발견하지 못할 곳에 숨기지 않았을까?

기차가 덜커덩거리며 내는 소리가 이제는 윙윙거림이 되었다.

잠들기 전, 짐 꾸러미 쪽으로 머리를 향하고 우리와 등을 기댄 채 좌석에 누워 있는 누나 앨리스를 흘끗 쳐다보았다. 나이가 어린 우리 일곱 명의 동생을 돌보는 힘겨운 부담은 이제야 끝났다. 누나는 등을 돌리고 밤새 우리를 잊어버린다. 누나 앨리스는 우리의 '두 번째 엄마'였다. 누나는 또한 아름다웠다. 여윈 얼굴, 뾰족한 턱, 크고 둥근 초롱초롱한 눈망울. 누나는 몸이 호리호리해서 아무리 서둘러도 동작은 단아했다. 누나는 항상 다른 누구보다 먼저 일어나 아침밥을 짓고, 우리의 점심 도시락을 준비했으며, 학교에 가기 싫어하는 엘리자베스가 되도록 늦게 등교하려고 했기에 그녀를 준비시키고 달래는 일을 했다. 학교에서 돌아오면 누나 앨리스의 일, 그러니까 옷을 빨고 수선하고 저녁밥을 짓는 일이 다시 시작된다. 물론 엄마가 항상 집에 있었지만, 누나 앨리스가 없으면 집안일이 전혀 되지 않았다. 누나 앨리스는 항상 나의 후원자이자 멘토였다. 나는 의문이 생기거나 괴로울 때면 항상 누나에게 위안을 받으러 갔다. 나는 엄마에게서 얻지 못하는 절대적인 지지를 얻기 위해 누나에게 의존했다. 기차의 윙윙거리는 소리는 점점 더 희미해졌다…….나는 놓아둔 채 잊고 지낸 모든 것을 꿈꾸기 시작했다. 내 친구들…… 내가 다시는 볼 수 없을 안방 할머니와 할아버지…… 모든 것…… 모든 것…… 모든 것이 사라지고 있었다. 나를 끔찍하게 때렸던 일본인 선생의 매서운 이미지를 제외한 모든 것이…….

"평양! 평양! 평양역입니다!"

잠시 잠이 들었다고 생각했는데, 안내원의 외침에 나는 깜짝 놀랐다. '평양역'이라는 외침은 마법의 반지였다. 나는 어린 시절 형들에게서 들은 평양에 관한 것, 즉 평양 사람, 평양 음식, 평양 풍습 등등을 기억해냈다. 나는 평양 사람이 외국인 같다고 믿게 되었다. 그들의 기질과 풍습은 한반도의 남쪽 사람들, 특히 서울 사람들과 매우 달랐다. 형들은 항상 그들에 대해 악의를 품고 경멸적인 말을 했다.

이후 상당한 시간이 지날 때까지 나는 평양과 서울 사람들 간의 불신과 적대의 깊은 뿌리에 대해 배우지 못했다. 한국 땅에서 가장 오래된 왕조는 고구려로 알려져 있었다. 고구려는 기원전 37년경 세워져서 927년까지 번성했다.[2] 그 왕조는 한반도의 북쪽 지역뿐 아니라 만주 대부분 지역을 아우르고 있었다. 고구려의 자랑스러운 수도는 평양이었다. 이 강국이 무너지고 고려 왕조가 세워졌고, 수도는 평양 남쪽의 개성으로 옮겨졌다. 모든 '북부인'은 공직에서 쫓겨났고 가장 낮은 신분으로 떨어졌다. 그리하여 분리와 증오의 씨앗이 뿌려졌고, 그것의 독이 든 열매가 천 년이 지난 뒤에 자신들의 아이들에게 주어졌다.

"평양! 평양! 평양입니다!"

내 심장은 흥분으로 두근거렸고, 나는 일어나 창밖을 바라보았다. 막 동이 터오고 있어서 별로 인상적으로 보이지 않는 역사(驛舍)의 흐릿한 윤곽만 보였다. 기차가 멈추자 사람들은 기차를 타고 내리느라 정신없이 서둘렀다. 나는 그 사람들의 옷차림이 매우 다르다는 것을 알아차렸다. 농부들은 흰색 무명으로 된 행전(行纏)을 친 커다란 옷을 입고 있었고, 여자들은 폭이 넓은 흰색 천으로 머리를 감쌌다. 기차가 움직이기

---

2   고구려의 멸망 연도는 668년이다.

시작했을 때, 나는 유서 깊은 도시의 모든 면면을 보려고 창문에서 눈을 떼지 않았다. 볼만한 것이 많지 않았다. 기차는 가난한 노동자들의 나지막한 집들이 모여 있는 곳을 지나치고 있었다. 그리고 갑자기 우리는 가축우리 같은 집들을 뒤로한 채 넓은 강을 건너고 있었다. 그것은 틀림없이 대동강이었다. 강이 내려다보이는 둑과 언덕 위에는 구부러진 노송들이 있었고, 산마루에 있는 탑과 절의 윤곽을 볼 수 있었다. 내 조상들은 이 강을 건너 그 절에 가서 기도를 드렸고, 그 탑에서 놀았다. 아, 기차에서 내려 우리 역사의 역사적인 장소를 보기를 얼마나 기대했던가!

잠에서 깬 다른 승객들과 마찬가지로 한 명씩 한 명씩 우리 모두 일어났다. 맨 먼저 누나 앨리스, 그리고 엄마, 다음으로 동생들. 아기 메리는 고막이 터질 듯한 아침 울음을 터뜨렸고, 엄마는 젖을 물려 달랬다. 그러고 난 뒤 첫 번째 일과는 모두를 위한 아침을 준비하는 것이었다. 마술처럼 엄마는 짐 꾸러미에서 뚝배기를 꺼내 나무 국자로 옻칠을 한 작은 사발에 '죽'을 떠 모두에게 주었다. 그것은 아직 따뜻하고 맛있었다. 죽은 한국의 특별한 아침 음식으로 닭고기나 쇠고기 국물에 쌀을 넣고 오랜 시간을 끓여, 쌀이 매우 맛있고 소화가 아주 잘되는 부드러운 죽이 되도록 조리한다. 물론 반찬으로 항상 김치가 곁들여 나왔다. 이제 기차는 바위투성이 산악 지역을 통과하고 있다. 울창한 소나무 숲에서 빠져나와 다른 숲으로 들어갔다. 작은 하천과 강을 빠르게 지나쳐서 다른 산비탈을 굽이돌았다. 시간이 흘러 정오가 거의 다 되었다.

"신의주! 신의주! 신의주역입니다!"

안내원의 외침으로 기차에 탄 모든 사람이 갑자기 소란하게 움직였다. 한국 땅에서 마지막 역이었다. 우리는 이제 중국에 도착하기 위해 거대한 압록강을 건너야 했다.

한국 땅의 이 마지막 정거장은 현씨 가족에게 특별한 의미가 있었다. 일본 경찰이 우리가 서울에서 얻은 허가증을 인정해 통과시킬 것인가, 아니면 어떤 핑계를 내세워 서울로 돌려보낼 것인가? 이 씨 아저씨는 매우 차분해 보였고, 엄마에게 자기가 경찰서에 가서 필요한 승인을 받겠다고 말했다. 그런데 엄마가 불안해하며 함께 가겠다고 고집했다. 엄마와 이 씨 아저씨가 기차에서 내렸을 때, 우리는 우리 중 제일 연장자인 앨리스 누나 주변에 모여 있었다. 나는 누나에게 일본 경찰이 우리를 돌려보내리라고 생각하는지 물었다. 누나는 나를 조용히 하게 하고는 엄마가 경찰을 처리할 것이라고 말했다. 마침내 우리는 엄마와 이 씨 아저씨가 돌아오는 것을 보았다. 두 분 모두 기뻐하는 표정이었다. 우리는 엄마와 아저씨를 둘러싸고 "갈 수 있어요? 갈 수 있어요?"라고 물었다.

"그럼, 그럼, 그럼. 물론이지. 우리는 갈 수 있다"라고 엄마가 우리를 토닥였다.

"아주머니, 정말 기발했습니다. 어떻게 일본인 교회에서 일하는 미국 선교사의 이름을 생각해낼 수 있었습니까?"라고 이 씨 아저씨가 엄마에게 물었다.

"나는 그의 이름이 한국에 있는 일본 경찰에게 알려져 있을 것이라고 생각했기 때문입니다"라고 엄마가 대답했다.

"이거 참" 이 씨 아저씨가 생각에 잠겼다가 말을 이었다. "어쨌든 통과했습니다. 경찰 책임자에게 선교사 이름을 댄 것은 확실히 잘 먹혀들었습니다."

압록강은 사나운 만큼 위풍당당했다. 나는 기차 끝으로 걸어가서 거대한 철교 아래로 흐르는 강을 바라보았다. 슬프지만 극적인 한국과의 작별이었다. 건너는 데 오래 걸렸고, 우리가 다른 쪽 끝의 땅에 도착했을 때 그곳은 중국 펑톈(奉天)이었다. 그렇다. 우리는 중국에 도착한 것이다!

내가 외국에 있다는 것을 처음으로 의식하게 한 것은 사람들의 발음 소리였다. 그것은 소리뿐 아니라 소리의 강도, 억양과 감정에서도 달랐다. 나는 몇 마디 말을 알아들어 보려고 했으나 소용없었다. 다행히 이 씨 아저씨가 중국어를 알아듣고 말할 수 있었다. 만주를 거쳐 톈진(天津)에 이르는 기차는 하룻밤을 기다려야 했기 때문에, 곧 그는 호텔로 가는 교통편을 마련했다. 다음 여행은 2박 3일이 걸릴 것이라고 들었다. 이 씨 아저씨는 사람이 끄는 일류 마차 여러 대를 불렀다. 큰 바퀴가 넓은 자리 중앙에 고정되어 있고, 바퀴 양쪽으로 손님과 짐을 실을 수 있었다. 나무로 된 보호대가 짐으로부터 바퀴를 멀리 떨어뜨려 놓았다. 마차는 전면이 뾰족하고 후면이 더 넓은 삼각형 모양으로 양쪽에 손잡이가 있었다.

가장 하층 노동자인 쿨리(coolie)가 마차 운전대 주위의 튼튼한 끈의 끝을 풀어 목 뒤와 어깨에 빙 둘러 맸다. 그리고 몸 전체를 이용해 짐을 들어 올린 뒤 밀면서 손으로 조종했다. 이제 짐 꾸러미, 침구와 상자에 더해 엄마와 이 씨 아저씨, 여덟 명의 아이들을 태운 마차 행렬이 행인들의 관심을 꽤나 불러일으키는 것처럼 보였고, 몇몇 사람이 크지만 알아들을 수 없는 말을 했다. 나는 신경 쓰지 않았다. 나는 그들의 모습, 울고 소리 지르며 행상을 하고 어떤 것을 사고파는 등 모두가 어떤 행동을 하는 데 여념이 없는 수많은 중국인을 보는 게 즐거웠다. 그 광경은 마치 축제처럼 보였다.

우리가 중국에서 처음으로 묵게 된 '호텔'은 매우 실망스러웠다. 그곳은 마차와 인력거꾼이 하룻밤 잠을 자는 곳으로 밝혀졌다. 가능한 한 저렴한 비용으로 그날 밤 쉴 곳을 찾기 위한 이 씨 아저씨의 생각이었다. 가난한 쿨리들의 '호텔'은 나무로 만든 긴 의자들을 벽에 붙여 포개놓은 진흙 바닥으로 된 큰 방이었다. 다행히 한국의 집처럼 바닥을 높이 올린 마루 아래에 나무로 불을 때 덥히는 작은 내실이 있었다. 작지만 한적한 이 방으로 엄마는 내 누이들과 남동생들 모두를 모았다. 이 씨 아저씨, 동생 폴과 나는 진흙 바닥으로 된 공동 침실의 의자에서 잠을 잤다. 잠자리에 들기 전에 이 씨 아저씨는 밖으로 나가 큰 그릇에 담긴 '자장면'이라고 불리는 국수를 사왔다. 그것은 짭짤하고 검은색 된장(춘장*)에 버무린 소박한 삶은 국수였다. 다시 한 번 이 씨 아저씨는 우리의 저녁 끼니로 가장 저렴한 음식을 발견했던 것이다. 그러나 이것은 중국에서 먹은 첫 번째 음식이었고, 우리 모두는 돈과 관련한 이 씨 아저씨의 인색함을 놀리느라 크게 웃으며 그것을 먹었다.

"얘들아, 기억하거라. 나는 상하이까지 너희 모두를 데려가야 한다. 그러기 위해서는 많은 돈이 든다"라고 이 씨 아저씨가 우리에게 충고했다. 이제 잠을 자야 할 시간이었다. 이 씨 아저씨와 남동생 폴, 나는 엄마와 엄마의 아이들을 따뜻한 방에 남겨두고 진흙 바닥으로 된 방으로 갔다. 우리 각자 의자를 하나씩 들어다가 바닥에 내려놓고, 잠을 자려고 그 위에 누웠다. 하지만 곧 나는 그렇게 좁은 나무 의자에서 잠을 자는 것이 불가능하다는 것을 깨달았다. 그렇지만 그날의 길고도 피곤한 여행, 흥분 그리고 외국 땅에 있다는 긴장감, 그 모든 것이 나를 엄습해 곧 눈을 감았다.

나는 의자를 옮기는 소음, 시끄러운 중얼거림과 폭소 때문에 깊은 잠에서 깨어났다. 눈을 뜨고 주위를 둘러보았다. 놀랍게도 의자에 누운 사람들로 온 방이 꽉 차 있었다. 의자 간격이 너무나 가까워 일부는 서로 거의 닿을 정도였다. 내가 추측하건대 거의 100명의 사람들이 있었는데 대부분은 이미 잠이 들었고, 다른 이들은 막 잠을 자려고 준비하고 있었다. 온종일 인력거와 마차를 끈 노동자들의 악취가 진동했다. 그 순간 나는 한국에서 모든 중국 이주민을 경멸하며 붙인 '되놈(Dwei- Nom)'에 대해 내가 갖곤 했던 멸시를 떠올렸다. '되놈'은 말 그대로 '돼지 같은 사람'을 의미했다. 중국에서 수입한 물건을 파는 상점을 운영하는 소수의 상인을 제외하면, 한국으로 이주한 중국인들은 한국인들에게 야채를 파는 농부들이었다. 다른 사람들도 있었는데 그들은 뛰어난 '호떡'집 주인들로, 호떡은 녹인 황설탕 소를 넣은 밀가루 반죽을 평평하게 만든, 남자 손바닥 크기의 달콤하고 둥근 떡이다. 그것은 주문에 따라 진흙 화덕에서 구워졌고, 한국인들은 밤낮을 가리지 않고 즐겨 먹었다. 그리고 이제 나는 이 '되놈' 무리를 동행 삼아 중국에서 잠을 자고 있다.

내가 다시 잠에서 깨었을 때는 새벽이었고, 마치 쿨리들이 여기에 없었던 것처럼 방이 비어 있었다. 그들은 잠을 몇 시간밖에 자지 않았다. 이 씨 아저씨와 남동생 폴, 나는 의자를 벽에 붙여 포개어놓고 내실의 가족과 합류했다. 누나 앨리스는 이미 일어나서 아침을 준비했다. 조슈아와 데이비드는 잠이 덜 깬 채 바닥에 앉아 있었다. 누이동생 순옥은 눈을 반짝이며, 내게 진흙 바닥으로 된 방에서 보낸 밤에 대해 아주 많은 질문을 했다. 누나 엘리자베스는 무슨 일이 일어났는지 관심이 없는 듯했다. 우리가 아침 식사를 마쳤을 때, 이 씨 아저씨는 또 다른 절약 계획을 발표했다.

"출발할 때처럼 짐이 많지 않으니까, 모든 짐을 옮기기 위해 마차를 빌리고 우리는 걸어서 역으로 갈 겁니다"라고 말했다. 우리 모두 실망해서 신음 소리를 냈다. "역은 여기서 매우 가까워요"라고 이 씨 아저씨는 장담했다. 그래서 높게 쌓아 묶은 짐을 실은 마차가 앞장을 서고, 우리는 걸어서 따라갔다. 우리는 등에 작은 짐을 지거나 어린 동생을 업고 거리를 행진했다. 이 씨 아저씨가 어깨에 짐을 메고 선두에 섰다. 엄마는 아직 아기인 누이동생을 등에 업고 짐 두 개를 양손에 든 채 그 뒤를 따라 걸었다. 그 뒤를 이어 남동생 데이비드를 등에 업은 누나 엘리자베스, 그리고 남동생 조슈아의 손을 잡고 다른 손으로는 어깨에 멘 큰 짐 꾸러미를 꽉 움켜쥔 누나 앨리스가 있었다. 나는 누이동생 순옥을 등에 업고 맨 뒤에서 따라갔다. 한국 옷을 입은 이 가족 행렬은 이상한 광경이었음이 틀림없다. 사람들은 멈춰서 우리를 쳐다보았고, 이 씨 아저씨의 말처럼 기차역이 가깝지 않았기 때문에 우리는 모두 지쳤다.

중국의 만주 횡단 열차는 한국 기차와 상당히 달랐다. 객실에는 가로로 짧은 나무 의자가 있고, 중앙에 통로가 있어 더 좁았다. 의자 등받이는 전면 혹은 후면 어느 쪽으로든 젖혀지게 만들어졌다. 이 의자들이 서로 마주 보도록 배열되고 짐으로 이 의자 사이의 공간을 채울 수 있어서 우리는 꽤 편한 잠자리를 만들었다. 한국과 마지막으로 연결되는 펑톈을 떠나 끝없는 만주 평원을 거쳐 여행하는 것은 전혀 다른 세상으로 가는 것과 같았다. 우리는 이틀 밤낮을 산이나 언덕, 나무나 강을 전혀 보지 못하고, 이 평원을 가로질러 갔다. 그곳은 바람과 먼지로 이루어진 거대한 불모의 세상이었다. 유일하게 단조로움에서 벗어나게 하는 것은 어떤 도로변 역 마을이나 작은 읍내에서 주기적으로 멈추는 것이었다. 우리가 이 정거장에 도착할 때마다 남자들, 여자들, 아이들로 이루어진 거지 떼가 창문 밖으로 던져주는 동전을 받을 수 있게 바구니, 사발 등 그들이 가지고 있는 것을 흔들며 기차를 따라왔다. 비참한 광경이었고, 던져지는 동전도 얼마 되지 않았다. 거지들은 기차가 역을 떠날 때 다시 따라왔다. 나는 몇몇 정거장에서는 기차에서 내려 플랫폼을 돌아다녔다. 울타리 밖에서 행상들이 많은 과일과 떡, 고깃덩이, 삶은 닭 등 온갖 종류의 음식을 내밀며 큰 소리로 승객들을 불렀다. 어느 역에선가는 한국 생각이 나게 해 군밤을 조금 샀는데, 한국 밤처럼 맛있지는 않았다.

셋째 날 아침 우리는 러시아와 일본 사이에 대해전이 일어났던 뤼순(旅順) 항 맞은편에 있는 대도시 톈진에 도착했다. 기차역이 도시 중심부에 있어서 우리는 점심을 먹기 위해 근처 식당으로 걸어가야 했다. 그것은 목적지가 가까워지자 경비에 대한 부담을 조금 던 이 씨 아저씨가 처음으로 베푼 큰 선물이었다. 우리는 중앙에 거대한 사각형 탁자가 놓인 커다란 방으로 들어가기 전에 시멘트로 된 테라스에 우리의 짐을 쌓아놓았다. 탁자와 의자는 모두 용과 소나무 문양으로 장식되어 있었고, 반짝이는 옻칠은 강하지만 기분 좋은 향을 풍겼다. 이 씨 아저씨는 김이 나는 수프 그릇을 가져온 중국인 종업원에게 바로 주문했다. 아기가 낯선 환경 때문에 다시 울음을 터뜨렸다. 엄마는 누나 앨리스에게 아기를 맡기고 우리가 수프 먹는 것을 거들기 시작했다.

나는 수프가 무척 맛있어 놀랐다. 그것은 내가 지금까지 먹어본 어떤 수프와도 달랐는데, 작은 고기 조각, 잘게 저민 닭고기, 아삭아삭한 야채와 볶은 견과류 등이 많이 들어 있었다. 사흘 동안 밥과 김치, 국수만 먹은 뒤였기에 참으로 훌륭한 선물이었다! 수프에 이어 나온 다른 요리도 마찬가지로 맛있고 황홀했다. 하지만 오랫동안 내 기억에 남은 음식은 국수였다. 평범하고 일상적인 음식인 국수라고? 그렇다. 내가 톈진 음식점에서 먹은 국수가 가장 특별했다. 내가 기억하는 한 그것은 쫄깃쫄깃한 질감을 잃지 않도록 바삭바삭하게 살짝 튀겨낸 가장 얇은 국수가락에 닭고기, 버섯 그리고 깍둑썰기를 한 야채를 곁들인 진한 황금빛 소스가 덮여 있었다. 훗날 나는 캘리포니아에서 즐거웠다고 하기는 어려운 식당 개업을 했는데, 거기서 이 경이로운 국수를 특별식으로 만들어 판매하려고 했었다. 그런데 미국 손님들이 "꽤 괜찮은 차오몐"이라고 말할 때마다 나는 마음이 상했다.

훌륭한 식사로 기운을 차려 사기가 충만해진 우리는 기차역으로 걸어갔다. 새로운 기차가 우리의 장거리 여행의 마지막 정거장들, 난징에 이어 상하이로 데려다줄 것이다. 우리는 기차에서 하룻밤을 더 보내야 했다. 그렇지만 만주 철도와 비교할 때 이 기차는 아주 편안했다. 의자는 넓을 뿐만 아니라 곡선에 페인트칠까지 되어 있었다. 창문 역시 더 크고 깨끗해서 우리는 바깥 경치를 더 분명하게 볼 수 있었다. 그러나 기차가 톈진을 빠져나오자 더러운 집들과 그을린 공장들만 보였다. 그렇지만 나는 만주 평원의 소용돌이치는 먼지보다는 낫다고 생각했다. 우리는 곧 톈진을 뒤로했고 저 멀리 반가운 언덕의 모습이 보이기 시작했다. 그리고 그날의 나머지 시간 동안은 비옥한 평야 지대를 통과했다. 그 평야에는 여기저기 농가가 있었고, 농장 주위에는 농민들과 그 가족이 정물화처럼 농작물 위로 몸을 굽히고 있었다. 우리는 푸짐한 점심을 먹었고 한국을 떠나면서 가져온 음식을 모두 먹었기 때문에, 기차역에서 산 약간의 떡으로 변변찮게 저녁을 먹었다. 해는 이미 졌고, 다시 한번 우리는 머리 위의 희미한 조명과 기차의 단조로운 윙윙거림에 둘러싸였다. 우리는 잠자리를 만들고 잠이 들었다. 처음으로 편안한 밤을 보냈다.

다음 날 아침 일찍 기차는 푸커우[3]에 멈췄다. 그곳은 노선의 끝이었는데, 양쯔 강(揚子江)이 더 전진하는 것을 막고 있었다. 반대편 연안에는 수도 난징(南京)이 있었다. 승객이 모두 뛰어내려 잔교(棧橋)에 묶여 있는 배를 향해 허둥지둥 뛰어갔다. 우리는 한데 모여 사람들에 휩쓸리지 않으려고 했다. 중국어로 소리치며 비명을 지르는 이 씨 아저씨와 함께 우리는 가까스로 배에 올랐다. 배는 이미 사람들로 가득 찼는데, 그들 중 일부는 짐과 상자에 앉아 있었다. 배는 그저 바지선에 불과했고, 너무 많은 사람들과 그들의 별 특징 없는 소지품들로 공기는 후덥지근하고 매캐했다. 바지선이 양쯔 강의 거친 물살을 뚫고 나아가자 좀 나아졌다. 나는 항만 철도와 우리가 방금 떠난 잔교를 돌아보았다. 그것은 황량한 만주 평야와 사나운 양쯔 강 위에 놓인 다리, 오래된 도시 평양, 서울의 모든 친숙한 언덕과 사람에 대한 나의 마지막 작별 인사였다. 이제부터 나는 앞, 다가오는 해안과 난징만을 봐야 한다. 나는 이제 곧 중국 땅에 안전하게 자리 잡을 것이다.

우리는 잃어버린 사람이나 물건 없이 안전하게 바지선에서 내렸다. 도시를 구경할 시간이 없었다. 우리는 서둘러 상하이행 기차를 타야 했다. 기차를 타면 어두워지기 전에 상하이에 도착할 것이었다. 다행히 우리는 기차를 탔고, 만주처럼 황량하고 먼지가 많지 않은 비옥하고 푸른 난징 주변의 나직한 산들을 떠나 농촌 지역을 지나쳐 갔다. 강이 여기저기 종횡으로 교차했고, 때때로 우리는 울창한 숲과 꼭대기에 탑이 있는 아름다운 언덕을 지나쳤다. 엄마와 아이들 모두 마지막 목적지에

---

3   책에는 'Paw-Ku'로 되어 있으나, 난징 맞은편인 장쑤 성(江蘇省) 난징 시(南京市)의 '푸커우(Pukou, 浦口)'의 오기로 보인다. 'Paw-Ku'로 표기되는 중국 지명은 없고, 유사한 지명이 '퍄쿠(Fa Ku)'로 이곳은 랴오닝 성(遼寧省) 선양(沈陽)에서 북쪽으로 약 90킬로미터 떨어진 랴오허(遼河) 강 평원 북쪽에 있어, 저자의 설명과 맞지 않는다.

가까워지자 초조해했다.

상하이 역은 엄청난 곳이었다. 철제 돔이 중앙 홀을 덮고 있고, 열차도 셀 수 없었다. 일부는 운행되지 않고, 일부는 증기를 내뿜었으며, 일부는 승객을 삼켰고, 다른 것들은 승객을 내뱉고 있었다. 우리는 사람들을 비집고 나가 중앙 홀로 이어지는 여러 출입구 중 하나를 통과했다. 그런데 이 거대한 홀마저도 사람들로 가득 메워져 있었고, 모두 함께 있기 위해 고함을 지르며 잡아당겼다. 드디어 우리는 길가에 도착해 소리치고 있는 인력거꾼들을 만났다. 여기에는 값싼 일류 마차가 없어서, 이 씨 아저씨의 지시에 따라 우리 모두 인력거에 올라타고 그가 택한 장소에 도착하기 전까지 온 도시를 돌아다녀야 했다.

상하이 거리를 돌아다니는 것은 새로운 경험이었다. 나는 항상 서울이 세상에서 가장 큰 도시라고 믿었는데, 서울이 상하이의 한 모퉁이에 가려질 정도라는 것을 깨달았다. 걸어가는 사람들은 말할 것도 없고 전차, 자동차, 인력거와 자전거 행렬이 길거리를 가득 메웠다. 우리는 구불구불한 강을 따라갔다. 강에는 삼판선이 가득 차 있었는데, 사람들이 그 위에서 빨래하고 요리하며 먹고 있었다. 그러고는 상하이 항을 빙 둘러 나 있는 와이탄(外灘)이라 불리는 주요 간선 도로에 들어섰다. 이 넓은 대로 한편에는 벽돌과 석재로 지은 높은 건물들이 줄지어 있었고, 다른 한편에는 사람들이 가로수 공원을 산책하고 있었다. 쿨리가 솜씨 좋게 인력거를 몰고 차량으로 가득한 곳을 지나치는 동안, 나는 약동하는 도시의 스쳐 지나는 광경과 소리를 가능한 한 많이 담아내려고 노력했다.

이 씨 아저씨가 선택한 호텔은 '공공 조계(公共租界)'[4] 한복판에 있었

---

4   1842년에 맺어진 난징 조약에 의해 개항하기로 한 상하이에 설정된 조차지로,

다. 훗날 나는 상하이가 법적으로 중국에 속한 것이 아니라 몇몇 서양 국가의 것이었다고 배웠다. 제1차 세계대전 이후 독일이 권리를 상실하고 미국이 권리를 포기해, 상하이의 모든 곳이 공공 조계가 되었다. 그런데 그것을 관리하는 것은 근본적으로 영국, 즉 영국 법과 경찰이었다. 상하이의 다른 주요한 구역은 프랑스의 법과 경찰로 관리되는 프랑스 조계였다. 우리가 도착한 그때 일본은 공공 조계로 진입하는 데 성공했고, 한국 혁명가들을 찾아내는 데 영국의 협력을 얻어냈다. 그러나 프랑스는 자기네 영역에서 일본이 활동하는 것을 허락하지 않았다. 이 씨 아저씨는 우리를 호텔 방으로 몰아넣고 설교했다. "상하이에는 어느 곳에나 일본 첩자가 있단다." 아저씨는 불길하게 말했다. "한국 혁명가들이 납치되어 한국으로 송환되었지." 그는 목소리를 낮췄다. "나는 너희 아버지를 찾으러 밖으로 나갈 거다. 어떤 일본 첩자도 나를 따라오지 않기를 바라며, 그래서 시간이 오래 걸릴 거란다." 그러고 나서 아저씨는 심각한 어조로 말했다. "이 방을 떠나지 마라. 모두 내가 돌아올 때까지 여기서 기다려라."

"떠나기 전에 부디 우리 모두 목욕을 할 수 있도록……, 그리고 아이들을 위해 음식도 좀 준비해주세요." 엄마는 이 씨 아저씨한테 요청했다.

이 씨 아저씨가 떠나며 문을 닫았을 때에야 우리는 그의 경고에 대해

11월부터 시작해 1943년 8월까지 약 100년간 상하이 일부 지역에서 지속된 외국인 통치 특별구다. 처음에는 영국, 미국, 프랑스가 각각 조계를 설정했고, 이후 영미 열강의 조계를 정리한 '공동 조계'와 프랑스의 '프랑스 조계'로 재편되었다. 이 두 개의 조계를 상하이 조계라고 말한다. http://ko.wikipedia.org/wiki/%EC%83%81%ED%95%98%EC%9D%B4_%EC%A1%B0%EA%B3%84

생각하고 소름 끼치는 공포를 느끼기 시작했다. 우리의 분위기는 일꾼이 큰 나무통을 가져와서 시멘트 바닥에 내려놓으며 덜그럭거리는 소리에 깨졌다. 이어서 그는 김이 나는 뜨거운 물이 가득 찬 초롱 두 개를 가져왔다. 그 초롱은 일꾼이 어깨에 메고 온 대나무 막대 끝에 각각 걸려 있었다. 그는 뜨거운 물을 통에 부은 뒤 수도꼭지에서 찬물을 받아 통에 더 부었다. 엄마는 손을 살짝 담가보더니 고개를 끄덕였고, 일꾼이 나갔다. 맨 먼저 누나들이 한국에서 가져온 수건으로 목욕을 하고 나서 엄마와 어린 동생들이 했다. 엄마가 일꾼을 불러 손짓을 하자, 그 뜻을 이해한 일꾼이 통의 물을 깨끗하고 뜨거운 물로 갈아주었다. 이번에는 남자아이들 차례였다. 비누를 묻힌 수건으로 몸을 문지르고 뜨거운 물을 몸에 부으니 긴장이 풀리고 일본 첩자에 대한 공포를 잊을 수 있었다. 우리의 몸과 정신은 새로운 희망으로 활기를 되찾았다.

이 씨 아저씨는 밤늦게 돌아왔다. 어린 동생들은 이미 잠이 들었다. 아저씨는 흥분해 기쁨을 감추지 못했다.

"엄청난 행운이야!"라고 아저씨가 소리쳤다.

"그를 찾았어! 너희 아빠를 찾았어!"

처음에는 자신이 접촉한 모든 한국인이 의심을 하며 어떠한 정보도 주지 않았다고 말했다.

"소득 없이 몇 시간을 보낸 뒤 마지막으로 나와 고향이 같은 개성 여인을 만났어요. 오, 그건 행운이었어요!"

크게 숨을 들이쉬고는 계속 말을 이었다.

"그런데 그 여인조차 나의 모든 가족 관계를 확인할 때까지 나를 믿지 않았어요. 그러고 나서야 그 여인이 어떤 곳으로 나를 데려갔는데, 거기에서 여러 남자가 내 눈을 가리고 그가 있는 곳으로 데려갔어요. 처음에는 그가 나를 알아보지 못했는데, 내가 가족이 상하이에 있다고 말하자 흥분해서 감정을 억제하지 못했어요."

"그러면 이제 우리가 무얼 해야 하나요?"라고 엄마가 간절한 마음으로 물었다.

"이제 우리 모두 그가 있는 곳으로 갈 거예요."

"왜 그가 우리를 만나러 오지 않았죠?"

"불가능합니다. 그럴 수 없습니다. 다른 모든 한국 혁명가들처럼 그는 일본이 감히 습격할 수 없는 프랑스령에 살고 있습니다. 그들은 심지어 가족을 안내하기 위해 요원들을 보내는 것에도 반대했습니다."

어린 동생들이 잠에서 깨어났고, 우리는 모두 인력거를 타기 위해 한밤중에 호텔을 서둘러 빠져나왔다. 포장도로 위로 인력거꾼의 맨발이 부딪히는 소리가 탁탁거리며 났기 때문에 내 심장은 거세게 뛰었다. 곧 우리는 밝은 도시의 전등을 뒤로하고 침침한 빛만 있는 넓은 대로에 들어섰다. 거리를 따라 늘어선 나무의 황량한 가지들이 으스스한 그림자를 드리웠고, 우리가 가는 길에는 가을바람을 타고 낙엽이 흩날렸다. 끝이 없을 듯 보이던 여정 후에 인력거는 멋들어진 철문 앞에 멈췄다. 우리가 모두 내렸을 때, 이 씨 아저씨는 동굴 같은 골목으로 달려가서 한 무리의 청년들과 함께 쏜살같이 되돌아왔다. 그들이 모든 짐 꾸러미를 들고 어린 동생들을 안았다. 엄마, 누이들과 나는 그들을 따라갔다.

시멘트로 포장된 골목길은 큰 주택가 중심지로 이어졌고, 좁은 길들이 그 골목 양쪽에서 이어졌다. 각각의 길에는 개별 가옥임을 알리는 문들이 쭉 열을 지어 있었다. 우리는 어느 한 골목에 들어섰고, 몇 개의 문을 지나 마지막인 암적색의 작은 문 앞에 멈췄다. 이 글을 쓰고 있는 지금 내 눈앞에도 그 문이 있다. 문이 열리고 우리는 들어갔다. 나는 방 한

가운데 서서 함박웃음을 지으며 눈물로 눈이 반짝이는 아빠를 보았다. 아빠는 맨 먼저 아기 메리와 데이비드를 각각 양팔에 들고 껴안았다. 모두 주위에 서서 그들을 바라보았고, 아빠가 둘을 내려놓자 조슈아와 폴이 달려가 다리를 꽉 붙들었다. 그러자 우리 모두는 긴장이 풀렸다. 아빠는 친숙한 호칭으로 부르며 붙잡았다.

"이놈들! 이놈들!"

웃음이 잦아들자 앨리스 누나와 엘리자베스 누나가 앞에 섰고, 아빠에게 전통 배례법으로 균형을 잃지 않고 천천히 앉은 뒤 양 발목 쪽에 양손을 놓고서 눈을 내리깔며 얌전히 절을 올렸다. 그리고 나서 내가 무릎을 꿇고 이마 앞으로 손을 한데 모아 이마가 바닥에 닿을 때까지 천천히 절을 하는 전통 의례를 행할 차례가 되었다. 나는 우레와 같은 박수를 받았다. 그런데 엄마, 엄마는 어디 계시지? 엄마는 울고 있는 아기에게 몸을 맡기고 있었다. 그리고 우리를 보호하고 인도해 아시아 대륙을 건너온 친절한 이 씨 아저씨는, 마치 '이제 내 일을 끝냈군'이라고 말하듯 팔짱을 끼고 벽에 기댄 채 뒤로 물러나 있었다.

"딱! 딱! 딱!"

대나무 막대기의 날카로운 소리가 밖에서 들려왔다. 내가 무슨 소리냐고 묻자, 그들은 야식을 파는 사람의 신호라고 말했다. 몇몇 젊은이가 밖으로 나가 김이 모락모락 나는 죽이 담긴 큰 그릇을 가지고 돌아왔다. 우리 모두 큰 사각 탁자에 앉았고, 그들은 간장과 볶은 땅콩이 담긴 접시들을 가져와 우리에게 죽을 차려주었다. 이것이 우리가 상하이 집에서 먹은 최초의 식사였다.

어린 동생들이 바닥에서 다시 잠에 빠졌다는 것을 누군가 발견했을 때에야 우리는 간신히 식사를 끝냈다. 침실 한쪽 끝에는 바닥을 높인 부분이 있었는데, 삼면이 막히고 조잡한 커튼으로 전면부가 가려져 있었다. 엄마는 누이동생 순옥을 그곳에서 재우기로 결정했고, 그래서 순옥은 계단을 오르내리며 침실로 옮겨질 필요가 없었다. 게다가 순옥은 모두를 바라보며 항상 집 주변에서 어떤 일이 벌어지는지 알 수 있게 되었다. 다른 아이들은 위층으로 올라갔다. 여분의 작은 방이 이 씨 아저씨에게 제공되었다. 하지만 얼마 지나지 않아 이 방은 불안정한 생활비를 보충하기 위해 러시아에서 온 피난민들에게 세를 주었다.

커다란 침실 구석에는 큰 침대가 있었는데, 처음 보는 것이었다. 물론 그것은 엄마와 아빠를 위한 것이었다. 우리가 가지고 온 한국 침구는 침대 옆 바닥에 펼쳐놓았다. 거기에 세 남동생과 내가 누웠다. 엄마는 소녀처럼 수줍어하면서 아기를 껴안고 보살피는 척했다. 나무로 된 칸막이가 그 방을 계단과 가까운 작은 공간과 분리시켰다. 이 공간에는 누나 앨리스와 엘리자베스를 위해 다른 침구를 깔아놓았다. 불이 꺼졌다. 그때 나는 목이 마르다고 투정하고는, 엄마에게 수도꼭지가 있는 곳을 알고 있다고 말하며 아래층으로 내려갔다.

"안 돼! 안 돼! 안 돼!"

아빠가 소리쳤다.

"수도꼭지에서 나오는 물은 절대 먹지 마라."

그리고서 아빠는 나에게 더 충고했다.

"중국에서는 찬물을 절대로 먹지 마라."

엄마는 나와 함께 아래층으로 내려와 천을 덧댄 헝겊으로 항상 따뜻하게 해놓는 찻주전자에서 뜨거운 차를 따라주었다. 중국에서의 생활에 대해 얻은 나의 첫 번째 교훈이었다. 따뜻한 면으로 된 누비이불을 덮고 동생들 옆에 누웠을 때, 나는 침대에서 엄마와 아빠가 함께하는 것을 궁금해하며 기다렸다. 그러다 갑자기 잠에 빠졌다. 어린 시절 내내, 나는 결코 엄마가 아빠와 함께 침대에 있는 것을 보지 못했다. 엄마는 항상 모두가 잠들기를 기다렸고, 아침에는 누군가 일어나기 훨씬 전에 침대에서 일어났다.

CHAPTER 8

혁명가

1919년 2월 초[1] 서울에서 한국 지도자들의 비밀 회합이 있었다. 그것은 남대문에서 그리 멀지 않은 곳에 위치한 세브란스 병원(제중원*)에 있는 약사의 작은 방에서 열렸다. 목적은 일본의 식민지 지배에 대항하는 대중 봉기 계획을 짜는 것이었다. 아버지는 그 비밀 회합에 참석한 여덟 명의 지도자 중 한 사람이었다. 나는 일 년 후 상하이에 도착한 후에야 한국 혁명의 기반을 닦은 회합에 대해 알게 되었다. 한국 독립운동을 싹 틔우기 위한 장소로 상하이가 선택되었는데, 이 도시의 다국적 통치가 일본으로부터 보호받을 수 있는 여러 조치를 제공했기 때문이다. 나는 또한 지옥의 고통을 연상시키는 기독교 목사인 나의 아버지가 이제는 주요한 '혁명가', 문자 그대로 '삶을 희생하는 사람'이 되었음을 발견했다.

이분이 내 아버지였는가? 나는 감탄하며 그의 얼굴을 바라보았다. 그렇다, 한결같이 관대하고 온화한 잘생긴 얼굴이었다. 번쩍거리는 눈을

---

[1]   현순자사에 의하면 2월 초가 아닌 2월 중순이다.

가린 두툼한 눈썹, 툭 튀어나온 코, 후덕한 입. 그는 언제나 그렇듯이 당당하고 자신감에 찬 채 거기에 서 있었다. 한국 땅에서 기독교 목사였던 그의 낭랑한 목소리는 커다란 정동제일감리교회 천장을 흔들었고, 수백 명의 남성과 여성을 기독교인으로 교화시켰다. 바로 그 위엄 있는 사람이 지금은 상하이에서 혁명가, '삶을 희생하는 사람'으로 서 있다. 그렇지만 어떤 차이도 찾아볼 수 없었다. 혁명가로서의 그의 역할은 기독교 목사로서의 그의 활동만큼이나 헌신적이었다. 기독교를 선택한 이유에 대해 물었을 때 "나는 예수가 부처보다 더 전투적이었다고 믿기 때문이다"라고 말했던 사람이다.

역사적인 대한 독립운동의 추동력은 제1차 파리강화회의가 있기 전 있었던 미국 대통령 우드로 윌슨(Thomas Woodrow Wilson)의 선언에서 유래했다. 거기서 그는 '모든 민족의 자결권'을 주창했다. 그에 영감을 받은 한국인들은 한국의 독립 요구를 제출하기 위해 파리에 김규식 박사를 비밀 특사로 보냈다. 한국의 도와달라는 외침에 대한 윌슨의 반응은 전임 대통령 시어도어 루스벨트(Theodore Roosevelt)와 다르지 않았다. 1905년에 일본이 러일전쟁에서 승리한 뒤 한국을 처음으로 점령했을 때, 한국은 미국과의 1882년 상호 원조 조약을 일깨우며 미국에 도움을 요청했었다.[2] 루스벨트 대통령은 미국의 의무 사항들을 저버렸을 뿐 아니라 "일본인과 협력하라"라는 충고로 한국인들을 모욕했다. 이제 10년이 지나 윌슨 대통령 역시 한국인의 요청을 거절했을 뿐만 아니라 평화회의에서 한국의 대의를 설명할 기회조차 주지 않았다.

2   정확한 명칭은 조미수호통상조약이다. 청의 이홍장의 주선으로 1882년 5월 22일 제물포에서 조선 측 전권대신(全權大臣) 신헌(申櫶)과 미국에서 전권을 위임받은 슈펠트(Robert W. Shufeldt)가 체결했다.

그러한 좌절에도 불구하고 서울에 있는 약사의 방에 모인 여덟 명은 한국 독립을 위한 투쟁의 방향을 설정하고, 봉기를 위한 모든 세부 사항을 준비했다. 날짜가 잡혔다. 3월 1일 동틀 녘. 장소는 전국의 모든 주요 도시. 방법은 비폭력 시위. 지도자들은 계획을 성공시키기 위해 절대적으로 비밀을 지켰다. 「독립선언서」를 작성하고, 인쇄하고, 배포하는 것, 금지된 국기를 제작해 전달하는 것, 지역 지도자를 임명해 모든 지시 사항을 전달하는 것, 무서운 일본 경찰의 감시하에서 이 모든 것, 아니 그 이상의 것을 비밀리에 달성하기 위해서는 민중의 절대적인 믿음과 신뢰가 있어야 했다. 감리교 주일학교의 전국 감독이었던 아버지는 자유롭게 전국을 돌아다닐 수 있었기 때문에, 아버지가 모든 지역 지도부와의 연락을 관리하기 위한 특사 역할을 맡았다.

그날 아버지를 만났던 일곱 명 중에서 나는 두 사람의 얼굴과 이름을 아직도 기억하고 있다. 금욕주의자로 보이는 김필수 목사[3]와 키가 크고 강인한 남자로 평양 출신의 또 다른 목사 박희도다.[4] 지도자 중에서 기

---

[3] 추강(秋岡) 김필수(金弼秀, 1872~1948)는 갑신정변 등 개화파 지도자들과의 교분으로 일본으로 망명길에 올랐고, 귀국 후에는 언더우드(H. G. Underwood) 목사의 추천으로 레이놀즈(W. D. Reynolds, 李訥瑞) 목사의 어학 선생이 되면서 기독교에 입문했다. 그 뒤 한국 YMCA 창설 이사와 더불어 진안, 무주 등 주로 전북 지방에서 선교 활동을 펼쳤으며, 물산장려운동 등 YMCA 계몽 사업을 주도했고, 1907년에 조직된 조선 예수교 장로회 동노회의 최초의 한국인 회장으로 1915년에 선출되었다. 삼일운동 당시에는 전라남도 총책이던 김철(金鐵), 최흥종(崔興琮)을 만나 밀명을 전달하는 역할을 했다.

[4] 박희도(朴熙道, 1889~1951)는 삼일운동 당시 민족 대표 서른세 명 중 한 사람으로, 1918년 미 감리회에서 전도사로 파송되어 창의문밖교회에서 시무했으며, 1918년 9월 서울 YMCA 회우부 간사직을 맡는 등 적극적인 활동을 펼쳤다. 주로 교육 사업에 헌신했으나, 일본 식민 시기 말기인 1939년 친일계 잡지 ≪동양지광≫(약칭 동광이며, 일본어로 발행되어 '내선일체'를 주장했다)의 주간이

독교 목사들이 거의 반수에 가까웠던 것은 우연이 아니었다. 일본이 한국을 지배하기 위한 첫 번째 행동 중 한 가지가 정치 단체는 말할 것도 없고 사회, 문화, 종교에 걸쳐 모든 대중 조직을 해산하는 것이었다. 그러나 기독교 교회는 한국 정복을 미국이 지원한 데 대한 대가였는지 문을 여는 것이 허용되었다. 승리에 도취된 정복자들은 민중에게 위안을 주려고 접촉하는 교회에 한국인들이 모일 것이라고는 예상하지 못했다. 그러한 폭발적인 기독교 운동으로부터 새로운 지도자들이 배출되었는데, 나의 아버지는 그 최초의 사람 중 하나였다. 그들은 기독교를 통해 민중의 희망이 꺼지지 않도록 노력했다. 그들은 예수의 "나를 따르라, 내가 너희를 자유롭게 하리라"라는 말을 열렬히 믿었다. 미국의 선교 역사를 보아도 어떤 민족도 하룻밤 사이에 자신들의 고대 종교에서 기독교로 개종하지 않았다. 하지만 일본의 정복에 이어 한국에서 일어난 일이 바로 그것이다.

봉기 시점은 완벽했다. 1919년 봄, 조선의 마지막 왕의 죽음. 그는 이보다 더 적절한 죽음의 때를 선택할 수 없었을 것이다. 전국 방방곡곡에서 온 사람들은 왕의 장례식에 참석하기 위해 서울 순례 길에 올랐다. 어떤 의심도 받지 않고 전국의 모든 지도자가 접촉할 수 있는, 이보다 더 나은 때가 있을까? 봉기의 성공을 보증하는 도움의 또 다른 원천은 일본의 경찰력 그 자체였다. 한국인들에 대한 그들의 경멸은 너무나 커서 "게으르고, 멍청하고, 아무짝에도 쓸모없는 조센진"이라는 자신들의 선전을 믿게 되었다. 그들의 오만한 사고방식이 모반에 대한 어떠한 가능성 있는 간파나 심지어 의심조차 완벽히 차단시켜버렸다. 장기간의

되어 광복 이후에는 반민특위에 체포되기도 했다.

투쟁을 예상하며, 지도자들은 자신들을 한국 독립운동의 '책임자'로 임명했다. 선출된 임원 중에는 의장 이승훈, 비서 함태영, 외교 책임자인 아버지 현순이 있었다. 고위직을 받아들인 아버지는 매우 겸손하게 "나는 설교자입니다. 설교자는 모두의 종입니다"라고 말했다.

1919년 2월 22일 저녁 늦게, 또 다른 비밀 모임이 서울에서 열렸다.[5] 외교 사절을 선출하기 위한 중요한 간부 회의였다. 새롭게 구성된 대한 독립운동의 책임자 세 명, 즉 의장 이승훈, 나의 아버지, 천도교 대표 손병희의 대리인 최린에게 이 책임을 맡겼다. 천도교는 하늘의 길이라는 뜻으로, 조선의 유일한 토속 신앙이며 운동의 재정을 주로 맡았다. 사실 간부 회의는 외부 세계에 운동을 대표하는 업무를 아버지에게 맡길 것인지 여부를 결정하기 위해 열렸다. 많은 개인적인 긴 질문이 그의 자질과 관련해서뿐 아니라, 필요하다면 대업을 위해 자신의 삶을 희생할 준비가 되어 있는지를 확인하는 데 맞춰졌다. 아버지는 모든 도전에 대해 평소 반응했던 대로 직선적이며 솔직하게 답했고, 아버지의 신념과 결단은 지도자들에게 깊은 감명을 주었다. 공식적인 승인과 함께 여행과 그 밖에 예상되는 지출을 위해 많은 돈이 아버지에게 제공되었다. 또다시 늘 그랬듯 정직한 아버지는 그가 필요하다고 믿는 금액만 보관했고, 나머지는 여덟 명의 가족이 아니라 교회에 주었다. 우리 가족은 회계 담당자 박희도가 보살필 것이라는 보증을 받았다.

---

[5] 현순자사에는 "…… 二十二日 夜에 李·玄(이승훈, 현순) 兩人이 崔麟 邸에 다시 가서 上記 事項을 商議하니 崔氏가 極히 讚成하고 天道教 側으로써 經費 二千元을 支發키로 하였다. 崔·玄(최린, 현순) 兩人間에 密約은 下記와 같으니 崔氏曰, 奉天에 海天洋行이 있으니 此洋行을 찾아서 崔云丁(최창식)이란 人士를 만나서 同行하라 하며 上海에서 潜入한 金澈에게 運動金 一萬元을 주었으니 事勢를 따라 쓰라 하고 通信上 暗號는 霖字로 定하다……"라고 기록되어 있다.

세 가지 지침이 아버지에게 주어졌다. 첫째, 즉시 조국을 떠날 것. 둘째, 만주 지역의 무크덴(Mukden, 버드나무의 울타리라는 뜻의 만주어로 후금의 수도였다. 현재 선양*)으로 갈 것. 셋째, 그곳에 모일 다른 한국의 애국자들과 접촉할 것. 한국 땅을 떠나는 것은 쉬운 일이 아니었다. 유일한 경로는 한국의 국경 도시인 신의주에서 중국의 평톈으로 이어지는 압록강을 건너는 기차를 타는 것이었다. 물론 국경을 건너는 것은 일본 경찰과 첩자에 의해 통제되었다. 나는 서양식 옷을 벗고 초라해 보이는 보따리를 진 불쌍한 농민으로 가장한 아버지를 상상할 수 없었다. 그러나 아버지는 실제로 그렇게 했다. 그렇다고 하더라도 첩자의 저지선을 뚫고 탈출하는 것은 거의 기적이나 다름없었다. 중국에서는 다시 만주 지역의 주요 노선에 흩어져 있는 일본 첩자들을 피하기 위해 아버지는 우회로를 거쳐 무크덴 시에 도착했다.

사람들로 북적이는 이 도시에서 아버지의 임무가 본격적으로 시작되었다. 아버지가 무크덴에서 접촉한 한국 애국자 중 가장 중요한 사람은 아버지를 만나기 위해 일본에서 온 어떤 젊은이였다. 그 미지의 인물은 최창식(崔昌植)이라는, 불같은 젊은 전사였다. 지침에 따라 아버지는 해천양행(海天洋行)이라는 중국 사업소에서 이 젊은이를 만나기로 되어 있었다. 아버지는 이곳을 발견하고 기다렸지만 어느 누구도 만나러 오지 않았다. 며칠 동안 만나기로 되어 있던 장소로, 의심을 받지 않기 위해 항상 다른 시간에 갔다. 아버지는 좌절했고, 자신의 정체가 주인에게 드러나지 않을까 하는 의심이 점차 커졌다. 그의 자금은 줄어들고 있었고, 머지않아 한국 독립을 위한 기관이 수립될 상하이로 가야 했다. 그는 해천양행을 비밀리에 다시 방문했지만, 결국에는 포기했다.

아버지는 상하이로 가는 여정을 시작하기 위해 무크덴 기차역으로 갔다. 아버지가 기차에 타기 직전 어떤 젊은이가 나타나 자신을 소개했다. 그는 아버지가 그토록 애타게 만나고자 했던 최창식이었다. 최창식은 아버지가 해천양행을 방문했다는 것을 알고 있었지만, 정말로 현순 목사인지 확인할 필요가 있었다고 말했다. 그는 아버지를 따라 기차역으로 왔고, 아버지가 상하이로 가는 기차를 타려는 것을 목격했을 때 비로소 아버지의 정체를 확신할 수 있었다. 그러나 사람들의 이목이 쏠리고 의심을 받을까 두려워, 그들은 기쁨을 제대로 표현할 수 없었다. 그 대신 그들은 급히 의논하여 따로따로 여행한 뒤 톈진에서 다시 만나자고 합의했다.

톈진에서 상하이로 가는 긴 여정을 위해 기차를 타고 다시 만났을 때에야 두 사람은 안도했다. 서로가 알고 있는 고국과 일본의 소식을 진지하게 교환했다. 최창식은 봉기 계획에 대해 알게 된 것을 기뻐했다. 그는 일본에 살고 있는 한국 이주자들의 참여가 허용되지 않는 데 실망했지만, 그러한 행동에 참여할 때 일어날 커다란 위험을 이해했다. 운동이 촉발되고 나면 일본에 사는 한인들 또한 단결해 운동을 도울 것이라고 믿었다.

아버지와 최창식은 역사적인 3월 1일 상하이에 도착했다. 한국은 "만세! 만세! 만세!"의 외침으로 불타올랐다. 여덟 명의 지도자가 서울에 있는 약사의 작은 방에서 구상했던 어려운 계획이 모두 완수되었다. 비밀에 부친 그 계획은 일본 경찰의 의표를 완벽하게 찔렀다. 그들이 무기력하게 바라보기만 한 이틀 동안 전국의 수백만 한국인들이 행진하며 "만세! 만세! 만세!"를 외쳤다. 그러나 사흘째 되는 날 경찰과 군대가 공격을 했다. 내가 서울의 궁궐을 걷고, 기마대에 의해 젊은 학생들이 학살당하는 것을 목격한 날이다.

한국의 애국자들과 망명가들이 전 세계에서 상하이로 모였다. 아버지는 만주에서 그들 중 일부와 접촉해 상하이에서 운동에 합류하자고 설득했다. 그들은 모두 흥분한 상태였다. 일본 첩자를 피하기 위해 이 호텔에서 저 호텔로 옮겨 다니며, 아버지는 서울의 지도자들에게서 온 지침들을 전달하기 위해 그들 모두와 만나서 협의했다. 기발한 방법을 동원해 최창식은 「독립선언서」 복사본을 몰래 들여왔고, 이것을 중국어와 영어로 번역할 필요가 있었다. 아버지는 이광수와 함께 영어로, 그리고 조동호[6]와 함께 중국어로 번역하는 일을 했다. 아버지가 사무총장[7]을 맡은 한국 독립운동 본부가 프랑스 조계에 설치되었다. 그 지역은 일본이 프랑스 당국의 공식적인 허가 없이는 어떠한 탐문과 체포도 할 수 없었기 때문에 안전했다. 프랑스는 공공연하게 한국의 혁명가들에게 공감을 표현했고, 항상 일본의 급습이 임박했다는 것을 사전에 알려주었다. 1919년 3월 4일 아버지는 공식적으로 봉기 소식을 알렸다. 「독립선언서」 복사본과 함께 봉기 소식이 중국 신문과 연합 신문에 제공되었다. 아버지는 이처럼 전 세계에 봉기 소식을 급히 타전했다.

이러한 외교 임무를 계속하면서 아버지는 외부 세계의 도움을 모색

6   조동호(趙東浩)는 1892년 충청북도 옥천에서 태어났으며, 호는 유정(榴亭)이다. 임시 정부 수립 이전부터 독립운동 단체인 동제사(同濟社), 신한청년당(新韓青年黨) 활동을 했으며, 임시 의정원 충청도 의원과 국무위원으로 활약했다. 이후에는 박헌영, 김만겸 등과 함께 이르쿠츠크 고려공산당 상하이 지부를 조직하는 등 사회주의 계열의 독립운동을 했고, 8·15광복 직후에는 이영, 정백 등과 함께 장안파(長安派) 조선공산당을 조직했으며, 조선건국준비위원회 선전 부장에 선임되기도 했다. 2005년 3월 1일 건국훈장 독립장이 추서되었다.

7   현순자사에 의하면 3월 26~27일경에 프랑스 조계 보창로(寶昌路) 모처에 각방 인사가 모여 회의를 했고, 여기서 임시 회장에 당선되었다고 기록하고 있다.

했다. 맨 먼저 미국인들과 접촉했다. 아버지는 꽤 공감을 보이며 다른 유력한 미국인들에게 아버지를 소개한 목사 조지 피치(George A. Fitch)를 만났다. 이러한 접촉은 이후 한국 혁명가들에게 안전처와 보호책을 제공하는 데 매우 유용한 것으로 판명되었다. 아버지는 또한 중화민국의 초대 대통령 쑨원(孫文, 孫逸仙)[8]을 만나려고 했다. 아버지는 이 '중국 혁명의 아버지'로부터 도덕적 격려뿐 아니라 얼마간의 물질적 지원도 받을 수 있으리라는 큰 희망을 품었다. 그 희망은 자신의 보좌관에게 모든 요구 사항을 제출하라고 아버지에게 지시한 쑨원의 퉁명스러운 메시지를 받았을 때 완전히 산산조각 났다. 미국 대통령처럼 중국 대통령조차 일본의 제국주의적 심기를 어지럽히는 것을 두려워해 한국인들을 돕는 것을 꺼렸다.

아버지는 도움을 얻기 위해 이번에는 훌륭한 친구 최창식과 함께 베이징으로 갔다. 그곳에서 일본의 침략에 대항할 투쟁 계획을 세우고 있던 중국 혁명가들을 만나 상의했다. 그들은 서로가 관심을 둔 필수적인 영역과 상호 원조 및 협력의 가능성에 대해 논의했다. 아버지는 또한 영국 기자 심슨(L. B. Simpson)을 만나서 한국 땅으로 들어가 인민들의 투쟁을 다룬 목격자 보고를 써보라고 설득했다. 심슨은 아버지가 한국 상황을 소개하고 가능한 모든 도움을 호소하는 국제 기자 포럼을 조직하는 것을 도와주었다. 베이징 YMCA의 총무[林格(R. R. Gailey)*]와 중국인 총무(張佩之*)가 모두 공감해 베이징 미국 공사관의 비서관 찰스 터니(Charles A. Terny)[9]에게 아버지를 소개해주었다. 그 역시 지지했으나 어

---

8   1911년 12월 29일 중화민국 초대 임시 대총통으로 당선되어 1912년까지 활동했다.
9   현순의 *My autobiography*에는 'Terney'로 표기되어 있다.

떤 직접적인 도움을 주기에는 그의 힘에 한계가 있다는 것을 안타까워했다. 그런데도 그는 상하이 YMCA 사무총장뿐 아니라 다른 미국인 관리들과의 만남을 주선했다. 베이징에서 이루어진 이러저러한 많은 접촉은 유용한 것으로 입증되었다. 그것은 '한국친우회(friends of Korea)'[10]라는 모임을 확대시켰을 뿐 아니라 운동에 아주 절실히 필요했던 새로운 자금처를 이용할 수 있게 했다.

아버지와 최창식은 더 많은 애국자와 망명가를 찾고 모으기 위해 3월 말 상하이로 돌아왔다. 그들은 모두 어려움을 겪고 있었고, 일본, 시베리아, 만주, 심지어 서울에서 상하이로 오는 도중 일본에 체포될 위험에 직면해 있었다. 그들의 최우선 관심사는 독립운동을 주도하는 중심체를 만드는 것이었다. 생각은 일치했지만, 서울에서 받은 지시들을 기억하는 아버지는 서울 지도부의 통지 없이는 어떠한 최종 결정도 내리지 말자고 조언했다. 중심체를 만들기 위한 첫 번째 조치는 임시 의회를 수립하는 과제를 책임질 자문위원회를 설립하는 것이었다. 망명 중인 한국 애국자들은 그러한 역할을 할 첫 번째 의회를 선출했으며, 아버지를 포함한 열네 명의 성원들로 구성되었다. 그러나 아버지의 주요 관심은 외교 분야에 있었다. 변화무쌍한 비밀 경로를 통해 그는 한국과 접촉을 유지하고 투쟁 소식과 사진을 몰래 들여와 신문사에 넘겨주었다. 가장 극

---

10   서재필의 구상으로 1919년 5월 2일 발기인 모임을 갖고, 15일 레딩 시 라자극 장에서 성대한 대중 집회를 열고 16일 미국 필라델피아에서 정식으로 결성되었다. 친우회는 필라델피아를 비롯해 미국 각지에 스물한 개의 조직으로 확대되었고, 런던과 파리에도 설립되었다. 이렇듯 국제적인 조직을 갖춘 친우회는 삼일운동으로 드러난 한국의 실상을 전파하고, 친한 여론을 형성하는 데 상당한 영향력을 미쳤다. 그러나 워싱턴 회의 종결 이후 서재필이 모든 활동을 중지하기로 하면서 침체에 빠졌으며, 1923년까지는 활동한 것으로 보인다.

적인 보고는 서울 근교의 작은 농촌 마을인 수원에서 일본이 자행한 학살(제암리 학살 사건*)이었다. 피해자들의 사진을 참고한 기사가 확보되어 중국과 서양 신문사에 제공되었다. 이러한 활동을 통해 아버지는 수많은 새로운 '한국의 친구들'을 확보할 수 있었고, 그중에는 나중에 일본인들에게 체포되어 피할 수 없는 죽음에 직면한 아버지와 동료들을 구해준 미 해군 마티나크(Matinak)[11] 장교도 있었다.

이 당시 운동의 또 다른 중요한 일은 일본군의 만주 진격에 맞서 게릴라 전투에 착수하는 것이었다. 1920년대 초 일본은 이미 만주의 거대한 자원들을 장악할 기반을 닦고 있었다. 만주 군벌 장쭤린(張作霖)을 돕는다는 핑계로, 일본은 만주에 군대를 파견하기 시작했다. 얼마 안 되는 한국 게릴라만이 저항했고, 그들의 대담한 습격으로 일본은 상당한 피해를 입고 정복 계획이 지체되었다. 그러나 결국 일본이 완전히 통제하게 되어 만주국이라는 이름의 괴뢰 국가를 수립했다.

다른 젊은 지원자들이 비밀 노선을 따랐고 한국에서 혁명 활동을 수행했다. 두려운 일본 경찰의 틈바구니에서 젊은 애국자들은 생각할 수 있는 모든 유형의 태업을 준비하고 실행에 옮겼다. 심지어 노동자와 농민의 파업과 같은 공공연한 저항도 있었다. 젊은 투사들의 지도하에 인민들은 공장에서는 기발한 생산 지연 전술을, 농촌에서는 소극적인 저항을 수행했다. 노인과 어린아이도 종종 이러한 위험한 활동에 참여해 모두를 격려하고 민족적 투쟁을 위한 정신을 살아 있게 했다.

이제 상하이의 혁명 지도자들은 대한민국 임시 정부를 수립할 준비를 마쳤다. 이 필수적인 단계에서 아버지의 역할은 다시 먼 외딴 곳을

11   현순자사에는 Martinak로 표기되어 있다.

돌아다니며 이름난 다른 지도자들을 상하이로 데려오는 것이었다. 대
단한 웅변가이자 교육자로 알려진, 당시 미국에 거주하던 안창호와 접
촉해 상하이로 와서 운동에 합류하라고 설득했다. 아버지는 홍콩으로
비밀리에 배를 타고 가서 그를 만나 안전하게 상하이로 데려왔다. 다음
으로 러시아의 항구 도시 블라디보스토크로 가서 조선의 옛 군대에서
사령관을 맡았던 이동휘[12]를 찾아야 했다. 임무를 성공적으로 완수하
기 위해 두 명의 보좌관[13]이 아버지와 함께 갔다. 그들은 일본이 실질적
으로 통제하고 있던 만주를 횡단해야 했다. 그러나 그들은 이 적지를 통
과해 목적지에 안전하게 도착했다. 아버지는 블라디보스토크에서 수소
문 끝에 조선 군대의 지도자를 발견해 상하이의 혁명 그룹에 합류하자
고 설득했다.

그 뒤 아버지와 동료들은 새로운 문제에 봉착했다. 어떻게 상하이로
안전하게 돌아갈 것인가. 똑같은 만주 노선을 이용하는 것은 불가능했
는데, 이제는 경계 태세를 충분히 갖춘 일본이 그들을 감시하고 있었기
때문이다. 점차 짜증이 난 일본 당국이 대담하게도 블라디보스토크에

---

12 이동휘(李東輝, 1873~1935)의 아호는 성재(誠齋)로 함경남도 단천 출신이다.
1907년 7월 한일 신협약에 의해 한국군이 강제로 해산될 당시까지 참령으로서
강화진위대(江華鎭衛隊)를 이끌었다. 1907년 이동녕, 안창호 등과 신민회를 조
직하여 개화 운동과 항일 투쟁을 벌였고, 1911년에는 윤치호, 양기탁 등과 105
인 사건에 연루·투옥되었다. 1919년 8월 말 대한민국 임시 정부에 참여하기 위
해 상하이로 왔으며, 1920년 봄 공산주의자 그룹을 조직했다. 대한민국 임시 정
부 국무총리를 사임한 후 1935년 1월 31일 블라디보스토크 신한촌에서 죽었다.

13 현순자사에 "……以上 三件을 討議한 後 臨時議政院에 提出하여 議決케 하기로 하
고 俄領에 派人하여 李東暉를 迎來키로 決定하였는데 政府側으로는 玄楯, 金容謙
을 特派員으로 任命하여 俄領 人士 元世勳과 同伴하여 發程케 하였다"라고 한 것
으로 보아 김용겸, 원세훈을 가리키는 것으로 보인다.

있는 아버지와 동료 애국자들을 체포하려고 움직였다. 100여 명이 넘는 군인들이 빠져나갈 수 없어 보이는 함정을 설치했다. 그때 아버지의 새로운 친구인 미 해군 관리가 도움을 주었다. 마티나크 장교는 그들이 함정에서 벗어나도록 했을 뿐만 아니라 상하이로 가는 러시아 선박에 태워주었다. 다시 한 번 아버지는 성공적으로 자신의 임무를 완수했다.

상하이에 안전하게 도착하자, 그들은 1919년 11월 1일 대한민국 임시 정부의 준공식에 초대되는 것으로 성대한 보상을 받았다.[14] 창립 내각 구성원들은 국무총리 리승만, 내무총장 안창호, 외무총장 김규식, 군무총장 이동휘, 법무총장 이시영, 재무총장 최재형, 교통총장 문창범이었다. 아버지는 외무차장이자 최초의 임시 의정원 회의에서 외무부원이 되었다.[15] 프랑스 조계에 있는 인상적인 벽돌 건물이 새롭게 구성된 정부의 거처로 확보되었다. 김구의 지휘하에 스무 명의 젊은 혁명단이 정부의 안전을 보장하기 위해 조직되었다. 이렇듯 경비 책임자로 변변치 않게 시작하여, 전 세계에 저항하며 임시 정부가 막다른 골목에 이를 때까지 명맥을 이어가게 한 사람이 김구였다.

대한민국 임시 정부의 탄생 그 자체는 기념비적 성과였다. 그것은 한국의 내외에서 커져가는 어려움 속에 이루어졌다. 서로 다른 견해와 기반을 가진 지도자들은 여러 지역 출신이었다. 당시 이해관계에서 비롯된 갈등과 극심한 경쟁의식이 일어나는 것은 피할 수 없었다. 더구나 한국의 북부와 남부 사이의 전통적인 불신으로 이러한 결정적인 요인은

14   현순자사에는 "十一月 初에 總理 李東暉, 內長 李東寧, 法長 申奎植, 財長 李始榮, 勞動總判 安昌浩 等이 一時同處에 會合하여 宏大한 就任式을 擧行하였다"라고 기록되어 있다.

15   1919년 4월에 결정된 내용이다.

복잡해졌다. 증오에 가까운 상호 불신의 뿌리는 깊었다. 고려 왕조가 무너지고 조선 왕조가 세워진 15세기 초[16]부터 거의 400여 년간 북부 사람들의 관직 진출은 모두 금지되었고, 그들은 하층민으로 강등되었다. 이 '아버지들의 원죄'가 이제 상하이의 자식들에게 벌을 내리고 있었다. 그러한 분파주의에 직면해 운동을 존속시키는 데는 극도의 정신적·육체적 역량이 필요했다. 더구나 한국에서 사면초가에 몰린 한국인들이 대부분의 재정 지원을 했다. 몰래 모금한 돈이 꾸준히 상하이로 밀반입되었다. 외부 세계의 지원은 거의 없었다. 어느 국가도 물질적 원조를 제공하지 않았다. 실제로 모든 국가는 도덕적 지지를 표현하는 것조차 꺼렸다.

신생국 소련은 자신을 무너뜨리려는 의지가 확고한 서양 세계의 공격에 맞서 싸우느라 여념이 없었다. 다른 유럽 국가들 역시 제1차 세계대전의 참화에서 벗어나 승전국들의 재편 속에서 자리를 잡기 위한 싸움으로 바빴다. 한국의 당연한 동맹인 중국조차 일본의 팽창주의 계획을 두려워했다. 중국은 한국 저항 세력에 대한 어떤 지원이 일본의 공격을 촉발할까봐 두려워했다.

도움을 줄 수 있었을 유일한 사람들은 추방당하고 억압받는 아시아의 수백만 민중이었다. 그러나 1919년에는 아직까지 그들 스스로 목소리를 높이거나 심지어 자신들의 자유조차 외칠 준비가 되어 있지 않았다. 그러한 무관심과 노골적인 적대감 속에서 반역의 목소리를 높이고, 정복자 앞에서 국기를 흔들고, 상하이에서 임시 정부를 수단으로 독립을 위한 중대한 투쟁을 벌인다는 것은 자긍심 강하고 용감한 사람들의

---

16   조선은 14세기 말인 1392년에 건국되었다.

행동이었다. 극동의 황무지에서 최초로 민족의 자유를 향한 함성이 울린 것은 헛되지 않았다. 인도, 인도네시아, 인도차이나의 피억압민들에게 자극과 희망을 주어 새로운 길을 닦고, 결국에는 '잠들어 있는 거인' 중국이 깨어나는 것을 도왔기 때문이다.

CHAPTER 9

상하이 시절

　마침내 이리저리 옮겨 다니는 지루하고 불행한 생활이 끝났다. 더는 기차의 덜컹거리는 소리가 우리를 밤낮으로 휩싸지도, 침상을 대신한 나무로 된 벤치도 그리고 끼니를 때우기 위한 국수 사발도 없다. 우리 소규모 피난민 무리, 즉 이 씨 아저씨와 여덟 명의 아이가 딸린 키가 아주 작은 엄마가 긴 여행을 견디며 목적지에 안전하게 도착했다는 사실에 놀랄 수밖에 없었다. 그리고 우리가 살 수 있는 집을 준비해둔 아버지를 어떻게 만났던가! 크나큰 기쁨이 진정되기 전에 우리는 전혀 예기치 못한 어떤 문제를 깨닫게 되었다. 낯설고 새로운 환경에 어떻게 적응할 것인가. 며칠 만에 우리는 우리 조상들의 땅에서 다른 사람들의 땅에 내던져진 것 같았다. 한국에서 농담과 조롱의 대상이던 중국인들이 이제 자기 땅에 있고 우리가 불청객이었다. 이러한 반전에 어떻게 대처할 것인가, 새로운 생활 방식에 어떻게 적응할 것인가, 모두 낯선 말을 하는 수많은 사람들과 어떻게 소통할 것인가. 이것이 우리가 직면한 새로운, 시급한 문제였다.

그러나 우리 어린것들은 그 도전에 동요하지 않았다. 우리 아이들은 새롭고 낯선 모든 것을 받아들였을 뿐 아니라 아주 즐거워했다. 그것들은 신기하게 보이는 어떤 것을 해결하고 싶은 호기심을 불러일으켰다. 우리는 중국어 소리에 본능적으로 민감했고, 별 어려움 없이 따라 할 수 있었다. 우리는 중국 아이들 흉내를 내는 것을 완전히 즐겼고, 곧 중국어를 알아듣고 말할 수 있게 되었다.

나는 점점 범위를 넓히며 도시로 혼자 나가는 모험을 감행하기 시작했는데, 그러면서 새로이 습득한 언어를 탐구하고 시험했으며, 방향을 찾고, 간식용 마름과 꼬챙이에 끼운 달콤한 경단을 사기 위해 노점상과 흥정을 벌였다. 때때로 나는 진흙탕 물가에 앉아 일렁거리는 삼판선, 느릿느릿 움직이는 위풍당당한 중국 범선, 위협적인 외국 전함을 보기 위해 멀리 떨어진 양쯔 강으로 가는 전차를 탔다. 나는 제2의 조국에 꽤 편안함을 느끼기 시작했다. 그런 한편 나는 어린 동생들을 돌보았다. 그들은 중국말을 하는 이웃 아이들과 종알거리며 나보다 집에 더 많이 있는 듯했다. 가장 어린 남동생 데이비드는 중국말로 아이들과 언쟁하고 싸우고 자신의 입장을 주장해 나이 많은 중국인들을 놀라게 했다.

나의 두 누나 엘리자베스와 앨리스에게는 그리 쉽지 않았다. 누나들은 중국 젊은 숙녀들의 관례에 따라 어쩔 수 없이 대부분의 시간을 집안에서 보내야 했다. 엄마는 누나들을 심지어 시장에 데려가지도 않았다. 모든 가족이 한인 공동체 모임이나, 훨씬 더 드물지만 가족 소풍을 갈 때와 같이 특별한 경우에만 외부 세계와 접촉할 수 있을 뿐이었다. 누나들은 요리, 바느질, 청소나 빨래 같은 가사에 전념했다. 누나들의 삶은 분명히 따분했을 텐데도, 나는 누나들이 불평하는 소리를 한 번도 들은 적이 없다.

그런데 누나들의 교육은? 아버지와 어머니는 누나들이 구시대의 여성들처럼 가사 노동과 아이들을 키우며 살아가기를 바라지 않았다. 그래서 해결책을 찾아냈고, 상하이에 있는 여자 기숙학교에 누나들을 등록시켰다. 누나들은 중국 젊은 처자들과 함께 거주하고 수업을 들으며, 언어를 배우고 고등 교육 과정을 이어갔다. 누나들은 또한 음악과 연극 같은 예술 분야에 취미를 갖게 되었다. 어느 날 저녁, 가족은 누나들이 다니는 학교의 공연을 보러 갔다. 나는 앨리스 누나가 연극에 참여해 무대에 등장하는 것을 볼 수 있어 흥분해 있었다. 누나가 너무 아름다운 데다 중국어를 매우 완벽하게 구사해, 나는 의기양양했다. 주말에는 누나들이 학교를 떠나 집에 오는 것이 허용되었다. 누나들은 우리에게 많은 이야기를 해주었다! 우리는 모든 낯설고 재밌는 사건들, 끝도 없는 행동 규범들, 그리고 오해에서 비롯된 학생과 교사 사이의 일상적인 불쾌한 경험들에 대한 이야기를 넋을 잃고 들었다. 중국 여자 기숙학교에서의 생활과 공부는 너무나 힘든 것 같았다. 그렇지만 누나들은 인내하며 학교를 마칠 때까지 견뎠다.

병약한 누이동생 순옥은 상하이에 도착한 이후 더 쇠약해졌다. 천으로 덮인 작은 침대가 아래층 거실 구석에 놓여 있었고, 순옥은 그곳에서 모든 시간을 보냈다. 침대에서 몸을 받치고, 그녀는 집에서 일어나는 모든 일을 살펴보고 형제자매의 음모에 가담하기도 했다. 아버지가 저녁을 먹으며 이야기를 나누기 위해 동료들과 집으로 오면, 순옥은 열심히 그들의 대화를 들으며 독립운동 소식을 계속 수집했다. 학교에서 돌아오면 나는 항상 순옥의 침대 옆에 나의 책 보따리를 놓아두었고, 그래서 그 애는 그것을 활용해 자신만의 공부를 계속했다. 때때로 어떤 문제를 나에게 물어보기도 했지만, 대개는 내가 그녀에게 숙제를 도와달라고 부탁했다. 사실 그 애는 수학, 역사, 지리 과목에서 내가 합격점을 받는데 지대한 공을 세웠다. 배우려는 그 애의 의지는 너무도 간절해, 기회가 있을 때마다 심지어 언니들의 책으로 공부하기도 했다. 밝은 성격이었지만, 그 애의 몸 상태는 눈에 띄게 악화되었다. 전혀 움직일 수 없었기 때문에 만성 통증을 동반하는 문제들이 있었다. 배움에 대한 강렬한 관심과 주변 사람들과의 정서적인 관계만이 고통을 덜어주었고 우리와 소소한 즐거움도 나누게 해주었다.

삶의 무거운 짐이 항상 엄마를 힘들게 했을지라도, 엄마는 결코 그것을 내색하지 않았다. 엄마는 계획을 세우고 힘들게 일하고, 모든 악조건에도 불구하고 황량한 낯선 도시에서 한국적인 것을 보존하려는 의지가 확고해 보였다. 그래서 적어도 하루에 한 번 엄마는 우리에게 한국 음식을 먹였고, 기회가 있을 때마다 우리에게 한국 관습과 전통을 상기시키며 가르쳤다. 엄마는 신랄한 한국 속담, 현자에 대한 잘 알려진 속담, 혹은 매우 재밌는 설화로 가르쳤기 때문에, 엄마의 가르침은 항상 즐겁고 유쾌했다. 엄마는 중국어를 배우는 것을 거부했다. 그 대신 엄마는 마치 여전히 서울에 있는 것처럼 한국어로 중국인들에게 말을 했다. 하지만 엄마는 체면을 버리고 중국어로 계산하는 법을 배우고, 상인들과 일상적인 거래를 할 때 필요한 몇몇 단어를 익혔다. 그렇게 제한된 어휘를 사용했지만, 엄마는 장사꾼들과 거래하는 데 꽤나 능숙했다. 그리고 모든 상인들은 엄마의 능변 때문이 아니라 당당한 태도와 매서운 말투 때문에 엄마를 존경했다. 엄마가 좋아하는 중국어는 "소용없다!", "지나치다!", "속이지 마!"였다.

우리가 살고 있는 '집'은 몇 가지 불편한 점이 있었다. 잠자리는 우리가 도착한 첫날 밤과 마찬가지였지만, 우리 여덟 명의 아이들이 너무나 빨리 커서 움츠릴 정도의 공간밖에 없었다. 그것은 실제로는 집이 아니라 길고 좁은 건물 안에 있는 네 개의 공동 주택 중 하나였다. 줄지어 있는 이러한 건물들은 길거리로 이어지는 중앙 복도에 의해 두 부분으로 나뉘어 있었다. 공동 주택 구역 전체에는 담이 둘러져 있었고, '컴파운드'로 불렸다. 일부는 작고 단순하며 다른 것은 크고 정교한 이 구조물들은 도시 전역에 널려 있고, 대부분 노동자층이 사는 곳이었다.

그러나 내가 나중에 발견한 더 가난한 사람들은 국제 정착촌에서 멀리 떨어진 '중국인 구역'이라 불리는 외진 지역에서 살았다. 이곳의 작고 낡은 중국 가옥들은 대충 빚은 진흙 벽돌로 만들어졌는데, 좁고 포장되지 않은 거리를 처음으로 걸었을 때 나는 숨 막히는 혼잡함에 꼼짝도 할 수 없었다. 어떤 지역에는 말로 다할 수 없는 불결함 외에는 할 말이 없는 집들만 있었다. 덮개가 없는 하수구, 집 밖 땔감 난로 위에서 만들어지는 요리, 그리고 엄청나게 많은 사람들은 중국인 지역 전체를 특이한 냄새로 가득 채웠다. 아주 대조적으로 흐르는 물이 있는 구역의 100여 채 중 하나인 프랑스 조계 내의 우리의 공동 주택이 호화롭게 여겨졌다. 그것은 꽤 넓었고 상당히 안전했다. 단 한 가지 문제, 화장실이 없었다.

그러한 용도로 제공된 설비는 잘 맞지 않는 덮개가 있는 나무통으로, 어두운 구석에 숨겨져 있었다. 우리 집에서 그것은 계단 아래 좁은 공간에 놓여 있었다. 그런데 그 용기는 언제나 저녁 무렵이나 여름철에 특히 자기 존재를 인식시켰다. 다행히 하녀 '암마'가 있었고, 그녀가 매일 아침 일하러 와서 제일 먼저 하는 일이 집 밖으로 불쾌한 용기를 들고 나가 현관 앞에 놓아두는 것이었다. 물론 그 구역에 사는 수백 가구가 모두 마찬가지였다. 얼마 후 나무로 만든 커다란 통이 딸린 조랑말이 끄는 수레가 골목길을 지나가면서, 수레꾼이 모든 용기의 내용물을 그 커다란 통에 버렸다. 그다음 용기들은 물로 씻은 뒤 다른 날 이용하기 위해 가정으로 회수되었다. 그러한 일이 벌어지는 아침 내내 악취가 도시 전역에 퍼졌다. 이것이 1920년대였다. 그리고 상하이는 중국에서 가장 현대적인 도시였다!

다른 급격한 변화는 우리의 입는 것과 관련되었다. 눈에 잘 띄고 주목받는 것을 피하기 위해, 우리는 한국 옷을 벗고 다른 모든 사람과 같은 옷을 입었다. 앨리스와 엘리자베스 누나는 중국의 젊은 아가씨들이 입는 유행복, 높은 깃이 달린 딱 맞는 블라우스와 주름 잡힌 짧은 치마를 입었다. 나는 썩 잘 어울린다고 생각했다. 이윽고 엄마조차 어쩔 수 없이 중국옷을 입었는데, 짧은 치마 대신 은은한 어두운 색의 긴 바지였다. 누이동생 순옥과 아기 메리의 경우는 외출할 일이 없었기 때문에, 엄마는 가게에서 산 괴상해 보이는 서양식 옷을 입혔다.

마지막으로 엄마는 우리 사내아이들을 내가 지금까지 본 것 중 가장 큰 윙온(Wing-On) 회사로 데려갔다. 고층 건물 내 각 층에는 수많은 종류의 작은 상점이 있었다. 나는 그것이 '백화점'이라고 불린다는 것을 배웠다. 엄마는 옷가게로 가서 사내아이들이 입는 서양식 옷을 맞춰주었다. 소매가 짧은 하얀색 셔츠, 길이가 발목까지 오는 꼭 맞는 바지, 그에 어울리는 전면에 호주머니와 세 개의 큰 단추가 달린 재킷. 머리 위의 작은 모자는 매우 이상한 복장을 완성했다. 나는 나의 새로운 모습에 부끄러워해야 할지 자랑스러워해야 할지 몰랐다. 그러나 곧 익숙해지고 편해졌다. 또한 중국옷을 입은 엄마와 누나들을 보는 것이 즐거워지기 시작했다. 그들이 사랑스러워 보였다.

모든 격변기를 거치면서도 우리 가족생활의 한 측면, 저녁 식사가 항상 한국식이었다는 점은 변하지 않았다. 어느 누구도 어떻게 혹은 어디에서 엄마가 음식에 필요한 온갖 재료를 찾아내는지 몰랐다. 우리 집에 온 수많은 손님과 방문객은 항상 엄마가 차려 내는 다양한 한국 음식에 깜짝 놀랐다. 김치, 깍두기, 고추장은 당연히 늘 있었다. 엄마에게 이것들은 기본이었다. 곧 엄마는 더 공을 들인 화려한 별미들, 꿀에 잰 밤과 곶감, 약밥, 잣죽 등등을 만들기 시작했다. 상하이의 방문객들이 교회 일을 하는 사람들이 아니라 혁명가들이었다는 점을 제외하고, 우리 집은 고국에서 항상 그랬듯이 한인들의 사교의 중심지가 되었다. 그들은 밤낮을 가리지 않고 우리 집에 오곤 했다. 나이 많은 이들은 항상 맛있는 한국 식사를 기대했을 수도 있지만, 내가 짐작하기로 젊은이들은 누나 앨리스와 엘리자베스를 보는 데 더 관심이 있었다. 그들은 가끔 온갖 종류의 선물, 특히 우리 아이들을 위한 선물을 가져왔다. 엄마는 그들 모두를 환영했고, 음식을 차려주고, 준비한 음식에 즐거워하는 그들을 보는 것을 좋아했다. 그들은 독립운동에 대한 최신 소식을 전해주는 것으로 보답했다. 우리 모두는 그렇듯 손님을 환대하고 유쾌한 분위기에서 자라면서, 어린 시절 일찍부터 사람들과 그들의 사교 모임에서 즐기는 법을 배웠다.

엄마는 매일 시장에 가는 데 익숙해지지 않았다. 내가 학교에 가지 않는 날이면 엄마는 항상 나를 데리고 다녔다. 길거리의 반을 차지하고 있는 큰 시장이었는데, 일부는 지붕이 있었지만 대부분은 지붕이 없었다. 시장은 이른 새벽부터 늦은 밤까지 항상 붐볐다. 엄마는 항상 아침 일찍 갔기 때문에 물품이 풍부하고 신선했다. 우리가 다가섰을 때, 나는 공기 중의 냄새를 맡고 사람들이 내는 알아듣기 어려운 웅웅거리는 소리를 들을 수 있었다. 시장을 따라가다가 옷과 수건 더미를 겨드랑이에 끼고 공중목욕탕으로 서둘러 가는 사람들을 흔히 볼 수 있었다. 야채와 과일,

생선과 고기 그리고 무수히 많은 가정용품, 아기 옷, 면 신발과 슬리퍼, 또한 그 목적과 용도를 추측조차 할 수 없는 많은 이상한 물건을 벌여놓은 셀 수 없이 많은 좌판과 가판이 있었다. 상인들은 각자 자신들의 물건을 팔기 위해 소리치며 경쟁했고, 손님들은 상인들과 흥정하느라 더 크게 소리쳤으며, 아이들은 즐거움이나 고통으로 울고 있었다. 그들 모두 고막이 터질 듯한 소음을 질러댔다.

그러나 군중의 소음보다 거지들의 비참한 외침이 더 컸다. 나는 그들이 평범한 거지가 아니라는 것을 알게 되었다. 그들은 도시 변두리에 있는 '거지 학교'의 '졸업생'이었다. 사실 그들은 사람들의 심금을 울려 지갑을 비집어 여는 기술을 배우는 과정을 이수했다. 그들은 손이 잘린 팔을 붙잡고, 발이 잘린 다리로 기고, 피가 흐르고 엉겨 있는 거지들이었다. '거지 학교'에서 만들어낸 걸작이 몇 가지 있었다. 사람들은 피투성이의 상처가 모두 꾸민 것이라는 걸 알았지만, 너무도 진짜처럼 보여 그 광경에 당혹해하며 동전을 몇 개 던지고는 급히 가버렸다.

내가 지금까지 보았던 가장 소름 끼치는 광경은 벌거벗은 가슴에 긴 철사가 박힌 남자였다. 이는 분장이 아니라 진짜였다. 철사에는 무거운 철 사슬이 걸려 있었고, 그 끝에는 큰 쇠공이 묶여 있었다. 천천히 뒤로 걸으면서, 한 발짝 움직일 때마다 거지는 동물 같은 소리를 지르며 가슴을 찌르는 철사로 무거운 짐을 끌고 갔다. 그에게 던져진 동전을 줍기 위해 멈춰 설 때에만 그의 가슴의 고통이 일시적으로 멈추었다. 이 사람에 의해 만들어진 공포는 모든 상상을 뛰어넘었고, 끔찍하고 충격적인 광경 때문에 다른 사람들보다 더 많은 동전을 받았다.

어느 날 시장에서 나는 볼거리와 소리와 냄새로 북적거리는 상점 거리를 천천히 걸었다. 가장 흥미로운 것 중 하나가 약재상 가게였다. 이상한 약초, 말린 곤충, 뱀 그리고 신기한 껍질과 뼈가 담긴 갖가지 모양과 크기의 병과 항아리가 놓인 선반들이 줄지어 있었다. 이 가게에 오래 머물게 하는 유일한 이유는 향을 피워서 나는 좋은 향기였다. 나는 또한 눈부신 비단 가게에서 천장까지 아주 높이 쌓아올린 직물 두루마리와 궁궐 회의실처럼 벽에 걸려 있는 오색영롱한 복잡한 무늬가 그려진 화사한 비단을 보는 것을 좋아했다. 행인들을 유혹하는 쓸쓸한 피리 소리가 가게에서 흘러나왔다.

물론 나는 과자점을 가장 좋아했다. 온갖 종류의 사탕과 과자와 빵이 있었는데, 나는 절대 그 모든 것을 맛볼 수 없었다. 나는 과자점에 갈 때마다 내 귀중한 동전을 주고 여태 맛보지 못한 달콤한 경험을 위해 새로운 품목을 택했다.

상하이의 겨울은 꽤나 음울했다. 별로 춥지 않았고 눈도 오지 않았다. 그러나 하늘은 항상 회색이었고, 나무들은 벌거벗었으며, 공기는 매우 눅눅했다. 모든 외부 활동이 줄어들었다. 전차를 타는 사람들도 줄어들고, 시장조차 사람이 줄어들고, 고함 소리도 줄어들었다. 그러나 도시의 가라앉은 겨울이 나와 내 친구들이 즐겁게 보내는 것을 막지는 못했다. 다만 야구와 농구에서 축구와 롤러스케이트를 타는 것으로 놀이를 바꾸어야 했다. 그래도 겨울은 항상 너무 길었고, 우리는 봄이 오기를 초조하게 기다렸다. 버드나무와 미루나무 가지가 녹색으로 변하기도 전에 나는 가족의 봄 소풍에 대해 엄마의 귀에 대고 속삭이기 시작했다. 그것은 엄마의 향수 어린 추억을 불러일으키기 위한 내 방법이었다. 이제 우리 아이들 모두는 날씨가 얼마나 따스하며 한국에서의 마지막 소풍 때 얼마나 즐거웠는지 매일 외쳤다. 결국 우리는 아버지와 엄마가 속삭이는 것을 몰래 듣고, 곧 가족 소풍이 있으리라는 것을 알게 되었다.

봄을 너무 오랫동안 기다렸다! 마침내 아버지가 소풍 날짜를 발표했다. 큰 행사 전날 엄마와 큰누나는 음식을 준비하느라 온종일 일했다. 나는 그날 저녁 거의 잠을 잘 수 없었고 아침에 일찍 일어났다. 밖을 보니 화창하고 따뜻하고 아름다운 것이, 중국에서의 첫 번째 여행을 위해 완벽한 날이었다. 아버지의 친한 친구 최창식과 그의 예쁜 비서 김애영이 같이 가려고 왔다. 그 예쁜 비서는 고등 교육을 받은 매우 총명한 젊은 여성이었는데, 한국에서 도망을 쳐서 상하이로 몰래 왔다. 곧 다른 손님들, 활기 넘치는 젊은 혁명가들도 도착했다. 젊은이들은 모두 아버지, 그리고 그렇게 비밀은 아니지만 나의 두 누나들의 추종자들이었다.

준비를 모두 마치고 우리는 교외로 우리를 데려다줄 전차를 타러 걸어갔다. 젊은이들이 기꺼이 상자, 보따리, 바구니 등을 모두 옮겼고, 누이동생 순옥을 번갈아 가며 업었다. 행복한 발걸음이었고, 젊은이들은 웃음과 즐거움을 주기 위해 서로 경쟁했다. 주로 엄마와 나의 누나들을 위해 그들은 뛰어다니고, 농담을 하고, 웃었다. 그들은 좀처럼 자신들의 익살에 휩쓸리지 않는 우울하고 진지한 한 젊은이를 놀리고 친구 사이의 가시 돋친 말을 퍼부었다. 그는 농담에 웃음을 보였지만, 그들의 빈정거림이 다소 무모해지자 단호하게 중단시켰다. 나는 이 진지한 젊은이를 좋아하는 법을 배웠다. 그는 매우 온화하고 친절했으며, 젊은 혁명가들의 지도자가 되겠다는 마음을 먹고 그에 전념했다. 나중에 그는 한국으로 몰래 들어가 제2차 세계대전 동안 지하 독립운동을 이끌었다. 그는 나의 우상이었다. 그는 또한 모든 한국인의 영웅이 되었고, 일본 경찰에게는 최고의 적이었다. 그의 이름은 박헌영이다.

우리는 전차에서 내려 시골길을 따라 걸었다. 그러나 한국과 달리 산이나 개울도, 진달래와 층층나무 꽃도 없었다. 평탄한 농지만이 우리 앞에 펼쳐졌고, 농장에서 몸을 구부리고 일하는 남자들, 여자들, 아이들이 보였다. 그들은 천천히 터벅터벅 걸었는데, 그들 중 어떤 이는 머리에 커다란 보따리를 올려 옮기고 다른 이들은 막대기 끝에 매달린 훨씬 더 무거운 짐들을 옮기고 있었다. 갑자기 누군가 "이봐! 저기 좀 보라고!"라며 소리쳤다. 우리는 먼 지평선 위에서 밝은 분홍색으로 피어나는 구름들을 볼 수 있었고, 그 한가운데에서 아름다운 탑의 외관이 시야에 들어왔다. 빈 공간에 고전적인 붓칠을 한 듯한 전경이었다. 우리가 선택한 소풍 장소는 복숭아 과수원이었다. 새로운 흥분으로 달아오른 우리는 서둘렀고, 아이들은 뛰었다.

복숭아꽃이 구름같이 피어 있는 나무 아래를 걸으며, 우리 모두 달콤하고 향기로운 공기를 깊이 들이마셨다. "와, 여기가 소풍 장소다!" 아버지가 빈터에서 소리쳤다. 엄마는 땅바닥에 큰 천을 깔았고, 젊은이들은 상자와 바구니, 보따리를 모두 내려놓았다. 누이동생 순옥이 앉을 곳에 멍석이 펼쳐졌고, 다른 사람들도 다리를 뻗고 긴 산책을 끝낸 안도감으로 탄성을 지르며 순옥과 함께 앉았다. 그러고 난 뒤 모두 동시에 말을 하기 시작했다. 몇몇은 아름다운 과수원을 칭송했고, 다른 이들은 자신들이 한국에서 보았던 다른 과수원들을 회상했다. 소란과 흥분 속에서 누나 엘리자베스와 앨리스의 도움으로 엄마는 조용히 상자와 바구니를 열고 소풍 음식을 펼쳐놓기 시작했다.

아버지는 팔을 흔들며 진정시켰다. "농장을 따라 걸어오는 동안 시를 지었단다. 들어보고 생각을 말해주렴"이라고 아버지가 말했다.

아버지는 헛기침을 하고 먼 곳에 시선을 고정한 뒤 시를 낭송하기 시작했다. 그 시는 고전에 따라 한자로 지었다. 모두, 특히 아버지의 동료들이 넋을 잃고 들었다. 나는 한자를 이해하지는 못했지만, 아버지의 음악 같은 낭랑한 목소리를 듣는 것을 즐겼다. 낭송을 끝낸 뒤 아버지는 한국말로 번역해주었다. 고전 양식의 시에서 완전한 생각은 항상 마지막 행에 표현되었다. 아버지 시의 마지막 행은 한인들의 조국에 대한 갈망을 유창하게 묘사했다. 청중이 박수를 쳤다. 이어서 최 선생이 시를 지어 낭송했고, 몇몇 다른 나이 든 분들이 그 뒤를 따랐다. 모두 향수에 젖은 감정으로 시를 끝맺었다. 어떤 이들은 잃어버린 가족과 친구, 다른 이들은 소나무가 가득한 산과 바람 부는 강, 그리고 누군가는 미끈하게 늘어뜨린 치마와 몸에 딱 붙는 블라우스를 입은 예쁘고 젊은 숙녀들에 대한 것이었다.

"좋다! 좋다!"

시 하나하나 열화와 같은 박수를 받았다. 분위기에 휩싸인 한 젊은이가 한국 민중이 좋아하는 민요를 부르기 시작했다. "아리랑! 아리랑! 아라리요!" 그리고 여자들과 아이들을 포함한 모두가 일제히 함께 불렀다. 후렴구 끝에 즉흥적인 절을 불렀고, 그것은 훨씬 더 큰 소리의 후렴으로 이어졌다.

아리랑! 아리랑! 아라리요!
아리랑 고개를 넘어간다!

이 소박한 민요는 한국의 역사에서 발전해왔다. 그것은 이별을 해야만 했던 연인에 대한 이야기다. 남자가 연인을 떠나 아리랑 고개를 넘어간다. 여자는 애통해하며 그가 발에 물집이 생겨 고생하다가 되돌아오기를 바란다. 각 지역마다 가사와 곡조가 다른 노래가 발전했다. 그러나 현대에 와서 그 노래는 정치적 함의를 갖기 시작했다. '아리랑 고개'

는 정치범들에게는 죽음의 상징이 되었다. '아리랑 고개'를 넘는다는 것은 처형장으로 가는 마지막 여정을 의미했다.

향수의 물결이 모임을 휩쓸었다. 긴 침묵의 순간. 그때 홀로 흥겨운 노래를 부르는 목소리에 모두 정신이 되돌아왔다.

박연폭포
흐르고 나리는 물은…….

그것은 개성이라는 도시의 경치가 좋기로 이름난 박연폭포에 대한 노래였다(이른바 판문점이 고려 왕조의 수도였던 이 옛 도시 근처에 있다). 폭포의 감동적인 아름다움을 묘사한 이 노래는 세대를 거쳐 500년이 넘도록 전해져 왔다. 다른 사람들이 더 흥겨운 기분을 얻고 잇따라서 노래를 불렀다. 그중에는 재미를 좇는 '난봉꾼 노래'와 진정한 대중가요 '도라지 캐기'가 있었는데, 도라지 캐기는 한국인들이 봄에 하는 전국적인 소일거리였다. 산비탈에서 도라지 뿌리를 찾아 캐는 남자들, 여자들, 아이들을 보는 것은 흔한 광경이었다. 이 흰색의 봄철 뿌리를 삶거나 절여서 독특하고 풍미가 좋은 아주 맛좋은 나물을 만든다. 이제 기쁨에 휩싸인 아버지가 자신이 좋아하는 노래 「방아 타령」을 자진해서 불렀다. 가을에 벼를 추수하고서, 절구에 쌀을 넣고 빻으면서 농부는 이 노래를 부른다.

에헤! 에헤야!
에루하 궁글려라!
이렁성 저렁성 흐트러진 근심!
에헤라 궁글려라!

"너무 노래를 많이 불러서 모두들 배고프겠어요."

그것은 음식 준비가 다 되었다는 것을 알리는 엄마의 방식이었다. 모두 노래를 멈추고 흰 천 위에 차려진 음식 주위로 빙 둘러앉았다. 그 광경은 우리 모두 "아이고, 참! 아이고, 참!" 하며 감탄의 소리를 내는 것만으로도 충분했다.

각자 큰 사발을 들고 밥과 온갖 종류의 맛난 음식을 담았고, 엄마는 아이들을 위해 더 작은 사발을 채웠다. 우리가 먹기 시작했을 때, 유일하게 들리는 소리는 젓가락 소리와 "아이고! 아이고, 참!"이라는 감탄의 외침이었다. 또한 이 기억에 남는 날 나는 처음으로 미국 음식을 맛보았다. 어떤 젊은이가 미국 상점에서 이상한 음식을 사왔다. 그가 이름을 가르쳐주었는데 빵, 버터, 잼이었다. 버터와 잼을 바른 절묘하게 자른 빵을 먹음으로써 나는 왜 미국인들이 그토록 하얀 피부를 유지하고, 눈이 그토록 파랗고, 코가 그토록 큰지 이해했다.

큰 잔치가 더 많은 "아이고! 아이고, 참!"이라는 외침으로 끝날 무렵, 어른들이 한 번 더 시를 짓고 낭송했다. 나는 함께 탑에 가보자고 동생 폴과 조슈아를 꾀었다. 가까이에서 보니 아름다운 탑이 너무 오래되고 낡아서 놀라고 실망했다. 벽과 목조부의 칠은 오래전에 바래고 떨어져 나갔다. 벽에 난 몇 개의 부스러지는 구멍을 보는 것은 차라리 슬펐다. 동생들이 두려워했지만, 나는 동생들을 설득해 탑으로 들어갔다. 내가 나선의 계단을 앞장서서 걸었다. 올라갈수록 계단은 점점 좁아지고 더 크게 삐거덕거렸다. 우리는 5층인가 6층에서 멈추었고, 거기에서 구멍을 통해 펼쳐진 전경을 보았다. 밑에 있는 무성한 복숭아 과수원 전체, 주변 농장들, 그리고 멀리 상하이의 위풍당당한 윤곽을 볼 수 있었다. 탑에는 두세 층이 더 있었지만, 삐걱거리는 계단 소리가 더 커져서 우리는 더 오르고 싶지 않았다. 나는 동생들의 손을 잡고 계단을 내려와 탑에서 빠져나왔다.

우리가 잔치에 다시 합류했을 때는 이미 상자와 바구니를 꾸리고 깔개들을 말고 있었다. 나는 그토록 신나는 날이 끝나는 것에 슬퍼졌다. 그러나 휴가 기분은 이미 사그라졌고, 사람들은 집으로 가는 가장 짧은 길을 의논하고 있었다. 젊은이들이 보따리를 모두 들었다. 한 젊은이가 순옥을 업었고, 다른 젊은이는 남동생 데이비드를 들어 어깨에 올려놓았다. 전차를 향해 과수원 밖으로 나갈 때 젊은이들은 자신들이 좋아하는 학생 행진곡을 부르며 걸어갔다. 발랄한 리듬이 짐을 가볍게 하고 모두의 기분을 되살렸다. 나는 엄마, 누나 앨리스와 엘리자베스와 나란히 걸었다. 청년 한 명이 뒤처져서 우리와 함께 걸었다. 말수가 적은 박헌영이었다.

소풍 다음 날, 나는 판에 박힌 일상생활로 되돌아가기가 힘들었다. 아버지, 최 선생과 그의 예쁜 비서, 모든 젊은이들은 생색나지 않는 일들을 또다시 시작하는 것이 훨씬 더 어려웠을 것이다 . 그러나 아버지와 동료들은 임시 정부를 지원해줄 새로운 친구들과 자금, 그리고 만주에서 일본과 맞서 싸우고 있는 한국 게릴라 부대를 위한 자금과 무기를 찾기 위해 젊은 혁명가들을 찾는 일을 다시 시작해야만 했다. 그리고 나는 내 일상생활로 되돌아가야 했다. 매일 학교에 가고, 학교가 파하면 야구를 하고, 토요일마다 엄마와 시장을 돌아다니는 것 말이다. 그런데도 나는 판에 박힌 생활에 빠져드는 것을 거부했고, 필요하다고 느끼면 어떻게든 어떤 형태의 우회로든 찾아냈다. 멀리 사는 친구를 방문하는 것, 축구 시합을 보기 위해 대학교를 돌아다니는 것, 혹은 미국식 아이스크림을 먹기 위해 와이탄으로 가는 전차를 타는 것, 항구에 늘어선 배를 보는 것 등이다. 일요일 오후, 나는 친구들과 함께 상하이 경마장으로 갔다. 거기에서 우리는 말을 타고 긴 자루가 달린 나무망치로 나무 공을 몰며 왔다 갔다 하는 백인들을 보았다. 그들은 그 게임을 '폴로'라고 했다. 우리는 폴로를 하려면 부자여야 한다고 생각했다. 우리는 또한 '크리켓'이라 불리는 게임을 하는 영국인들을 보았다. 그것은 좀 따분해 보였다. 나는 미국인들, 미국 전함의 선원 대부분이 하는 야구 경기를 관람하는 것이 더 좋았다.

어느 더운 여름날 저녁에 형들이 저녁 나들이를 함께 가자고 초대했다. 나는 놀랐고 기뻤다. 그들의 목적지가 유명한 놀이 공원인 신세계라는 것을 알았을 때 더욱더 그랬다. 나는 이 신기한 세계에 관해 놀라운 이야기를 많이 들었지만, 직접 보리라고는 전혀 기대하지 않았다. 그것은 짧은 저녁 나들이였기 때문에 두 명의 누나와 나만이 갈 수 있었다. 엄마는 누이동생 순옥과 어린아이들과 함께 집에 있어야 했다. 우리가 공원에 도착한 것은 황혼 무렵이었다. 공원 전역의 길에 매달아놓은 다양한 색의 불빛과 전등은 이미 불을 밝히고 있었다. 그리고 저녁 어둠이 공원을 뒤덮었을 때 그것들은 살아 있는 듯 밝게 반짝였다. 우리는 행상인들이 얼굴을 찌푸리며 손님들을 끌기 위해 소리치고 있는 늘어선 좌판과 가판을 천천히 지나쳤다. 사람들은 전 세계에서 팔려고 사온 수많은 이상한 물건을 구경하느라 넋을 완전히 빼앗겼다. 다른 곳에는 온갖 종류의 전시와 공연을 하는 채색된 천막이 있었다. 특히 내 마음을 사로잡은 것은 모든 좌판 앞에 전시된 선명한 포스터였다. 곡예사, 무용수, 꼭두각시, 마술사, 칼을 삼키는 곡예사, 불을 먹는 사람 등의 사진들 그리고 다른 많은 믿지 못할 사진들. 내가 간청하자 아버지는 우리를 데리고 마술 공연을 보러 갔다. 나는 마술사에게 홀렸다. 그는 인간이 아니라, 물건을 사라지게도 다시 나타나게도 하는 신비한 힘을 지닌 다른 세계에서 온 어떤 존재였다.

신비한 저녁의 가장 즐거운 일은 중국 오페라(경극*) 극장에 간 것이었다. 어른들은 공원에 온 실제 이유인 표를 구입하기 위해 줄을 서서 기다리면서 흥분되고 초조해했다. 나는 극장에서 다른 낯선 세계를 발견했는데, 거기 사람들 또한 이상하게 행동했다. 자리에 앉자마자 행상인이 우리에게 김이 나는 뜨거운 수건 한 쟁반을 가져다주었다. 나는 어른들을 바라보았다. 어른들은 수건을 털어 얼굴을 가볍게 두드리고 손을 닦았다. 마무리를 하고 난 뒤 앞좌석 뒤에 부착된 작은 선반에 수건을 놓았다. 이상한 의식처럼 보였지만, 마치 내가 평생 해본 듯 어른들을 따라 했다. 놀랍게도 뜨거운 수건으로 얼굴과 손을 닦는 것이 오페라를 볼 준비를 하는 가장 즐거운 방식이라는 것을 알게 되었다.

행상인이 되돌아와서 사용한 수건을 모두 치웠다. 그 뒤에 그는 두 개의 큰 찻주전자와 많은 찻잔을 선반에 내려놓았다. 그다음 그는 쟁반에서 몇 개의 작은 봉지를 꺼내어 찻주전자에 넣었다. 흥미로웠던 나는 어른들이 무엇을 할지 열심히 쳐다보았다. 어른들은 차를 따른 찻잔을 모두에게 건네주었다. 그러고 난 뒤 봉지를 열고 내용물을 꺼내어 씹기 시작했다. 그 뒤 뜨거운 차를 조금씩 마시며 씹고 있는 무엇인가를 꿀꺽 삼켰다. 나는 몸을 구부려서 봉지의 내용물을 꺼냈다. 세상에! 그것은 흔하고 평범한 씨, 호박·수박·해바라기 씨였다! 소금을 뿌리고 볶았다는 점을 제외하고 말이다. 씨를 씹고 뜨거운 차를 마시는 것, 그것은 오페라의 서막이었다. 그리고 이 의식은 극장 도처에서 벌어졌다!

씨를 씹는 행위는 악사들이 각자의 악기와 휴대용 의자를 가지고 무대에 등장하자 조금 줄어들었다. 악사들은 무대 한편으로 가서 의자에 앉아 자신들의 악기를 조정하고 조율하기 시작했다. 수많은 현악기와 관악기 그리고 다양한 북과 심벌즈가 있었다. 그런 다음 어떠한 안내나 발표도 없이 연주를 시작했다. 빵 울리는 혼란스러운 소리들이었다. 현악기의 날카로운 선율만이 완전한 일그러짐을 막고 있었다. 나는 열심히 귀를 기울이며 음악 양식을 알아내려고 애썼다. 불가능했다. 부조화, 예측할 수 없는 리듬 그리고 충격적인 불협화음에 나는 완전히 실망했다.

　시작할 때처럼 음악이 갑자기 멈췄다. 침묵. 시끄러운 북의 쿵쿵거림으로 침묵이 깨졌다. 빠르기와 세기가 천천히 조금씩 높아졌다. 마지막 소란한 북소리를 끝으로 극의 남자 주인공이 등장했다. 그의 정교하고 화려한 의상과 인상적인 자세로 보아, 우리의 주인공이 실제로 용감한 전사였다는 것은 의심의 여지가 없었다. 등에 매달고 온 깃발들, 여러 겹의 머리 장식물, 얼굴에 그려진 험악한 가면 모두 그의 높은 지위와 특징을 입증했다. 저음의 북소리와 함께 그는 자랑스러운 주인공에 어울리는 찬찬한 걸음으로 천천히 무대 앞쪽으로 뽐내며 걸었다. 합주단이 새로운 불협화음 소리를 터뜨리자 우리의 주인공이 노래를 시작했다. 그는 전장에서의 개인적인 전력을 말하고 전사로서의 자신의 기량을 청중에게 확인시키고 있었다. 어른들이 통역해준 그의 말은 설득력이 있었고, 말을 하며 팔로 곡선을 그리는 듯한 우아한 몸짓을 했다. 극적인 아리아를 마치고, 그는 자신의 아주 오래된 칼을 번뜩이고, 휘두르고, 찌르고, 빙글빙글 돌리며 최상의 검술을 보여주었다. 노래가 끝나고 한편으로 뽐내며 걸어가서 위풍당당한 자세를 취했다. 청중은 박수와 함께 큰 소리로 "좋아! 좋아! 아주 좋아!"라고 외쳤다.

　다시 한 번 저음의 북소리와 함께 무대 위로 다른 인물이 등장했다.

그 또한 인상적인 의상을 입고 있었다. 등에서 펄럭이는 깃발들, 얼굴에 그려진 험악한 분장 모두가 그도 전사라는 것을 암시했다. 그러나 그의 의상 색과 화장은 주인공과 매우 달랐다. 어둡고 수수했다. 그리고 칼 대신에 이 전사는 긴 삼지창을 들고 있었다. 그는 자신의 용맹 그리고 그가 치렀던 많은 전투에 대해 노래를 시작했다. 설득력 있고 위협적인 몸짓을 하며 노래를 불렀다. 청중은 그의 믿기 어려운 창 다루는 솜씨, 번개 같은 도약, 노래에 맞는 완벽한 리듬의 빙빙 돌기에 또 다른 함성을 질렀다.

"좋아! 좋아! 아주 좋아!"

그는 긴 아리아를 끝내며 우리의 주인공과 마주 보는 쪽으로 으스대며 걸어가서 위협적인 자세를 취했다.

이제 저음의 북소리와 함께 검을 빙글빙글 돌리며 병사들이 무대에 등장했다. 음악은 병사들이 우리의 주인공 뒤에 자리를 잡을 때까지 활기차고 빨라졌다. 어두운 제복을 입은 또 다른 병사들이 무대에 등장해, 묘기를 부리고 검은 전사 뒤에 자리를 잡았다. 큰 전투가 막 일어나려는 것처럼 보였다.

오랜 침묵에 이어 마침내 피리 독주에서 흘러나오는 황홀한 선율이 청중 속으로 울려 퍼졌다. 전등이 어둑어둑해지고, 가냘프고 하얀 모습이 무대에 등장했다. 여주인공이었다. 그녀는 청중 쪽으로 굉장히 우아하게 걸어왔다. 금은으로 장식된 아름답게 빛나는 드레스와 머리에 있는 밝은색 술이 달린 작은 왕관을 알아볼 수 있었다. 연약한 손에는 비단으로 만든 부채가 있었다. 그녀의 단순하게 화장한 얼굴, 가늘게 그린 검은 눈썹, 상기된 장밋빛 뺨과 타오르는 붉은 입술이 마음을 사로잡았다. 그녀의 미모는 거의 섬뜩하다 할 만했다. 그녀는 고음의 가성으로 노래를 시작했고, 처음으로 합주단이 조용한 음조로 반주를 했다. 그녀는 미묘한 동작을 하며 자신의 긴 여행에 관한 이야기를 노래했다.

"이해가 되니?"라고 옆에 앉은 어른이 물어보았다.

"아니요"라고 속삭이듯 대답했다.

"보거라. 그녀는 산을 넘기 위해 말을 타고 있단다"라고 옆의 어른이 말했다. 사실 나는 그녀의 동작과 무언극으로 그녀가 우아하게 말을 탄 뒤에 이어질 산을 넘는 어렵고 고된 여정을 눈앞에 그릴 수 있었다.

"이제 주의 깊게 그녀를 살펴보거라"라고 어른이 말했다.

"그녀는 산에서 내려와 강기슭에 도착했다. 말에서 내리는 그녀를 볼 수 있지?"

나는 무대 위의 모든 연극이 너무나 현실적이라는 것을 믿을 수 없었고, 여주인공의 모든 장면에는 가장 복잡하고 당김음으로 된 선율이 흘렀다.

"이제 말해주렴, 저 숙녀가 무엇을 하고 있다고 생각하느냐?" 어른이 물었다.

"그녀는 무언가에 올랐어요"라고 내가 말했다.

"그렇다. 그녀는 배를 타고 있다"라고 어른이 맞장구쳤다.

"지금 그녀는 무엇을 하고 있죠?"라고 내가 조급하게 물었다.

"그녀는 강을 건너고 있다. 엄청나게 거센 파도가 그녀가 탄 배를 흔들고 있는 게 보이지."

배는 마침내 기슭에 도착했고, 여주인공은 배에서 내렸다. 그녀는 한쪽으로 몸을 돌리고, 위풍당당한 자세로 서 있는 우리의 주인공을 처음으로 알아본다. 그녀는 주인공을 보자 기뻐하며, 발끝으로 살금살금 걸으며 무대를 가로질러 그에게 다가가 열광적인 아리아를 부른다. 그러고 나서야 그녀는 분노로 떨고 있는 반대편의 검은 전사를 본다. 그녀는 그에게 미끄러지듯 가서 깃발, 의복 그리고 마지막으로는 얼굴을 부채로 치며 그를 괴롭힌다. 참을 수 없어진 검은 전사는 무대 중앙으로 뛰어 올라 창으로 자신의 솜씨를 확실하게 보여준다. 이에 대응해 우리의 주인공이 자신의 적을 밀어붙이고 허공에서 복잡한 검술 솜씨를 펼쳐 보인다. 아름다운 여주인공을 차지하기 위해 두 전사 모두 목숨을 바칠 각오가 되어 있음이 분명했다.

북과 심벌즈에서 갑자기 터져 나온 고막이 터질 듯한 소리가 피할 수 없는 전투를 예고했다. 맞서 있는 두 전사의 병사들이 무대 중앙으로 돌진해 전투에 가담한다. 칼들이 부딪치고, 공격과 후퇴를 위해 뛰어오르고 구르고, 소용돌이치는 병사들과 칼에 청중은 열광한다. 전사들의 명령에 따라 병사들이 주군들을 무대에 남겨둔 채 싸움을 멈추고 사라진다.

이제 목숨을 건 전투가 시작된다. 검과 창의 대결. 두 명의 경쟁자는 서로에게 다가가 마주 본다. 그들은 번갈아 자신의 도전을 노래하고, 그들과 겨루는 자는 모두 죽이겠다는 맹세를 선언한다. 그들이 유리한 지점을 향해 뻗은 무기를 들고 원을 그리면서 노래 분위기는 점점 더 불길해진다. 전투가 더 격렬하고 난폭해지자 북소리와 심벌즈의 부딪힘도 빨라진다. 검은 전사가 과감하게 움직이자 우리의 주인공이 번개 같은 공격에서 벗어나 그 전사의 창을 땅바닥에 떨어뜨리려고 그를 궁지에 몰아넣는다. 승자는 뛰어올라 바닥에 엎어진 몸 위에 자신의 무거운 신발을 올려놓고 승리의 아리아를 부른다. 기쁨에 찬 숙녀가 살금살금 정복자에게 걸어가 자신의 비단 부채로 영웅의 뺨을 부드럽게 스치며 요염한 선율로 보답한다.

"좋아! 좋아! 아주 좋아! 아주 좋아!" 모든 관객이 인정한다고 마음껏 외치며 활기를 띠었다.

나는 극장에서 나오면서 아름다운 여주인공에 대한 이야기를 멈출 수 없었다.

"그렇지만 그녀와 사랑에 빠지지는 말거라"라고 어른이 나에게 경고를 했고, 모두 웃음을 터뜨렸다. 나는 당황해하며 어른들이 비웃는 것에 조금 화를 냈다.

"왜요? 왜 안 되죠?" 나는 화가 나서 그들에게 반박했다.

"그리고 왜 모두 비웃는 거죠?"

"글쎄, 아름다운 여주인공이 실제로는 남자거든"이라고 어른이 달래듯 말했다. 그런 뒤 침착하게 설명했다.

"중국 오페라에서 여주인공은 항상 남자가 맡는단다. 네가 본 아름다운 여주인공 역할은 매우 유명한 배우 메이란팡[1]이 맡았단다."

환멸감에 내 마음이 산산조각 났다. 하지만 기회가 있을 때마다 나는 계속 메이란팡을 보러 갔는데, 그는 중국 오페라 역사에서 전설이 되었다.

상하이에서의 또 다른 소중한 경험은 미국 활동사진을 발견한 것이다. 우리는 전차를 한참 타고서야 그곳에 도착했고, 눈부신 전등과 벽을 따라 붙어 있는 배우들의 거대한 포스터가 우리를 맞이했다. 친구들은 계단을 올라 발코니로 나를 데려갔다. 자리에 앉자마자 행상들이 우리를 맞이했는데, 뜨거운 수건과 볶은 씨앗이 아니라 껌과 사탕을 팔았다. 음악도 있었는데, 중국 합주단의 불협화음이 아니라 유쾌하고 웅웅 하는 파이프오르간 음악이었다. 이 미국 영화관은 중국 오페라 극장만큼

---

[1]   메이란팡(梅蘭芳, 1894~1961)의 본명은 하오팅(鶴亭)으로, 여자 역을 맡은 남자 배우다. 경극에 현대극을 도입해 중국 전통 희곡인 곤곡(崑曲)을 부흥시킨 중국의 경극 배우다.

낯설었다. 전등이 꺼지고 커다란 흰색 스크린에 갑자기 활동사진이 나타났다. 그 오르간은 공연 내내 때로는 부드럽고 천천히, 때로는 크고 빠르게, 스크린에서 벌어지는 일에 따라 계속 연주되었다.

내가 본 첫 영화는 〈웨이 다운 이스트(Way Down East)〉[2]였다. 릴리언 기시(Lillian Diana Gish)[3]라는 이름의 여배우가 여주인공 역할을 했다. 그녀는 매우 섬세하고 아름다웠고 영화는 너무 슬퍼서, 나는 울지 않을 수 없었다. 나는 그녀가 얼음에 휩쓸려 폭포를 향해 갈 때 감정을 주체할 수 없었다. 청중은 발을 구르며 소리치기 시작했다.

"멈춰! 멈춰! 멈춰!"

"그녀를 구해야 해! 그녀를 구해야 해! 누가 그녀 좀 구해줘!"

나는 사람들과 합세해 할 수 있는 대로 크게 고함을 질렀다. 극장은 대혼란에 빠졌다. 우리의 외침에 응답하듯이 마지막 순간에 여주인공은 건져 올려져 끔찍한 운명에서 구조되었다. 안도의 한숨에 이어 박수갈채가 계속되었다.

그토록 황홀한 미국 영화에 나는 평생 중독자가 되었다. 나는 최대한 돈을 저축해 토요일 오후에 마술 극장을 계속 다시 찾았다. 그래서 오르간 연주자가 연주하는 노래들에 꽤 익숙해졌다. 그렇지만 말을 알아들을 수 없었기 때문에 오르간 연주를 들을 때 흥얼거리며 휘파람을 불었다. 몇 년 후에야 내가 휘파람을 불었던 몇 곡의 곡명을 알아냈다. 「켄

---

2   1890년대 멜로드라마인 연극 〈웨이 다운 이스트〉를 그리피스(David Wark Griffith)가 1920년에 영화로 만들어 흥행에 성공했다.

3   본명은 릴리언 다이애나 데 가이치다. 1910년대와 1920년대 무성 영화 시절의 스타로 그리피스가 연출한 〈보이지 않는 적〉에 처음으로 출연했으며, 1912년부터 1978년까지 영화배우로 활동했다. 〈국가의 탄생〉, 〈주홍 글씨〉 등에 출연했다.

터키의 옛집」, 「스와니 강」, 「올드 블랙 조」, 「양키 두들」, 「성조기여 영원하라」.

나는 또한 폴라 네그리(Pola Negri)[4]를 발견했다. 나에게는 누구보다 완벽한 여배우였다. 릴리언 기시와 매우 다르게, 그녀는 아주 작지도 연약하지도 않았다. 그녀는 허약하거나 무력하지 않았다. 그녀는 강하고 위엄이 있었다. 그녀의 동작은 위풍당당했으며 걸음걸이도 아주 당당해, 그녀가 등장할 때마다 사람들은 그녀에게 자리를 내주기 위해 물러섰다. 그러한 아름다움, 품위와 자존심을 기념하며, 내 첫째 딸의 이름을 '파울라(Paula)'로 지었다. 나는 네그리의 이름 철자를 그렇게 쓰지 않는다는 것을 몰랐다.

돈은 없고 시간만 있었을 때, 나는 종종 프랑스 공원에 갔다. 프랑스 조계 한복판에 위치한 그곳은 깔끔하게 손질된 잔디와 이국적인 정원으로 유명했다. 눈에 띄는 표지판이 공원을 지키고 보호하기 위해 모든 입구에 세워졌다. "개와 중국인 출입 금지." 이것은 1세기 동안 그 땅을 약탈한 뒤에 유럽인이 중국인에게 숱하게 행한 일종의 모욕이었다. 중국에서 가장 크고 가장 근대적인 항구도시 상하이는 서양의 '전함 외교 (Battleship Diplomacy)'[5]의 포상 중 하나였다. 서양인들이 길거리에서 지팡이로 중국인들을 때리는 광경은 일상적이었다. 나는 종종 서양 선원

---

4   폴란드 출신으로 유럽의 영화배우 중 미국으로 진출한 최초의 배우다. 〈마담 뒤바리〉, 〈하이 디들 디들〉, 〈문 스피너스〉 등의 영화에 출연했다.

5   포함 외교(Battleship Diplomacy)라는 말이 주로 쓰인다. 항공모함이나 장거리 폭격기를 동원한 원거리 공격이 불가능했던 시절 전함은 장거리 공격 및 병력 이동을 가능하게 했다는 점에서 군사력을 상징했다. '전함 외교'는 군사력을 상징했던 이 전함을 내세워 '문호 개방'이라는 명목으로 서양 제국주의 국가들이 아시아, 아프리카 등의 국가를 굴복시킨 것을 일컫는다.

들이 인력거꾼들에게 침을 뱉고 그들을 발로 차는 것을 보았는데, 인력 거꾼들은 온종일 그들을 태워주고 돈을 달라고 애걸했다. "개와 중국인 출입 금지." 이 표지판은 중국인들이 어쩔 수 없이 감내해야만 하는 모든 굴욕과 모욕의 전형이었다.

나는 서양식 옷을 입고 있어서 프랑스 공원에 들어갈 수 있었다. 그런데 나는 왜 그곳에 갔고, 또 계속해서 갔을까? 나는 구제불능으로 호기심이 많았고, 적잖이 질투심도 있었다. 나는 금지된 세계가 어떠하고 자신들의 보호 구역 안에서 그들이 무엇을 하는지 알아내야 했다. 처음에나는 공들여 손질한 잔디와 정원에 깜짝 놀랐다. 그것들은 우리 집보다더 관리가 잘된 것처럼 보였다. 심지어 연못 주변의 하얀 백조조차 무례하고 거만해 보였다. 그리고 다른 사람들처럼 행동하는 서양인들을 보았다. 상하이에서 처음으로 나는 그들이 즐겁게 뛰놀고 웃는 것을 보았다. 짧고 얇은 옷을 입은 그들은 작은 흰색 공을 쫓으며 뛰고 소리치고 있었다. 그들은 정말로 경기를 하고 있었다. 내가 서울에서 미국인들이하는 것을 보았던 것과 같은 테니스 경기 말이다.

상하이에서의 삶이 항상 모험과 재미가 있었던 것은 아니다. 사실 대부분의 시간은 지루함과의 싸움이었다. 온 가족이 심각한 우울증에 빠져 있었는데, 대개는 돈이 부족했기 때문이다. 그러나 내가 가장 우울했던 순간은 아버지와 엄마가 다툴 때였다. 말다툼은 아이들의 귀에 들리지 않도록 숨죽인 목소리로 시작했다. 그러나 불만이 고조되면 목소리는 서로에게 소리칠 정도까지 높아졌다. 엄마가 아버지에게 너무나 순하고 과묵하다고 잔소리하는 것을 듣는 것이 내게는 고통이었다.

"왜 당신은 항상 가장 늦게 돈을 받나요?"라고 엄마가 아버지를 책망했다. "왜 당신은 아이들이 굶주리고 있으니 당신이 받아야 할 몫을 우선 받아야 한다고 주장하지 않나요?"

아버지는 말없이 있다가 폭발했다. "나는 거지가 아니야!"

그러한 고통스러운 순간은 항상 엄마가 집을 나가는 것으로 끝났고, 대부분 나를 데리고 갔다. 엄마는 곧장 회계 담당자의 집으로 가서 위기를 해소할 돈을 얻을 때까지 자리를 뜨지 않았다. 회계 담당자는 금고에 돈이 없다는 것을 설명하려고 애쓰는 친절한 사람이었다.

"그렇다면 가서 찾아보는 게 좋겠네요, 나는 당신이 돈을 가져올 때까지 자리를 뜨지 않을 것이니까요."

회계 담당자는 공허한 위협이 아니라는 것을 알고 있었고, 어떻게든 엄마를 위해 돈을 어렵게 구했다. 다시 한 번 가족의 위기는 끝이 났다. 저녁 식사 후에 아버지는 엄마가 소리치는 것을 흉내 내어 우리 모두를 웃겼다.

임시 정부의 재원은 계속 줄어들어 최고 지도부조차 버틸 수 없었다. 어쩔 수 없이 우리는 중국 빈민가의 더 싼 곳으로 이사했다. 그랬는데도 우리는 항상 근근이 살아갔다. 엄마가 시장에 가는 횟수가 점점 드물어졌고, 결국 회계 담당자의 집에 가는 것을 포기했다. 이제 우리는 하루에 한 끼만 먹었고, 먹을 것을 기다리는 어린 동생들은 배가 고파 울었다. 더는 견딜 수 없었던 엄마는 나에게 약간의 돈과 그릇을 쥐어 주고 국수 가게로 보냈다. 내가 돌아오자 엄마는 작은 그릇에 국수를 조심스럽게 담아서 모두 조금씩 먹게 했다. 국물은 묽었고 국수는 충분하지 않았지만, 뜨거워서 배고픔을 피하는 데 도움이 되었다. 이 고통스러운 시기는 어느 날 누군가가 우리에게 돈을 가져다줄 때까지 꽤 오래 지속되었는데, 우리 가족에게 나누어 준 소중한 돈은 한국에서 온 것이었다.

우리의 새집은 노점상과 인력거꾼이 사는 외곽 지역에 있었다. 이 사람들은 극빈한 상태였지만, 우리가 한국인이라는 것을 알아차리고는 우리를 경시하고 우리의 이름을 부르기 시작했다. 우리는 그들을 무시하는 척했지만, 그들이 우리를 "망국노!"라고 조롱할 때는 무척 참기 어려웠다. 사실 우리는 피정복 민족이었지만, 이 가난에 시달리고 무지한 노동자들에게 '나라 잃은 노예들'로 불리는 것은 참을 수 없었다. 그것은 어느 여름날 오후 중국 소년들이 우리 집 앞에 와서 나에게 "망국노야! 망국노야! 망국노야!"라고 놀리기 시작했을 때 한계점에 다다랐다. 우리는 그들을 무시하려고 했지만, 그들은 조롱을 멈추지 않았다.

어떤 일이 일어나고 있는지 내가 알기 전에, 나는 물이 담긴 양동이를 들고 문으로 달려가는 아버지를 보았다. 나는 중국 소년들에게 물을 뿌리는 것을 보기 위해 뒤따라갔다. 물을 끼얹겠다고 반복하자 아이들이 흩어졌고 혐오스러운 조롱도 결국 멈췄다. 그러나 그것이 끝이 아니었다. 잠시 뒤에 나는 프랑스 경찰과 아이들이 함께 오는 것을 보았다. 영국이 국제 조계의 치안을 유지하기 위해 인도에서 시크교도들을 데려왔던 것처럼, 프랑스가 경찰로 일을 시키기 위해 상하이에 데려온 안남인이나 인도차이나인이었다. 우리는 경찰이 뭐라고 소리치는지 알아들을 수 없었지만 그는 재빨리 아버지와 나에게 수갑을 채워 길로 끌고 갔는데, 승리감에 뒤를 따르는 중국 소년들이 다시 외치기 시작했다. "망국노야! 망국노야! 망국노야!"

경찰서에서 우리는 지하 감옥 같은 방에 갇혔다. 나는 한 번도 감옥 내부를 본 적이 없었는데, 어둡고 눅눅하고 악취가 나서 깜짝 놀랐다. 두려운 생각이 번개처럼 스쳤다. 이 감옥에서 남은 내 인생을 보낼 것이라는 생각 말이다.

아버지는 내가 두려워하는 것을 알아챘다. 아버지가 내게 다가와서 내 머리를 쓰다듬으며 말했다.

"베드로야, 두려워 말거라. 두려워하지 않으면 어떤 것도 이겨낼 수 있단다."

아버지의 단단한 손, 위로하는 목소리, 두려움 없는 말이 나를 진정시켰고 힘을 주었다.

"알았어요, 아빠. 두렵지 않아요"라고 나는 말했다.

여전히 나는 왜 우리가 체포되어 갇혔는지 이해할 수 없었다. 나를 안심시키고 시간을 보내기 위해 아버지는 나에게 『성경』에 나오는 사자의 굴로 던져진 다니엘 이야기를 해주기 시작했다.

"그런데 사자들은 그를 해치지 않았단다. 왜냐하면 다니엘이 사자들을 무서워하지 않았기 때문이란다"라고 아버지가 말했다. 나는 다니엘 이야기를 알고 있었지만, 상하이 감옥의 어둠 속에서 아버지가 이야기해주는 것을 듣다보니 더욱 가슴에 와 닿았다. 나는 다니엘처럼 되리라고 마음을 먹었다.

우리는 간수가 감옥 문을 열고 판사에게 우리를 데려가는 바람에 깜짝 놀랐다. 중국 통역관을 통해 우리가 중국 아이들을 때렸기 때문에 체포되었다는 말을 들었다. 우리를 체포한 경찰이 증언을 하기 위해 법정에 나왔다. 나는 내 눈을 믿지 못했다. 그는 갈기갈기 찢긴 제복을 입고 있었다. 그의 진술은 짧고 간결했다. 그가 한국인 아버지와 아들이 때리고 있는 아이들을 도우러 갔는데, 그들이 자신을 공격해 제복을 찢었다. 판결 또한 짧고 간결했다. 유죄. 그들을 감옥에 처넣어라. 우리는 지하 감옥에 다시 갇혔다.

내가 경찰의 범행 조작에 대해 얻은 첫 교훈이었다. 갑자기 배가 고파졌다. 하루 종일 아무것도 먹지 못했다! 그런데 어떻게 그런 시간과 장소에서 배가 고파질 수 있었을까? 그래도 나는 배가 고파 죽을 지경이었다. 왜 먹을 것을 주지 않지? 왜 우리를 괴롭히지? 우리는 이 더러운 감옥에서 나가게 될까? 온갖 끔찍한 질문이 나에게 밀려들었다. 아버지는 나를 붙잡아 당신에게로 가까이 당기며 좋아하는 찬송가를 흥얼거리기 시작했다. "전진하라 기독교 병사들이여, 전장으로 가듯이 행진하면서……." 그러고는 나에게 계속 다짐했다. "우리는 나가게 될 거야, 베드로야……. 우리는 나가게 될 거야……."

시간이 얼마나 흘렀는지 모르지만 다시 한 번 간수 때문에 깜짝 놀랐다. 간수가 감옥 문을 달가닥거리며 열더니, "집으로 가!"라고 소리쳤다. 우리는 지하 감옥을 더듬으며 눈이 부신 불빛이 있는 곳으로 갔다. 그리고 그가 있었다! 우리의 은인! 젊은 혁명가이자 충직한 친구 박헌영이었다! 그는 너무 오래 걸려 죄송하다고 했다. 그는 뇌물을 마련하는 데 조금 어려움이 있었다고 말했다. 아버지는 감사해하며 그가 우리를 구해줄 수 있는 한 사람일 것으로 확신했다고 말했다. 우리는 마침내 풀려났고 안도하게 됐지만, 치욕의 고통이 마음속에서 떠나지 않았다. 우리 세 사람은 침울한 기분으로 집으로 걸어갔다.

CHAPTER 10

어린 혁명가들

　나는 소년혁명단 회원이 되었다. 그것은 소년들의 비밀 모임으로, 대부분이 지도자들의 아들이었다. 주요 목적은 '한국 독립운동'에 기여하는 것이었다. 모두 열세 살 혹은 열네 살밖에 되지 않았지만 우리는 매우 심각했다. 우리의 서약 — 우리는 필요하다면 한국 독립을 위해, 두려움 없이 그리고 절대로 누구도 배신하지 않고 우리의 생명을 바칠 준비가 되어 있다. 우리의 활동은 여러 방면에 걸쳐 있었다. 강인한 신체를 위한 온갖 종류의 운동에서부터 대중 집회를 위한 선전물 배포 그리고 마지막으로는 첩자와 반역자로 의심되는 자들을 찾아내는 것이었다. 우리는 빈틈없이 우리의 비밀을 지켰다. 회원의 이름, 특별한 신호와 메시지를 위한 비밀 암호, 그리고 무엇보다 가장 중요하게는 우리의 금고에 있는 돈과 그 돈이 보관된 곳을 지켰다.

　물론 우리의 치열한 애국심은 부모에게서 물려받았지만, 그것은 상하이의 모든 한국 청소년들을 교육하기 위해 혁명가들이 설립한 인성학교(仁成學校)[1] 교실에서 육성되었다. 나는 이미 한국에서 초등학교를 졸업했지만, 이것이 진정으로 한국 독립 학교였기 때문에 재입학했다. 연산과 지리와 같이 내가 이미 배운 과목들을 새로운 의미와 목적을 갖고 배웠다. 또한 이 학교는 일본이 운영하는 한국의 학교들에서는 전혀 배울 수 없었던 과목들을 가르쳤다. 이제 나는 처음으로 한국의 예술, 역사, 업적에 대해 배웠다. 인성학교에서의 이러한 배움은 우리에게 애국심을 고취했고, 우리는 애국심을 고귀한 감정만이 아니라 삶의 임무로 고려하라고 배웠다.

나는 '코리아'라는 이름을 고려 왕조와 처음으로 접촉한 서양인들이 붙여주었다는 것을 알게 되었다. 그러나 한국 역사는 고려 시기 2000년 전으로 거슬러 올라간다. 신화와 전통에 따르면, 한국에서 처음으로 조직된 사회는 단군으로 알려진 신화적 인물이 기원전 2333년에 수립했다. 기록된 역사는 기원전 1122년 한국에 정착한 기자가 이끄는 중국 탈출민들에서 시작했다. 기자는 함께 온 예술가, 학자 등과 함께 최초의 한국 왕조를 세웠고, 조선 즉 조용한 아침의 나라라고 불렀다. 나는 우리 가족의 선조들이 중국에서 기자와 함께 왔다고 믿고 있다. 기자와 그의 추종자들은 토지를 경작하고, 강과 바다에서 음식물을 얻고, 더 좋은 옷과 집을 만들고, 중국 문자를 배우는 법을 원시 사회의 한국인들에게 가르쳤다.

1   1917년 2월 중국 상하이에서 한인 거류민의 자녀를 교육하기 위해 몽양 여운형이 설립한 초등 교육 기관으로, 1920년에 대한민국 임시 정부 산하 상하이 한인 거류 민단 소속의 공립 학교가 되었다. 지금의 초등학교인 소학교 졸업생과 국내에서 유학을 온 학생들에게 중국의 상급 학교로 진학하기 전 한문, 영어, 산학 등을 교육시켰다. 1932년에는 유치원과 야간부도 설치했으며, 1926년과 1942년에 교사를 옮겼다. 광복 이후에도 존속했으나 학생 수가 줄어 1975년 폐교되었다.

그렇게 시작하여 1천여 년이 지나 한국인들은 고구려로 알려진 강력한 왕조로 성장했다. 고구려는 만주의 넓은 지역뿐 아니라 한국의 북부전 지역에 걸쳐 있었다. 가축을 기르고, 어업 및 사냥으로 보완되는 성대한 농업 경제였다. 이미 청동과 철기 문화를 발전시켰다. 정부는 각각에게 부여된 특별한 임무를 책임지는 부서들로 조직화되었고, 또한 법, 도덕, 종교를 만들어냈다. 그들의 군사력은 아주 대단하여 몽골[2]과 중국 침략자들의 공격을 격퇴했을 뿐 아니라 중국 변경 지역을 정복했다.

이와 동시에 이 시기에 두 개의 문명의 발상지가 나타났다. 하나는 남동부 지역에 신라로 알려진 것이고, 다른 하나는 백제라 불리는 서남부 지역의 것이다. 고구려와 함께 신라와 백제 왕조는 한국의 역사에서 '삼국 시대'로 알려졌다. 백제 왕조의 역사는 더 짧았지만, 일본과의 관계에서 특히 지속적인 흔적을 남겼다. 섬나라 사람들을 가르치기 위해 일본에 예술가와 장인을 보낸 것이 백제 왕조였다. 기원후 285년에 백제는 일본의 문화가 활성화하도록 돕기 위해 주조가, 직조 기술자, 와공, 도공을 파견했다. 더구나 일왕의 요청에 따라 유명한 한국 학자 왕인[3]이 일본 왕족에게 중국의 고전을 가르치기 위해 파견되었고, 그의 일본 이름은 와니(わに)였다. 그런데 백제 왕조는 향락에 빠지면서 급속히 쇠락해 기원후 600년[4]에 강국 신라에 무너졌다. 그 뒤 중국의 신흥 왕조 당과 연합한 신라는 고구려마저 정복해 한반도 전체를 통일했다. 신라 왕조는

---

2   몽골족이 국가를 이루어 한반도를 침략한 것은 13세기인 1231년으로, 저자가 침략 시기를 혼동한 것으로 보인다.

3   왕인(王仁)은 일본의 고대 역사서인 『고사기(古事記)』와 『일본서기(日本書紀)』, 『속일본기(續日本紀)』에 전해 내려오는 백제의 학자로, 일본에 가서 한자와 유교를 전한 것으로 알려져 있다.

4   백제는 기원후 660년에 멸망했다.

'황금시대'로 알려진 몇 세기 동안 번창했다.

천 년에 가까운 지배가 끝날 무렵 신라는 지배자들의 불화에 휩싸였다. 왕건이 나머지 세력들을 제압해 왕조의 지배권을 차지했다. 기원후 1231년에 몽골이 쳐들어왔을 때, 수만 명의 고려인과 셀 수 없는 자료가 칭기즈 칸(1231년에는 오고타이 칸이 통치하고 있었다*)의 야심적이지만 무모한 모험에 희생되었다.

몽골인들은 고려를 떠날 수밖에 없었고, 그 뒤 황폐화된 왕조는 자신의 영향력을 이용해 모든 국정을 지휘했던 불교 수도승(신돈*)과 승려의 지배하에 들어갔다. 혼돈과 혼란 속에서 이성계 장군은 반역을 일으켜 왕조의 지배권을 넘겨받았다. 그것이 '떠오르는 태양의 자손' 일본에게 1910년 정복될 때까지 500여 년간 지배한 마지막 왕조 조선의 시작이다.

상하이 인성학교에서 이 년간 한국의 예술과 역사를 공부하며 나는 진정한 한국인으로 다시 태어났다. 즉 일본 지배자들의 통치하에 살았던 시절을 더는 부끄러워하지 않았고, 애국적이며 자부심이 강해졌다. 인성학교에서 배웠던 역사의 교훈은 매우 생생해 나는 영광스러운 모험, 예술에서의 매우 아름다운 업적, 침략자들에 맞선 끔찍한 전쟁을 실제로 체험한 것 같았다. 영웅과 여걸, 위대한 예술가와 학자에 공감했다. 오랜 역사를 거치면서 왕조는 각각 풍부하고 색다른 흔적, 즉 고구려는 병법, 신라는 아름다운 절과 탑, 고려는 불교의 번성과 유명한 청자를 남겼다.

조선 왕조 또한 외국 침략자들, 남쪽으로는 일본인, 북쪽으로는 만주족에 맞서 싸웠다. 히데요시는 1592년에 만주와 중국을 정벌하기 위한 발판으로 한국을 이용하려고 했다. 그러나 그의 꿈은 유명한 한국의 애국자 해군 제독 이순신에 의해 산산조각 났다. 장갑 거북선 함대를 이끈

이순신 제독은 일본 함대 대부분을 침몰시켰다. 물론 이순신 제독은 나의 영웅이 되었고, 나 또한 언젠가는 일본 억압자들로부터 한국을 구하겠다는 꿈을 꾸었다.

히데요시의 일본군이 패배하자 곧 북쪽으로부터 만주족의 공격이 뒤따랐다. 그들은 한국의 북부 대부분을 빠르게 장악했고, 서울 함락을 앞두고 있었다. 국토가 황폐화되고 수많은 민중이 노예로 잡혀가자, 한국은 어쩔 수 없이 만주족의 종주권을 받아들였다.[5] 외세를 상대하면서 느낀 그러한 반복된 환멸로 결국 왕들은 국경을 봉쇄하고 외부 세계와의 모든 접촉을 피하게 되었다. 그리하여 한국은 '은자의 나라'라는 별명을 얻었다.

의도적인 고립에도 불구하고 조선 왕조는 주목할 만한 발전을 이루었다. 공교육 체계를 제도화했고, 관리를 등용하기 위한 과거를 도입했으며, 범죄자의 처우를 인간답게 했고, 더욱 평등한 세금 체계를 고안했다. 구텐베르크보다 약 50년 전에 한 한국인이 문학 고전 출판을 엄청나게 급증시킨 가동 활자를 발명한 것도 이 시기였다. 또 다른 주목할 만한 성과는 학자들이 한국의 표음문자(한글*)를 만들었다는 점이다. 그때까지 중국 문헌이 유일한 학습 교재였고, 몇몇 선택된 특권층만이 그것을 살 여유가 있었다. 표음문자는 이 모든 것을 변화시켜, 글을 읽고 쓸

---

5   인조 14년인 1636년 12월부터 1637년 1월에 걸쳐 청이 제2차 침입을 함으로써 일어난 병자호란을 말한다. 1637년 1월 30일 인조는 세자와 함께 한강 동편 삼전도(三田渡)에서 명과의 관계를 완전히 끊고 청에 복속한다는 맹(盟)의 예를 행했고, 청은 소현세자, 빈궁, 봉림대군(뒷날 효종)을 볼모로 잡아갔다. 한편 제1차 전쟁은 정묘호란으로 인조 5년 1627년에 후금(後金, 청으로 개명하기 전의 이름)의 침입으로 일어났으며, 1월 중순부터 3월 초에 걸쳐 약 2개월 동안 계속되었다.

줄 아는 능력이 종전과 같이 예외가 아니라 보편적인 것이 되었다. 다른 어떤 단일 요소보다 더 한국인들의 통일된 민족정체성을 형성하는 요인이 문자다. 아, 내가 국문(나라 고유의 글자)이라 불리는 한글의 기원을 배웠다는 것이 얼마나 자랑스러운지.

그 뒤 근대 시대의 한국 역사를 공부하게 되었다. 조선 왕조가 국가 고립주의를 취했지만, 중국, 러시아, 일본이라는 주변 국가들이 탐욕스러운 의도를 단념한 것은 아니었다. 1876년 일본은 조선에 통상조약을 강요했고, 그 뒤 1882년 미국과의 유사한 조약이 이어졌다.[6] 그러나 뒤의 조약은 외세가 공격할 때 상호 간에 지원한다는 약속을 포함하고 있었다. 조선 지배를 둘러싸고 점차 경쟁이 강화되어, 1894년 중일전쟁이 일어났고, 1904년 러일전쟁으로 이어졌다. 두 번의 전쟁에서 승리한 일본은 자신을 한국의 유일한 '보호자'로 선언했다. 한국은 미국과의 조약을 일깨우며 도움을 호소했다. 루스벨트 대통령은 도움을 청하는 호소를 무시하고 한국인들에게 "일본과 협력하라"라고 충고했다. 러시아와 일본 사이의 평화 협정이 뉴햄프셔 주 포츠머스에서 체결된 것은 우연이 아니었다. 그러한 것에 고무된 일본은 모든 핑계를 대며 1910년에 한국을 병합했다. 그때 나는 네 살이었다.

나는 열네 살 때 처음으로 내 조국의 역사와 풍부한 유산을 배우게 되었다. 우리의 삶을 자유와 독립을 다시 얻는 데 바치는 것이 우리가 상하이 인성학교에서 배운 모든 과목의 중심 주제였다. 소년혁명단은 우리가 배운 것의 당연한 결과물이었다. 모든 회원은 망명을 온 한국 혁명

---

6   1876년(고종 13) 2월 강화도에서 조선과 일본이 체결한 강화도조약과 1882년(고종 19) 5월 조선과 미국이 체결한 조미수호통상조약을 말한다.

가들의 아들들이었다. 그중 두 명은 유명한 애국자의 아들로, 외무총장 김규식 박사의 아들 김필립과 안중근 의사의 아들 안원상(안중생의 오기*)이었다. 일왕이 한국으로 보낸 최초의 일본 통치자 이토 히로부미를 암살한 사람이 안중근이다.

특별 허가 사항으로 우리는 두 명의 소녀를 회원으로 받아들였다. 빼어나게 아름다운 박해영('바다의 딸')과 뛰어난 두뇌를 가진 최옥녀('옥의 딸')[7]였다. 그들은 신체나 정신적인 면에서 놀랄 만큼 달랐다. 블라디보스토크에서 온 한국 피난 가족의 딸인 해영은 쾌활함이 철철 넘치는 아름다운 소녀였다. 해영은 모두의 농담을 듣고 크게 웃었고, 모든 소년이 그녀의 관심을 받고자 경쟁했다. 옥녀는 기질이 완전히 달랐는데, 그녀는 독립운동에 참여하고 있는 하급 관원의 딸이었다. 옥녀는 대단히 마르고 수줍은 성격이었으며, 근시였기 때문에 눈을 찡그렸다. 그러나 옥녀가 말을 할 때의 모습은 잊어버렸다. 우리 모두 옥녀의 뛰어난 두뇌에 감탄했고, 시험을 볼 때 소년들은 항상 그녀에게 도움을 청했다! 두 소녀 모두 우리 모임의 대단한 자산이었다.

애국적 열정과 혁명 정신을 지녔다고 우리에게 소년다운 마음이 없는 것은 아니었다. 우리는 항상 즐거움을 찾았다. 운동, 연극, 소녀들을 관찰하는 것. 그렇다. 우리의 머리는 독립운동으로 채워졌지만, 우리의 심장은 항상 즐거움과 놀이를 찾아 옆으로 벗어났다. 우리는 노래를 작곡하고 극본을 쓰고, 그것들을 어른들이 정치적 모임을 가질 때 공연했다. 어른들은 우리의 공연에 열광하고 더 잘하라고 격려해주었다.

[7]   원문에 'Chai'로 표기되어 있으나 확인할 자료를 찾지 못해, 최창식이나 최린에 근거해 '최'로 표기했다.

여름날, 우리는 야구를 했다. 우리와 함께 경기를 하기 위해 어린 소년 몇 명이 충원되어 한국 야구단 구성이 가능해졌고, 기술과 자신감을 발전시키기 위해 매일 연습을 했다. 곧 우리 팀의 실력을 시험하기 위해 중국 학교 팀과 시합을 했다. 우리는 놀랄 만큼 잘했고 그들과 정기적으로 시합을 했으며, 국수집으로 가서 승리를 축하했다. 야구는 오히려 중국인들에게 새로운 것이었고, 그들은 그 경기를 특별히 즐기지 않았다. 그래서 우리는 다른 경쟁자를 찾기 시작했다. 누군가 미국인 학교와의 시합을 생각해냈고, 그들은 적합한 경쟁자가 될 것이라고 우리는 생각했다. 시합이 성사되었고 어느 토요일 오후 시합이 열렸다. 모든 한국 공동체가 참여했고, 수많은 부모와 친구가 경기를 보기 위해 나타났다. 그리고 놀랍게도 우리에게 패배한 중국인 학생 몇몇도 시합을 보기 위해 나타났다.

시합은 완패였다! 우리는 정말로 미국인들을 당할 수 없었다. 그들은 모든 포지션에서 우리보다 훨씬 더 잘했다. 사실 우리가 처음으로 타석에 섰을 때 엄청난 격차를 발견했다. 우리는 그렇게 빨리 날아오는 공을 본 적이 없었다. 미국인 투수는 우리를 삼진시키거나 기껏해야 힘없는 타구를 치도록 해 아웃시켰다. 그런데 그들이 타석에 서면 타구가 단조로웠다. 꽝 하는 강타에 이은 강타. 우리의 최고 투수조차 그들의 방망이를 멈추게 할 수 없었다. 날이 저물 무렵 최종 기록은 우리가 기억할 수도 없는 수준이었다. 우리가 도전했던 그 팀이 미국 고등학교 최고의 팀이었다는 것을 나중에 알게 되었지만, 그것은 어떠한 위안도 되지 않았다. 그것은 미국인과의 첫 야구 시합이자 마지막 경기였다!

축구에서는 우리가 훨씬 더 나았다. 어릴 적부터 우리는 다른 여러 종류의 경기를 하거나 싸울 때 주요한 무기로 다리와 발길질을 이용했고,

한국인들은 자연스럽게 그것을 익혔다. 그런데 소년들이 부족해 한국 축구단에는 몇몇 어른이 포함되어 있었고, 나는 라이트 윙을 맡았다. 중국인들 역시 축구에 매우 적합한 무술에서 자신들의 전통적인 훈련법을 발견했다. 그래서 한국인들과 중국인들이 축구 경기를 할 때면 언제나 대혼전이 벌어졌고, 항상 한 골 차로 승부가 났고 때로는 동점으로 경기가 끝났다. 그래서 미국 고등학교가 우리의 축구 경기 도전을 거절했을 때 약간의 만족감을 얻었다.

우리 '비밀 결사'의 회원들에게 축구 경기의 승리는 하나의 시합에서 이겼다는 것 이상을 의미했다. 그것은 우리가 강하고 우리 조국의 명예를 지킬 수 있다는 것을 의미했다. 축구 경기에서 승리할 때마다 우리의 기상은 높아졌고, 국수집에서의 축하 행사는 점점 더 요란해졌다. 그리고 결사 모임에서 다시 만났을 때, 우리는 더 커다란 열의와 감정으로 「애국가」를 떠나갈 듯 불렀다.

무궁화 삼천리
화려 강산
대한 사람 대한으로
길이 보전하세

이때쯤, 긴밀히 맺어진 우리 모임은 집중을 방해하는 혼치 않은 일로 동요했다. 우리 회원 중 몇몇이 살고 있는 공동 주택 구역으로 러시아 이주 가족이 이사를 왔다. 이 지역은 우리가 좋아하는 모임 장소였고, 우리는 그곳의 거리에서 야구를 하며 많은 시간을 보냈다. 집중을 방해하는 일이란 새로운 러시아 가족에 우리 또래의 소녀가 있었다는 것으로, 그녀는 숨이 멎을 만큼 매우 아름다웠다. 지금도 나는 그 소녀를 생생히 기억하는데, 그녀는 항상 꽃이 그려진 흰색 드레스를 입고 있었고, 작은 발코니에 앉아서 우리가 놀고 있는 거리를 바라보았다. 매일같이 오후면 그 미녀는 유령처럼 발코니에 나타났다. 우리의 젊은 가슴은 너무나 산란해졌지만, 젊은 숙녀 뒤에 앉아 지켜보는 몸집이 큰 중년 여성 때문에 감히 우리의 흠모를 표현하지 못했다. 그것은 러시아어를 유창하게 하는 우리 모임의 한 소년이, 천사 같은 미인이 실제로 러시아 공주이고 몸집이 큰 여성은 그녀의 후견인이라는 소식을 알려준 어느 날 어느 정도 해소된 감질나는 수수께끼였다. 이러한 소식은 매일 오후 발코니의 광경을 훨씬 더 호기심 나게 만들었다. 나는 곧 어마어마한 도전을 했다. 나는 이 공주를 알아야만 했다. 그런데 어떻게?

야구 철이 끝나고, 이제 롤러스케이트를 탈 시기였다. 나는 학교가 끝나자마자 서둘러 발코니가 있는 그 집으로 가서, 스케이트를 신고 자신의 깃털을 자랑하는 공작처럼 미끄러지듯 왔다 갔다 했을 것이다. 그래, 공주가 매료되었다고 말할 수 있었고, 때때로 희미한 미소까지 감지했다고 생각했다. 러시아어를 할 수 있는 친구를 통해 나는 내 생각을 그 후견인에게 몰래 전달했다. 보호자는 공주를 위해 스케이트를 사고 공원에 와야 할 것이며, 나는 공주에게 스케이트 타는 법을 가르쳐주며 행복해할 것이다. 며칠 뒤 내가 공주 앞에서 스케이트 타는 것을 보여주었을 때, 나는 그녀가 희미하게 고개를 끄덕이며 나에게 미소 짓는 것을 보았다. 하마터면 나무와 충돌할 뻔했다! 나는 공주가 내 전갈을 받았거나 스케이트를 구했다는 것을 알리는 표시로 짐작했고, 그러기를 바랐다. 그때 후견인이 잠시 자리를 떴다. 기회를 포착한 나는 재빨리 발코니 아래에 멈춰 서서 바라보며 웃었다. 그러자 공주는 가장 친절한 웃음으로 회답했다. 내 심장이 여전히 두근거리고 있는 동안 러시아어를 할 수 있는 내 친구가 더 흥미로운 소식을 전해주었다. 그는 공주가 스케이트를 구했고, 오는 토요일 오후에 공원에서 스케이트를 탈 것이라고 말했다.

공주와 직접 만나고, 그녀와 이야기하고, 어쩌면 그녀와 접촉한다! 나는 토요일이 결코 오지 않을 것이라고 생각했다. 물론 나는 그날 오후 공원에 맨 먼저 도착했다. 나는 스케이트장에 평소처럼 소년, 소녀가 모여 있는 것을 거의 알아차리지 못했다. 내 마음속에 유일한 것은 '그녀가 어디 있지? 그녀가 정말 올까?'였다. 그때 눈 깜짝할 사이에 거기 그녀가 있었다! 공주는 바짝 뒤를 따르는 후견인과 함께 나를 향해 우아하게 걸어오고 있었다. 나는 꿈속인 것처럼 공주를 향해 움직였고, 벤치에 앉으라고 말하며 그녀가 스케이트 신는 것을 도와주었다. 나는 내가 어떤 언어를 썼는지 기억이 나지 않았다. 한국어, 중국어, 엉터리 영어 혹은 그저 평범하고 초조한 무언극. 상관없다. 공주가 내 말을 이해했고, 나는 그녀의 러시아어를 이해했다.

후견인은 엄격한 어조로 벤치에 앉은 공주에게 혼자 스케이트 끈을 묶으라고 말했다. 분명히 공주는 전에 해보았고, 매우 잘하는 것은 아니지만 스케이트 타는 법을 알고 있었다. 나는 바짝 뒤따라갔고, 기회가 있을 때마다 공주의 팔을 붙잡고 도와주려고 애를 썼다. 그러한 순간마다 공주는 고개를 돌려 이 세상의 것이 아닌 듯한 미소로 보답했다. 용기를 얻은 나는 공주의 손을 잡고 옆에서 스케이트를 타기 시작했다. 친구들 모두 스케이트 타는 것을 멈추고 입을 벌린 채 우리를 빤히 처다보았다. 나는 그들이 "저 봐, 피터 좀 봐! 저기 보라고!"라며 소곤거리는 것을 들을 수 있었다. 잠시 후 내가 손을 교차할 때 공주의 손도 교차하도록 가르쳤고, 서로의 손을 잡고 우리는 스케이트장을 돌아다녔다. 와, 매우 부드럽고 따뜻했다! 그 후 오랫동안, 나는 러시아 공주와 스케이트를 타는 더 없이 행복한 오후를 상상 속에서 다시 체험했다.

우리 결사의 주요한 과업 중 하나는 모든 활동을 지원하기 위해 돈을 모으는 것이었다. 이 목적을 위해 우리는 지도자들의 모임에서 오락 프로그램을 공연했다. 우리는 매번 그러한 모임에서 새로운 쇼를 구성하여 공연했으며, 후한 기부금을 받았다. 우리는 또한 파티를 열어 가족과 친구를 초대했다. 물론 입장료는 없었지만, 프로그램이 끝날 때 모금을 하는 것을 늘 잊지 않고 챙겼다. 금액의 차이는 프로그램이 얼마나 인정받았는지를 알려주었다. 나는 한국에서 주일학교를 다닐 때부터 항상 공연하는 것을 즐겼다. 나는 무대에서 내가 말하고 행동하는 것에 사람들이 반응하는 분위기를 좋아했다. 상하이에 온 뒤로 내 공연의 대부분은 흉내 내기와 모방하기였고, 대상은 혁명 지도자로부터 미국 유명 영화에 이르기까지 다양했다. 그리고 나는 모든 오락 프로그램을 만들고 지휘했다.

당시 나는 내 공연 목록을 개발했다. 그중 인기 있던 것으로 인도인, 안남인(인도차이나인), 프랑스인, 영국인 등 상하이 경찰을 흉내 낸 것이 있다. 클라이맥스는 그들 모두가 동시에 나타나 죄수를 차지하기 위해 말다툼하고 싸우는 장면이다. 청중 역시 내가 우리 지도자들을 흉내 내는 것을 즐겼다. 독특하고 특이한 각각의 방식으로 불같이 정치 연설을 하는 것. 그들이 생각하기에 가장 예술적인 공연은 찰리 채플린을 모방한 것이었다! 우리에게 야간 극장을 열어보라는 제안이 왔다. 정치 연설 없이 야간 여흥 말이다.

우리는 그 제안을 받아들였고, 곧 우리의 첫 번째 저녁 극장을 개최했다. 나는 프로그램을 두 부분, 즉 뮤지컬과 촌극으로 만들었다. 뮤지컬 곡들은 매우 다양한 국적의 사람들이 다른 민족의 노래를 부르는 것이었다. 한국인이 미국 노래를, 미국인이 한국 노래를, 일본인이 중국 노래를, 중국인이 일본 노래 등등을 불렀다. 나는 교회에서, 오페라에서, 무도장에서와 같이 미국 노래를 뜻도 모르고 횡설수설 불렀다. 촌극은 한국인 공동체에서 전혀 일어나지 않을 법한 사건들을 다루었다. 야구와 롤러스케이트 타는 법을 배우는 한국 어른들, 한국인 공동체를 방문해 한국 음식과 옷을 발견하는 찰리 채플린, 그리고 이와 같은 어울리지 않는 다른 장면들 말이다.

이러한 것이 내게 연극에 대한 진지한 관심을 불러일으킨 나의 청년기 활동이었다. 어느 누구도 내 꿈을 알지 못했고, 나는 놀림을 당할까봐 두려워 어느 누구에게도 고백할 수 없었다. 배우가 된다? 상상할 수도 없다! 왜, 배우는 사회에서 어떠한 지위나 존중을 받지 못하는 버림받은 사람이었다. 야간 극장을 여는 것이 허락된 것은 청년들에게 '건전한 오락'으로 시간을 보내는 것을 장려하려는 관대함에서 비롯됐을 뿐이었다. 어쨌든 연극을 배우러 갈 곳이 없었다. 유일하게 이용할 수 있는 것은 중국 오페라와 영화였다. 그러나 나는 이 두 가지를 통해 사람들을 웃기고, 관심을 고조시키며, 흥미를 유발하는 방법을 상당 부분 배웠다. 모임의 연극 프로그램들을 준비하면서, 나는 연극적 본능과 공연 경험에서 배운 교훈들에 주로 의존했다.

나는 열여섯 살에 「연인들(The lovers)」이라는 첫 희곡을 썼다. 나는 일본에서 대학을 졸업한 사람들을 포함한 출연진을 모아 예행연습을 지휘했고, 큰 교회 강당을 빌려서 장내를 가득 메운 청중에게 연극을 선사했다. 연극 개요는 다음과 같다.

1막

어린 소년과 어린 소녀가 공원 벤치에 앉아 있다. 그들은 깊은 사랑에 빠져 있다. 소년이 소녀를 바라보며 한숨을 짓는다. 소녀가 소년을 바라보며 한숨을 짓는다. 그들은 서로를 바라보며 한숨짓는다. 그런 뒤 활기 넘치는 여러 광경이 가까운 곳에서 그리고 벤치 주변에서 일어난다. 노부인이 노점상에게 형편없는 케이크를 팔았다며 따지고, 경찰들이 따라오는 어떤 사람이 달려와 벤치 뒤에 숨자 경찰들은 범인을 놓쳤다고 서로 욕을 하고 있고, 아이들은 소리를 지르며 벤치 주위에서 공 잡기 놀이를 하고 있다. 기타 등등. 이 모든 소란을 두 연인은 의식하지 못하고 있다. 그들은 서로를 바라보고 한숨짓는 것에만 만족하고 있다.

2막

지금은 결혼한 연인들이 그들의 집에 있다. 장면은 양쪽에 두 개의 다른 방이 딸린 거실이다. 크고 화난 목소리가 한 방에서 들린다. 이에 대응해 화난 여자의 목소리가 다른 방에서 나온다. 남자는 머리를 내밀고 다른 방을 향해 자신의 주먹을 흔든다. 그 연인이다. 그는 음식을 못한다고, 단추를 잃어버렸다고, 책상이 더럽다고 아내를 비웃는다. 한 번 더 주먹을 흔들고, 문을 '꽝' 닫으며 사라진다. 아내가 다른 방에서 나타난다. 그녀는 부스스한 머리에 낡은 빗자루를 들고 있다. 그녀는 화가 나서 빗자루를 흔들면서 그가 술에 취할 때 얼마나 더럽고 불쾌한지, 옷이 얼마나 단정하지 못한지, 돈에는 얼마나 인색한지 이야기하며 응수한다. 그녀가 빗자루를 내팽개치고 방으로 급히 되돌아간다.

남편이 재등장해 분필로 선을 그어 방을 나누고, 전쟁을 선포한다. 그가 말한다.

"이제부터 너는 저쪽, 나는 이쪽에서 잔다. 허락 없이 절대 이 선을 넘어올 수 없다."

그는 바닥에 앉아 책을 읽기 시작한다. 아내는 바느질하던 옷을 들고 들어온다. 그녀가 바닥에 앉아 바느질을 하며 말한다.

"매우 좋은 생각이군요. 이제, 나는 어떤 것도 걱정할 필요가 없겠네요."

침묵 속에 시간이 흐르지만 곧 문제가 발생한다. 남편은 목이 마르지만 부엌으로 가기 위해 선을 넘을 수 없고, 아내는 다른 방에 있는 바느질 상자가 필요하지만 감히 선을 넘어가지 못한다. 무언극과 동작만이 그들의 불만을 나타낼 뿐이다. 긴 침묵. 분노의 열기가 소멸되는 것처럼 보인다. 남편은 헛기침을 하고 용감하게 아내에게 말을 건넨다.

"이쪽으로 건너오고 싶지 않소?"

아내는 고개를 흔들며 무관심하게 대답한다.

"아니요, 하지만 당신이 이쪽으로 건너오고 싶다면……."

3막

일 년 후 같은 집. 경계선은 없다. 평화와 평온이 가득하다. 남편은 늘 그렇듯 같은 자리에 앉아 여전히 책을 읽고 있다. 아내도 마찬가지로 그 자리에 앉아서 바느질을 하고 있다. 그들은 완전히 다른 사람처럼 보인다. 남편은 아내를 그리운 듯 쳐다보고, 배고프다는 표시로 기침을 크게 한다. 아내가 나가서 곧바로 작은 밥상을 가져와 바닥에 내려놓는다. 남편은 밥상으로 와서 저녁을 게걸스럽게 먹는다. 국물을 약간 흘린 그는 어떤 관심도 주지 않은 아내를 속절없이 바라본다. 남편이 밖으로 나갔다가 대걸레를 가지고 돌아와 바닥을 닦는다. 그는 식사가 끝났다는 것을 의미하는 큰 트림(오래된 한국 전통)을 하며 식사를 끝낸다. 아내가 밥상을 가져와 남은 음식을 먹는다(또 다른 아주 오래된 한국 전통).

남편은 독백처럼 말한다.

"근처 극장에서 아주 좋은 영화를 하던데……."

그런 뒤 아내는 또 독백처럼 말한다.

"보러 가더라도 신경 쓰지 않을게요……."

두 사람 모두 자신의 방으로 들어갔다가 극장에 갈 옷차림을 하고 금방 다시 나타난다. 그들의 변화가 놀랍다. 그러나 남편은 못 본 체한다. 그는 허공을 응시하며 주절거린다.

"나의, 참으로 아름다운 숙녀여!"

아내는 남편을 흉내 내어, 반대 방향의 허공을 응시하며 중얼거린다.

"아니, 참으로 잘생긴 신사여!"

청중의 반응은 내 기대를 넘어섰다. 물론 그들 모두 나와 친하고 호의적인 사람들이지만, 깔깔대며 터져 나오는 웃음은 진심이라고 생각했다. 희곡을 쓰고, 연출하고, 공연한 이 첫 번째 당당한 모험은 실수, 미숙함, 많은 서투른 문제투성이였다. 그러나 바로 그 약점, 우리의 순수함과 소박함은 무대에서 일어나는 모든 것을 믿게 만들었다. 내 청년 시절의 이 연극들은 흐뭇하고 재미있었다. 이러한 연극에 대한 정서적 끌림이 평생 동안 나와 함께할 것을 나는 의심하지 않았다. 여러 해 동안 묻혀 있었지만, 그것은 첫 번째 기회를 만나고 최소한의 동기가 부여되자 다시 드러났다.

이즈음, 최초의 중국 영화 모임이 상하이에서 만들어져 중국 영화를 처음으로 만들려고 한다는 것을 알게 되었다. 나는 사무실로 찾아가서 몇몇 사람에게 일을 할 수 있을지 물어보았다. 그들은 자신들의 계획이 더 분명해지면 연락하겠다고 말했다. 그들은 연락하지 않았다.

중국에 도착해 아버지와 행복한 합류를 한 지 이 년의 시간이 흘렀다. 끝없는 매력을 가진 어마어마하게 큰 도시 상하이는 이제 나의 고향이었다. 나는 약동하는 수많은 사람들의 일부였다. 이 복잡한 거대 도시에서 작은 한인 공동체는 정체성과 특별한 임무라는 불을 꺼뜨리지 않으려 했다. 그러나 의심할 여지 없이 스스로의 민족 정체성과 관심을 가진 다른 작은 집단들도 있었다. 인성학교는 독특했고, 한국인들의 필요에만 부응했다. 그곳에는 다른 작은 학교들이 도시 전역에 설립되어 있었는데, 그 학교들은 공동체의 정치적이며 재정적인 이익과 마찬가지로 문화적이며 종교적인 이익에 부응했다. 이러한 복잡성과 다양성이 상하이의 핵심을 이루었다.

이제 인성학교를 졸업해야 할 시간이 다가오고 있었다. 이 년 동안 이곳에서 배우면서 나는 많은 것을 깨우쳤고, 한국인으로서의 정체성을 분명히 할 수 있었다. 그 시간은 내 삶에서 가장 소중한 이 년의 시간이었다. 그런데 졸업을 단 며칠 앞두고 꿈에도 생각하지 못한 폭풍이 우리에게 불어닥칠지 누가 알 수 있었으랴! 사건의 성격은 나의 졸업을 위협할 만큼 심각했다. 한 소녀가 폭풍의 중심이었다. 그녀는 '루바'라는 이름의 블라디보스토크에서 온 어린 피난민이었다. 루바는 우리보다 나이가 많기 때문에 인성학교에 다니지 않았지만, 그녀와 마찬가지로 러시아에서 온 그녀의 친구 해영을 방문하기 위해 종종 우리 학교에 들렀다. 루바는 육감적인 소녀였고, 자신이 받는 관심을 즐겼다. 더구나 그녀는 재미를 추구하고, 활기가 넘쳤으며, 외향적이었다. 그리고 왜 그런지 모르겠지만 루바는 항상 학생들 사이에서 약간 우스운 사건들을 일으키며 지냈다.

어느 오후, 나는 루바의 집에 살고 있는 한 남자에게 중요한 소식을 전해주어야 했다. 내가 도착했을 때 문을 열어준 이가 루바였다. 놀라서 허둥대는 내 모습에 루바는 활짝 웃으며 나를 반겼다. 나는 그녀에게 이곳에 살고 있는 남자에게 소식을 전하러 왔다고 말했다. 그녀는 내 말을 무시하며 재차 집으로 들어오라고 했다. 그녀는 나의 망설임을 비웃고 불쾌해하며, 내 팔을 붙잡아 안으로 잡아당겼다. 루바는 내게 의자를 건네고는, 누가 봐도 알 수 있는 나의 소심함에 대해 명랑하게 웃어댔다. 나는 만나려는 사람이 이곳에 없다는 것을 깨달았다. 사실 집에는 루바 이외에 아무도 없었다. 나는 소식을 전하지 못하고 돌아간다고 말하면서 문으로 걸음을 옮겼다. 번개처럼 루바가 나를 뒤에서 잡아채 내 몸을 휙 돌리고는, 나에게 키스를 하기 시작했다. 전혀 예기치 못한 나는 속수무책이었다. 루바가 나를 놓아주고 승리의 웃음을 지을 때까지 긴 시간 동안 키스를 한 것 같았다. 나는 그 집에서 뛰쳐나와 달렸다. 모든 한국의 가르침에 따르면, 나는 망신을 당했다. 그런데 얼마나 그랬는지 알 수 없었다. 나는 훨씬 더 망신스러운 여파를 예상하지도 못했다.

다음 날 학교에서 나를 둘러싼 분위기가 이상했다. 어디를 가든지 음흉한 곁눈질, 갑작스러운 대화 중단, 그리고 겉보기에도 억제할 수 없는 키득거림을 느낄 수 있었다. 지나가는 한 소년을 붙잡고 무엇에 대한 조롱인지를 말해달라고 했다.

"그러니까……." 그가 말을 더듬었다.

"좋아, 뭐라고 하냐고?"

"그러니까……." 그 소년이 웅얼거렸다. "네가 어제 루바의 집에 갔었다며."

"그래서, 뭐가 그렇게 재미있지?"

"그러니까……" 그 소년이 다시 웅얼대기 시작했다. "네가 루바를 붙잡았고…… 껴안았고…… 그녀에게 키스를 했다며……, 맹렬히 "

위협을 해도 그는 누가 그러한 이야기를 해주었는지 말하지 않았다. 그래, 그게 전부였다! 그러나 그 이야기가 어떻게 그렇게 빨리 퍼지고 왜곡된 것이지? 루바, 그녀였을 것이다. 승리로 얼굴이 상기된 루바가 친구들에게 달려가 내가 방문한 것에 대해 자기 식으로 이야기했을 것이다. 나는 수치스러운 망신을 막아야 했다. 그런데 어떻게?

조롱이 충분히 퍼진 점심참에, 나는 좀 불량배 같은 가장 큰 소년을 선택했다. 그의 성은 최였다. 나는 그에게 가서 큰 소리로 말했다.

"최! 네가 모두에게 내가 루바와 키스를 했다고 말했냐?"

그가 눈길을 돌리고 웃음을 터뜨렸다. 나는 모두가 들을 만큼 큰 소리로 말했다.

"잘 들어, 최. 사과하는 게 좋을 거야. 사과하지 않으면 싸울 거다."

최가 웃는 동안 소년들과 소녀들이 우리 주위로 몰려들기 시작했다. 갑자기 그가 웃는 것을 멈추고, 고개를 숙이며 공격했다. 전형적인 북부 한국인인 그는 머리로 들이받으며 싸웠다. 그래, 나는 북부 지방의 옛 수도 평양의 소년들이 어릴 적부터 어떻게 머리로 싸울 것인지 훈련받는다는 말을 들었다. 작은 조약돌이 문에 묶여 매달려 있었을 것이고, 그 소년은 집에 드나들 때마다 머리로 그 돌을 들이받았을 것이다. 성장하면서, 그의 머리가 바위처럼 단단해질 때까지 돌도 커졌다. 싸움을 하다가 상대 일본인의 머리를 부수어버린 평양 사람의 이야기도 들었다. 두 사람이 법정에 소환되었을 때, 판사는 일본인 피해자에게 한국인이 사용한 무기에 대해 질문했다.

"머리로 들이받았습니다"라고 일본인이 대답했다.

"글쎄, 그 경우라면" 판사가 말했다. "당신이 상처를 입은 만큼 그에게도 상처가 있어야 합니다. 기각."

그래서 나는 더 잘 알고 있었다. 최가 특히 내 머리를 들이받도록 하지 않을 것이다. 순간 나는 옆으로 비켜섰고, 동시에 그의 다리를 날쌔게 찼다. 내가 다리와 발로 싸우는 것을 배운 남부 출신이라는 것을 그에게 알려주었다. 최는 휘청거렸지만 넘어지지는 않았다. 그가 다시 똑바로 달려들었다. 우리를 둘러싼 소년들과 소녀들은 웃고 박수를 쳤지만, 싸움이 점점 심각해지자 웃음을 멈추었다. 맹렬히 공격하던 그가 목표를 발견했다. 내 머리 말이다. 나는 아찔함을 느꼈고, 거의 넘어질 뻔했다. 나는 필사적으로 높이 뛰어올라 발로 찼다. 발로 그의 턱을 때렸고, 그가 피를 뱉기 시작했다. 그가 넘어져서 용서를 빌고 사과할 때까지 발길질을 할 수 있기를 바랐다. 그런데 싸움은 우리 모두가 지치고 헐떡거릴 때까지 계속되었다. 그때 갑자기 모든 소년과 소녀가 흩어져 사라졌고, 나는 선생님의 목소리를 들었다. "그만! 그만! 싸움을 멈춰!"

최와 나는 싸움을 멈췄다. 선생님은 우리보다 훨씬 더 화가 난 듯했다. "너희 둘 다 교무실로 와, 지금 당장!" 선생님은 냉정하게 말했다. 그는 돌아서서 뒤를 따르는 우리를 두고 가버렸다. 우리는 여전히 분노로 끓어오른 채 위층으로 올라가 대기실에 들어갔다. 선생님이 먼저 최를 교무실로 불렀고 문을 닫았다. 최에게 무슨 일이 일어나고 있는지 궁금해하면서 내 분노는 진정되었다. 곧 날카로운 회초리 소리가 들렸다. 당연히 최는 말린 회초리로 맨다리를 때리는 전통적인 한국식 체벌을 받고 있었다. 나는 회초리의 쉭쉭 소리와 맨살을 때리는 회초리 소리가 반복되는 것을 들었고, 걱정이 되기 시작했다. 마침내 매질이 멈추고 최가 교무실에서 나왔을 때, 나는 그의 얼굴을 보고 깜짝 놀랐다. 눈물이

나 고통의 흔적이 없었다.

그 뒤 선생님이 부르는 소리를 들었다. 나는 마음을 다져 먹고 교무실로 들어갔다. 선생님은 말없이 벽에 기대고 바지를 걷어 올리라는 동작을 취했다. 내 어깨 너머로 유심히 보니 새로운 회초리들을 구부리는 선생님이 눈에 들어왔다. 바로 그때, 한국에서 매를 맞았던 순간이 머리를 스쳐 지나갔다. 그러나 당시에 일왕을 모욕했다고 매를 때린 것은 일본인 선생이었다. 이제 여기는 상하이, 자유로운 한인 학교와 한국인 선생님이다. 왜 그는 매를 때리는 데 의지하는 걸까? 영문을 모르겠다.

"이놈아!" 선생님이 소리를 쳤고, 간간이 회초리의 쉭쉭 소리와 맨살을 때리는 소리가 이어졌다. 나는 눈물을 참기 위해 움찔했다.

"이놈아!" 또 다른 쉭쉭, 또 다른 철썩! 선생님은 매질을 계속했고 나는 세는 것을 멈추었다. 바늘로 찌르는 듯한 아픔을 참을 수 없었다. 그때 이상한 일이 일어났다. 선생님이 매질을 계속하면서 비통하게 말하기 시작했다.

"너는 한국인이다." 찰싹! "한국 남부 사람이 아니다. 한국인이다!" 찰싹! 선생님의 말은 매질보다 더 마음을 찔렀다. "최 또한 한국인이다!" 찰싹! "한국 북부 사람이 아니다!" 찰싹! "한국인이라고!" 찰싹! "알아듣겠느냐?" 찰싹! "우리가 분열되었기 때문에 일본이 우리를 정복했다." 찰싹! 매질은 잠시 멈추었고, 나는 몸을 돌려 눈물을 흘리고 있는 선생님을 보았다.

"최가 북부 출신이라서 네가 그를 증오한다면, 그리고 네가 남부 출신이라서 최가 너를 증오한다면……." 선생님은 거의 감정을 억제하지 못하며, 힘없이 내 다리를 가로질러 회초리를 흔들었다. "그렇다면 우리 한국인에게 희망은 전혀 없다!" 선생님은 회초리를 집어던지고 책상으로 가서 그 위에 쓰러져 흐느껴 울었다. "희망이 전혀 없어! 희망이 전혀 없어! 우리는 항상 남의 나라 노예가 될 것이다!" 선생님은 고개를 들지도 않은 채 불쑥 내뱉었다. "방에서 나가라!"

나는 멍한 채로 걸어 나왔다. 나는 크게 놀랐다. 남자가 소년 앞에서 혼자 우는 것을 본 적이 없었고, 그토록 고통스러운 표정을 본 적도 없었다. 회초리로 때리며 선생님은 나에게 가장 중요한 교훈을 가르쳤고, 나는 언제나 그것을 잊지 않겠다고 맹세했다.

선생님은 그 사건을 빌미로 나를 졸업시키지 않을 이유를 충분히 댈 수 있었지만, 그렇게 하지 않았다. 나는 감사했고, 선생님에 대한 존중과 존경은 열 배나 높아졌다. 선생님은 졸업식에서 우리를 바라보며 자랑스럽게 웃었다. 우리는 독립 한인 학교를 졸업한 첫 번째 학생이 되었다. 소년 둘, 소녀 둘이었다. 졸업생 모두 연설을 했다. 내 연설은 사람들의 단결을 통한 한국 독립에 관한 것이었다. 저녁에 졸업 축하연이 있었다. 한국의 독립을 되찾기 위한 모든 짐이 우리의 어깨에 놓여 있다는 것이 느껴졌다. 더 많은 어른들의 연설이 있었지만, 곧 모든 우울함은 기쁨과 웃음소리로 바뀌었다. 어른들은 새로 만든 시를 읊조리고 낭송하며 즐거운 이야기로 우리를 기쁘게 해주었다. 물론 늘 그렇듯이 나는 상하이 경찰을 흉내 내라는 요청을 받았다. 부모와 모든 선생님뿐만 아니라 독립운동 지도자들이 이보다 더 예우를 해준 초등학교 졸업생들은 없었다.

이 졸업식에서 우리는 대단한 칭찬을 받았고, 높아진 우리의 긍지와 자신감은 다음 여름 동안 점차 사그라졌다. 우리는 보통 때처럼 매일 공원에서 만났지만, 즐거움도 없고 소소한 웃음도 없었다. 어떤 일이 일어나고 있는지 알고는 있었지만, 우리를 에워싸고 있는 우울함을 멈출 수는 없었다. 우리의 주된 관심사는 우리의 미래였다. 우리 모두 상급 학교로 진학하기를 열렬히 바라고 있었지만, 누구도 그 방법을 몰랐다. 한인 중등학교는 없었고, 그래서 우리는 중국 고등학교에 가야만 했다. 그런데 어디로 그리고 어떤 방법으로? 모두 낙담하여 새로운 야구 철이 되었지만 전혀 관심이 없었다. 우리의 기백은, 이사를 가서 다시는 그 작은 발코니에 있는 것을 볼 수 없는 러시아 공주처럼 점차 사라지는 듯했다. 우리는 공원 주변을 배회했고, 해가 저물 무렵 친구 집으로 자리를 옮겨 저녁 시간을 보냈다. 우리의 유일한 위안거리는 침울한 분위기와 여름의 더위에서 벗어나기 위해 나눠 먹던 시원한 여름 수박이었다.

우리의 기백이 최저 상태가 되려는 참에, 젊은 중국인이 우리를 더 우울한 상태로 빠뜨리기 위해 무대에 등장했다. 보아하니 일이 없는 것은 아니었지만, 그는 항상 호화로운 비단 두루마기(치파오*)를 입고 우리 친구 주변을 어정거렸다. 우리는 그가 악명 높고 영향력 있는 범죄 조직원이라고 들었다. 그는 우리를 처음 보았을 때, "이봐! 망국노야! 망국노야!"라고 소리쳤다. 그것은 우리에게 하는 가장 증오스러운 욕이었다. 매일 오후 그는 우리 친구 집의 길 건너편에 서서 기다렸다. 그리고 우리가 나타나면 "망국노야! 망국노야!"라고 놀리기 시작했다. 우리는 그를 무시하며 계속 걸었지만, 그는 우리의 발걸음에 맞춰 계속 외쳐댔다. 참을 수 없었지만 어쩔 수 없었는데, 중국의 폭력배는 비단 두루마기 속에 항상 무기를 휴대하고 있다는 주의를 받았기 때문이다.

어느 날 저녁 결국 피할 수 없는 일이 일어났는데, 그날 나는 그 무리에 함께 있지 않았다. 비상사태를 알리는 연락원이 매우 흥분해 우리 집으로 뛰어왔다. 나에게 온 소식은 "도망가! 즉시 도망가! 집에서 저녁 시간을 보내지 마라! 상하이를 떠나라!"였다. 그 소식을 전하며 어떠한 질문도 받지 않았다. 엄마는 아버지의 작은 여행 가방에 내 옷가지를 챙긴 후, 나와 함께 황급히 상하이 기차역으로 갔다. 엄마는 난징으로 가는 편도 기차표를 사서 나를 기차에 태웠다. 그리고 아버지가 난징에 살고 있는 미국인 앞으로 급히 쓴 편지를 주었다.

거기에 도착해 '중화중학'이라고 불리는 중국 고등학교를 찾아갔다. 그곳은 미스 프로베스코(Miss Probesco)라는 미국 여성이 교장으로 있는 미국 선교 학교였다. 나는 그녀의 사무실에 도착한 후 아버지의 편지를 보여주었다. 그녀는 편지를 재빨리 읽은 뒤 서둘러 악수를 했다. 그것은 내가 다른 낯선 도시에서 중국 고등학교에 다니게 되었음을 깨닫게 한 방법이었다. 그러나 상하이를 떠나라는 긴급한 명령은 내가 학교생활을 끝내고 집으로 돌아올 때까지 수수께끼로 남아 있었다. 나는 후에 사건의 전모를 학교 친구 안준상을 통해 들을 수 있었다.

그 운명의 날, 어린 혁명가들은 보통 때처럼 공원에서 시간을 보내고 있었다. 해가 지기 시작하자 그들은 저녁 시간을 함께 보내기 위해 여느 때처럼 친구 집으로 향하고 있었다. 가는 중에 그들은 저녁 다과를 위해 큰 수박을 샀다. 친구 집에 가까이 이르렀을 무렵, 그들은 자신들을 기다리고 있는 중국 폭력배를 발견했다. 팔짱을 낀 채 벽에 기대어 선 그가 외치기 시작했다. "망국노야! 망국노야!" 물론 모두 그 말을 들었지만 어느 누구도 대꾸하지 않았다. 폭력배는 그날따라 특히 맹렬하게 계속 외쳐댔고, 그들이 집 안으로 피해 들어왔을 때까지도 그 외침은 계속되었다.

그들은 탁자 위에 올려놓은 수박을 부엌칼을 가져와 잘랐지만, 아무도 먹는 데 관심이 없었다. 폭력배는 집에서 그들이 들을 수 있을 만큼 큰 소리로 여전히 무시하는 욕설을 퍼부으며 저 밖에 있었다.

"저놈을 잡으러 나가자!"라고 모두가 생각하고 있었던 말을 누군가가 내뱉었다.

"좋다. 저놈을 잡으러 나가자!"

반응은 모두 같았다. 그들은 수박을 놓고 밖으로 뛰쳐나갔다.

폭력배는 사방에서 달려드는 한국인 소년들을 보자 깜짝 놀랐다. 폭력배들은 중국 무술의 전문가라고 알려져 있었다. 그는 싸울 태세를 취했다. 뛰어올라 사나운 소리를 내며 팔과 주먹을 마구 움직였다. 그가 알지 못했던 것은, 그가 조국의 명예를 위해 목숨을 바칠 준비가 된 '어린 혁명가들'과 맞닥뜨렸다는 사실이다. 폭력배는 몇몇 소년을 때려 눕혔지만, 그들은 일어나 다시 덤벼들었다. 다른 소년들이 사방에서 발길질을 하는 동안 그들 중 몇몇은 머리가 부서져라 그를 들이받았다. 어린 한국인들의 치밀어 오르는 분노와 매서운 증오는 결국 그 폭력배를 쓰러뜨렸다.

"이봐! 저놈이 피를 흘리고 있어!"라고 누군가 소리쳤다. 폭력배는 피범벅이 되어 힘없이 누워 있었다. 모두 흩어졌다. 모여든 군중이 상처 입은 몸을 들어 올려 거리를 돌아다니며 소리치지 않았더라면 그는 살아 있었을지 모른다. "이걸 봐! 이걸 봐! 그들이 이 사람을 죽였어! 이 사람을 죽였다고!"

폭력배들의 보복을 예상하고, 비상사태를 알리는 연락원이 나를 포함한 모두에게 도시를 떠나라고 알려주기 위해 파견되었다. 운명적인 저녁 사건에 관한 이야기를 들었을 때, 나도 거기에 있었어야 했다고 느꼈다. 물론 나는 싸우기 위해 부엌칼을 가져간 사람이 누구인지 안준상에게 묻지 않았고, 오늘까지도 그 불량배의 가슴을 칼로 찌른 이가 누구인지 묻지 않았고 알지도 못한다.

미스 프로베스코 교장은 키가 크고 멋진 여성이었다. 등록도 늦었고 수업료도 준비하지 못했지만, 그녀는 나의 입학을 허락했다. 그녀는 다른 학생과 함께 쓸 방을 배정해주었고, 모든 면에서 내가 편안함과 환영받는다는 것을 느끼도록 해주었다. 하룻밤 사이에 나는 100명의 다른 중국인들과 함께 기숙사에 사는 어엿한 중국 고등학교 학생이 되었다. 그 학교는 2층의 벽돌 건물이었다. 위층은 기숙사였고 아래층은 교실이었는데, 학교 입구 근처에 미스 프로베스코의 사무실로 사용되는 별실 하나가 별도로 있었다.

영어를 가르치는 스미스 씨를 제외한 모든 선생님이 중국인이었다. 당연히 대수, 생물, 역사와 같은 모든 과목을 중국어로 가르쳤다. 그래서 내 삶에서 두 번째로 나는 완전히 내 언어를 바꿔야 했다. 처음에는 한국어에서 일본어로, 그리고 이제는 중국어로. 그러나 내가 원했던 교육이었기에 나는 내 언어로 중국어를 택하지 않을 수 없었다. 몇 달간의 노력 끝에 중국어로 이루어지는 수업 대부분을 따라갈 수 있게 되었다는 사실에 만족했다. 사실 학년이 끝나갈 무렵 나는 중국어로 말하고 쓰는 데 꽤 능숙해졌고, 선생님들과 학생들은 나를 그들 중 한 사람으로 받아들였다.

그런데 영어 공부는 또 다른 문제였다. 미국인 선생님 스미스 씨는 모든 학생에게 이상한 교과서를 나누어 주었다. 그것으로 우리는 알파벳을 공부했다. 이상하게 혀를 비틀어 내는 문자의 발음과 그것들을 구불구불하고 빙글빙글 돌려서 쓰는 많은 방식을 배웠다. 한국어와 중국어 그리고 심지어 일본어와 비교해보면 영어는 전혀 논리적이지 않은 듯했다. 개, 고양이, 새와 같은 단순한 이름조차 배우기에 너무 어려웠는데, 시제가 변화되면 엄청나게 혼동되었다. run, ran, run; go, went, gone; fly, flew, flown. 중국어에서 동사는 항상 동일했고, 시제는 시간과 함께 표기되었다. 영어로 표현하자면 run today, run yesterday, run tomorrow; go today, go yesterday, go tomorrow; fly today, fly yesterday, fly tomorrow. 완벽하게 논리적이며 매우 이해하기 쉬웠다.

그런데 학교생활에서 더 심각한 문제는 교실이 아니라 식당이었다. 나는 한 번도 충분히 먹지 못했고, 늘 배가 고팠다. 우리는 매일 세 번, 오전 7시에 아침, 정오에 점심, 오후 6시에 저녁을 먹었다. 종이 울리면 100명의 학생들이 식당으로 달려갔고, 큰 사각 탁자마다 여덟 명씩 앉았다. 아침에는 흰죽과 튀긴 꽈배기, 기다란 도넛, 점심은 야채와 고기 한 가지를 곁들인 밥, 저녁에는 야채와 고기 두 가지 혹은 생선을 곁들인 밥이 나왔다. 모든 탁자에 음식이 놓이면 선생님은 감사 기도를 했다.

"아멘"은 배고픈 학생들이 음식에 덤벼드는 신호였다. 그것은 일종의 경주였다. 더 빨리 먹을수록 더 많이 먹는다. 중국 학생들은 불필요한 동작은 전혀 하지 않는, 기본에만 충실한 기술의 달인이었다. 왼손으로 밥그릇을 붙잡고 입으로 가져갔다. 오른손으로 젓가락을 잡고 입으로 솜씨 좋게 밥을 퍼 넣었다. 무슨 일이 있어도 퍼 넣는 것을 멈추지 않았다! 밥에 곁들이기 위해 고기나 야채 조각을 재빨리 집을 때만 유일하게 중단되었다. 식사 내내 젓가락과 입만 움직였다. 그릇이 비면 채우는 데 3초를 넘기지 않고 동작이 다시 시작되었다. 중국 학생들이 밥 한 그릇을 먹는 데는 2분이 채 걸리지 않았고, 네 그릇을 먹고 나면 통에 남은 약간의 밥을 제외하고 탁자는 깨끗이 치워졌다. "아멘" 이후에 겨우 8분 만에 이 모든 일이 이루어졌다.

어릴 적부터 나는 항상 늦게 먹는다고 잔소리를 들었고, 중국 학생들과 탁자에 앉아 살기 위해 매일 경쟁할 수 있는 자질이 거의 없었다. 반쯤 씹고 삼키는 등 아무리 노력해도 나는 공정한 몫을 얻을 수 없었다. 모두가 네 그릇을 비웠을 때, 나는 두 그릇째 밥을 겨우 먹기 시작했다. 끊임없이 나를 괴롭히는 배고픔에서 벗어나기 위해 어떤 조치를 취해야만 했다. 다행히 나는 저렴한 해결책을 발견했다. 엄마가 돈을 조금 보낼 때마다 나는 가게에서 병에 든 저장용 두부, 즉 소금에 절인 두부를 사서 식당에 갈 때 가져갔다. 중국 학생들이 식사를 끝내고 탁자가 치워지면, 나는 소금에 절인 두부를 담은 소중한 병을 열었다. 항상 밥이 약간씩 남았기 때문에, 나는 혼자 앉아서 두부를 곁들여 밥을 세 그릇이나 더 먹었다.

이것이 내 생존법이었다. 그러나 나는 열다섯 살이었고 성장기여서 늘 배가 고파 고통스러웠다. 가끔 엄마가 보내주는 약간의 돈은 어김없이 음식을 사는 데 썼다. 나는 친구를 초대하곤 했고, 우리는 기념행사, 잔치를 하기 위해 도시의 찻집에 함께 갔다. 찻집은 진흙 바닥으로 된 판잣집에 불과했는데, 노동자들은 1 내지 2페니를 지불하고 차를 홀짝거리며 무거운 몸을 쉬기 위해 그곳에 모였다. 여유가 있으면 10페니를 내고 주전자에 담은 차와 여섯 개의 군만두를 살 수 있었다. 친구와 나는 그 열두 개의 만두를 게걸스럽게 먹곤 했다. 나는 그것을 무엇으로 만들었는지 전혀 몰랐지만, 그토록 맛있는 음식을 먹어본 적이 없었다. 더군다나 적어도 며칠 동안은 배고픔의 고통에서 벗어났다.

배고픔만큼은 아니지만, 또 다른 문제는 난방이 안 되는 기숙사에서 겨울밤을 보내는 것이었다. 상하이와는 대조적으로 난징의 겨울은 몹시 추웠고, 내가 처음 맞이한 겨울에는 눈이 3피트나 쌓였다. 학교 건물 전체에 어떠한 난방도 되지 않았다. 꽁꽁 얼 것 같은 교실에서는 수업 사이에 재빠르게 운동을 하고 수업이 끝나면 축구를 했기 때문에 하루 종일 견딜 만했다. 그러나 종소리가 취침 시간을 알리는 밤이 두려웠다. 전등을 끄기 전에 잠자리에 들 준비를 해야 했다. 잠자리는 면으로 만든 얇은 요와 얇은 면 담요가 놓여 있는 나무로 된 침상이었다. 준비는 발과 담요 옆에 모든 책과 옮길 수 있는 다른 것들을 포개어놓는 것으로 시작했다. 잠자리에 들기 전에 내가 유일하게 벗는 것은 신발과 교복 재킷으로, 모두 담요 위에 두었다. 바지를 포함한 다른 옷은 모두 옆에 두었다. 그런 뒤 담요 위에 쌓아둔 책과 다른 물건을 건드리지 않게 매우 조심하며 '잠자는 굴' 속으로 미끄러져 들어갔다. 내 몸이 충분히 덥혀져서 잠이 들 수 있을 때까지 얼음 동굴에 들어 있는 것 같았다. 봄이 되어 따스한 태양이 나올 때면, 나는 내 온몸이 천천히 녹는 기분을 느꼈다. 마침내 해동이 마무리되면 모든 발톱이 떨어져 나갔다!

난징에서의 학교생활이 항상 그렇게 따분한 것은 아니었다. 오히려 대부분의 날이 재미와 흥미로 가득 찼고 나는 행복했다. 사실 내가 중화중학을 극찬해 다른 한국인 학생들이 입학하기도 했다. 우리는 한국인 학생을 주축으로 축구단을 만들었다. 많은 시간 연습을 한 뒤에 도시의 다른 중학교 팀을 상대로 우리의 기술과 힘을 시험했다. 우리가 난징의 모든 고등학교 팀을 이길 수 있다는 것을 깨닫고는 놀라고 고무되었다. 우리는 심지어 '사나운 한국인들'로 알려졌다. 그 뒤 겨울 학기가 끝날 무렵 우리는 전혀 알려지지 않은 팀의 도전을 받았다. 그 팀은 난징에서 북쪽으로 500리나 떨어진 하항(河港, riverport) 마을에 있는 중학교였다. 미스 프로베스코는 허락해주며, 금요일에 학교를 나서서 토요일에 경기를 하고 일요일에 돌아오라고 했다. 매우 열광한 한국 학생들이 팀의 뱃삯을 모으지 않았더라면 이번 축구 경기는 성사되지 않았을 것이다.

우리는 아침 일찍 작은 증기선을 탔다. 날씨는 화창했고, 양쯔 강을 따라가는 긴 여행 내내 우리는 마치 한국 독립을 위해 싸우러 가는 것처럼 한국 혁명가들을 불렀다. 이 노래를 가끔 들어본, 우리의 넘치는 감정에 감탄한 팀의 몇몇 중국인까지 큰 소리로 흥얼거리며 우리와 함께했다. 오후 늦게 도착한 우리는 초청한 학교 측의 사절단을 만났다. 쉬면서 장거리 여행의 여독을 풀라고, 우리를 그들의 기숙사로 안내했다. 그렇지만 우리는 너무 흥분되어 쉴 수가 없었다. 쉬는 대신 우리는 시골 무지렁이 축구 선수들에 관한 농담을 하고 들떠서 웃으며 시간을 보냈다. 우리는 우리가 몇 골이나 넣을 것인지 서로 내기를 했다.

저녁 식사를 알리는 요란한 종소리에 우리의 농담이 갑자기 중단되었다. 우리는 하나에 여덟 명이 앉는 익숙한 사각 탁자로 채워진 식당으로 안내되었다. 그런데 우리가 제공받은 식사는 아주 놀라웠다. 그것은 만찬이었다. 주방 도우미들이 요리를 계속 내왔다. 몇 가지 종류의 수프, 구운 오리고기, 생선찜, 그리고 쇠고기, 돼지고기 혹은 닭고기와 함께 조리된 다양한 야채 요리. 먼저 먹기 위해 경쟁할 필요는 없었다. 정말로 음식이 많고 맛있어서, 우리는 긴장을 풀고 연회에 참석한 부유한 신사처럼 식사를 했다. 그것은 잊지 못할 식사 경험이었다. 다음 날 경기장에서 또 다른 잊지 못할 사건이 우리에게 닥치리라고는 전혀 예상하지 못했다.

축구를 하기에 딱 좋은 토요일 오후였다. 맑고 화창한 하늘, 상쾌한 공기. 우리는 경기장에 들어섰을 때 첫 번째로 놀랐다. 경기장은 관중석으로 완전히 둘러싸여 있었다. 그 마을은 휴일을 공표해 모든 주민이 경기를 보기 위해 나왔다고 들었다. 큰 소리의 박수갈채와 고함은 순식간에 시골이라는 우리의 선입관을 쫓아버렸다. 이곳은 축구의 마을이었다. 그리고 경기가 시작되었을 때 매우 빠르고 쉽게 시골 무지렁이들이 골을 넣었다. 마을 주민들은 고함과 비명을 질러댔다. 우리는 즉시 작전 회의를 하고 더 열심히 하자고 결심했다. 우리가 공격하자 시골 팀은 속도를 더 내었고 또 한 골을 넣었다. 또 다른 함성이 주민들에게서 터져 나왔다. 다행히 중간 휴식 시간을 알리는 호각 소리로 경기가 중단되었다. 스코어는 시골 마을 3, 중화 1이었다.

중간 휴식 시간에 우리는 모두 악담을 하고 있었다. 시골 무지렁이들에게 승리를 안겨주기 위해 양쯔 강 500리를 배를 타고 왔는가? 어떻게 우리 한국 혁명가들이 이러한 모욕을 허용할 수 있는가? 우리 모두 책임을 면하기 위해 가능한 모든 것을 할 것이라고 맹세했다. 경기장으로 되돌아왔을 때, 우리의 수치심과 뒤섞인 치솟는 분노는 아수라장으로 만드는 것을 도울 뿐이었다. 그들은 우리보다 분명히 한 수 앞섰고 우리를 압도했다. 공이 나에게 왔을 때 사이드라인을 따라 공을 몰고 가려고 했지만, 시골 선수는 나의 모든 움직임을 예측하고 공을 가로챘다. 내가 뒤쫓아 그를 따라잡았을 때, 그는 내가 전에 본 적이 없는 발재간을 보여주었다. 그는 나를 바보처럼 보이게 했다. 그리고 그것은 우리 선수들이 있는 모든 위치에서 일어났다. 이제 우리 모두는 화를 냈고, 경기에 대한 흥미 또한 잃어버렸다. 우리는 단지 싸움이 유발되기만 원했다. 이 절망적인 전술이 효과를 보이는 듯했고, 드디어 우리가 한 골을 넣었다. 그런데 그것도 잠시뿐이었다. 그들이 즉시 또 한 골을 넣었다. 마을 주민들이 열광했고, 우리의 고통은 줄어들지 않았다.

상대편이 다시 득점을 한 뒤 우리가 바라던 구실을 마침내 찾아냈다. 우리의 수비수, 우리 팀에서 가장 큰 선수가 거친 몸싸움으로 넘어졌다. 그가 벌떡 일어나서 '시골' 선수를 따라가 주먹으로 넘어뜨렸다. 순식간에 난투극이 벌어졌고, 마을 주민들이 아수라장에 합류하기 위해 경기장으로 몰려들었다. 그것은 완전한 광기였다. 마치 기적처럼 우리 모두는 가까스로 도망을 쳐 기숙사로 돌아왔다. 우리는 재빨리 옷을 갈아입고, 보따리를 겨드랑이에 끼고, 안전하게 학교를 빠져나왔다. 그러나 마을을 빠져나갈 엄두를 내지 못했다. 다행히 변두리에 있는 농부의 여관을 발견해 숙박을 하게 되었다. 우리는 그날 저녁 아무것도 먹지 못했고, 제대로 잠을 이루지도 못했다. 사람들이 잠에서 깨어나기 전 새벽에 우리는 몰래 항구로 가서 난징행 첫 배를 탔다. 되돌아가는 배는 지루하기 짝이 없었다. 대화도 없었고 혁명가도 부르지 않았다!

이윽고 수치심의 고통들이 사라지고 나는 중화중학에서 이 년 차 공부를 마쳤다. 나는 여름 방학 동안 상하이의 집으로 돌아왔다. 중국 각처에서 고등학교에 다니는 어린 혁명가들이 모두 상하이에 다시 모였다. 중국인 폭력배의 죽음은 잊었고 우리는 무사했다. 이제 우리의 공통 관심사는 우리가 중국 학교에서 받고 있는 교육의 질이었다. 항상 존재하는 배고픔과 겨울에 난방이 되지 않는 교실은 교육 수준에 비하면 심각한 것이 아니었다. 사회적이거나 정치적인 교육이 전혀 없었다. 우리는 비통한 이야기를 나누었고, 가능한 해결책에 대해 곰곰 생각했다. 누군가는 그들이 다음 해에 대학에 들어가야 한다고 생각했고, 다른 아이들은 고등 교육을 위해 러시아로 가려고 한다는 꿈을 털어놓았다. 나라면 미국에 가서 교육을 받겠다고 선언하자 모두 의외라고 생각했다. 이렇게 분출된 생각은 강박관념으로 점점 커져서 싹이 트는 씨앗처럼 나에게 남았다. 나는 미국에 가야만 한다. 그런데 어떻게? 사실 이 새로운 꿈은 전혀 근거가 없는 것은 아니었다. 나는 하와이에서 태어났고 어쨌든 미국 시민이 될 수 있다는 것을 알게 되었다. 그렇다면 나는 필요한 비용을 댈 수만 있다면 미국으로 자유롭게 여행할 수 있을 것이다.

어디서 그리고 어떻게 돈을 마련하지? 여러 날 그 문제와 씨름하면서, 나는 마침내 너무 늦지 않게 미국에 가기 위한 행동 계획을 생각해냈다.

계획을 실행하기 위해 나는 최소한 10달러의 은화가 필요했다. 거금이었다. 그런데 그렇게 큰돈을 마련할 가능성은 사실 희박했다. 도둑질은 안 될까! 그 생각이 내 머리를 스쳐 지나갔고, 깜짝 놀란 나는 지체 없이 그 생각을 묵살했다. 그런데 그 생각은 사라지지 않고 머리에서 맴돌았다. 그것은 이기적인 목적을 위한 것이 아니다……. 그것은 중요하고 가치 있는 대의를 위한 것이다……. 그 돈은 미국으로 가는 나의 여행을 지원할 후원자를 찾는 데 사용될 것이다. 게다가 기부금을 확보하면 나는 몇 번이고 다시 그 돈을 변상할 것이다.

은전으로 채워진 단지 그림이 내 마음속에 나타났다. 그것은 주방 선반에 놓인 엄마의 돈 단지였다. 오, 안 돼! 내가 엄마의 소중한 돈을 어떻게 훔칠 수 있나! 그런 뒤 다시 나 자신에게 변명했다. 나는 잠시 돈을 빌릴 뿐이다. 곧 원래대로 다시 놓아둘 것이다. 그렇게 나 자신을 설득하며 마음을 굳게 먹은 나는 가장 비겁한 죄를 저질렀다. 나는 수치심과 두려움에 너무 놀라 쪽지도 남기지 않고 집 밖으로 뛰어나왔다.

나는 황푸 강[8]의 선착장으로 곧장 가서 양쯔 강에 있는 상하이에서 1천 리나 떨어진 쿠룽[9]행 편도 승선권을 샀다. 나는 편도 요금으로 7달러를 지불해야 했지만, 돌아올 요금에 대해서는 별로 걱정하지 않았다. 이

8   양쯔 강 하류의 지류로, 장쑤 성(江蘇省) 타이후 호(太湖) 동쪽 해안의 호소(湖沼) 지대에서 발원해 동으로 흘러 상하이로 들어가 우쑹(吳淞)에서 양쯔 강과 합류하는 강이다.

9   저자가 말하는 쿠룽(Ku-Lung)의 위치와 현재 지명 등은 찾지 못했다. 가장 유사한 이름은 홍콩의 주룽(九龍)이나 이는 불가능하며, 황푸 강에서 출발해 상하이와 난징을 경유하는 양쯔 강의 어느 도시로 추정될 뿐이다.

유쾌한 선상 여행은 결국에는 태평양을 거쳐 미국에 이르는 바다 항해로 이어질 여행의 첫 번째 단계였다. 정오에 배는 아주 많은 좋은 기억이 있는 중화중학의 고향인 난징을 지나쳤다. 이후 축구 경기에서 망신을 당했던 작은 하항(河港)을 지나쳤다. 그 뒤 배는 양쯔 강의 사나운 협곡으로 들어섰다. 배가 성난 물살에 맞서 싸우기 시작했고 침수가 시작될 때까지 조금씩 전진했다. 작은 배가 거친 협곡의 물살을 견디는 것이 가능할까?

나는 갑판 위의 뱃사공이 갑자기 강기슭으로 밧줄을 던지는 것을 보았다. 반쯤 옷을 벗은 노동자들이 두꺼운 줄이 나타날 때까지 그 줄을 잡고 끌어 올렸다. 이제 다른 노동자들이 합세해 어깨에 밧줄을 메고 잡아당기기 시작했다. 그들은 하나가 되어 힘차게 몸을 젖혔고, 배가 조금씩 힘겹게 전진하기 시작했다. 배는 협곡을 건너기 시작했고, 노동자들의 규칙적인 움직임이 더 빨라지자 마구 휘도는 물살 위로 천천히 떠내려갔다. 마침내 잔잔한 물살에 이르자 배 위의 증기 윈치가 갑판으로 밧줄을 되감았고 더 빠르게 전진할 수 있었다. 목적지에 도착할 때까지 몇 번의 물살을 거쳐야 했고, 사람의 힘으로 배를 나아가게 하는 성가신 일이 반복되었다.

쿠룽에 도착했을 때는 이미 해는 져 있었다. 승객을 위해 길을 밝히는 몇 개의 등유 램프만 켜 있는 갑판은 어둑어둑했다. 나의 원대한 계획의 첫 번째 단계를 완수했다는 기쁜 마음으로 나는 사람들을 따라 배에서 내렸다. 다음 도전은 강에서 똑바로 솟은 산에 오르는 길을 찾는 것이었다. 가파른 봉우리 정상에 미국인들이 여름을 보내는 유명한 휴양지 쿠룽이 있다는 이야기를 들었다. 중화중학 영어 선생님 스미스 씨는 나에게 자신이 거기서 여름을 보낼 것이라고 말했다. 그리고 그곳은 내 비밀 계획의 다음 단계가 성취될 곳이었다. 스미스 씨를 찾아 돈을 빌려 미국으로 가는 것 말이다. 그런데 나는 지금 당장 수천 피트나 되는 그 산의 정상에 오르는 길을 찾아야 했다. 나는 쿠룽에 가려는 사람들이 가마를 기다리는 줄로 가서 각자 좌석에 올라타는 것을 알았다. 요금이 얼마인지 가마꾼에게 묻자 "2달러"라고 했다. 나는 요금을 지불하고 꽤나 엉성한 가마에 올랐다. 조금 걱정된 나는 주머니에 있는 1달러를 만져보았다.

두 명의 가마꾼이 한 사람은 앞에 서고 다른 사람은 뒤에 서서 가마를 들어 올려, 가마 옆에 달린 두 개의 대나무 막대기를 자신들의 어깨에 얹고 오르기 시작했다. 나는 흔들거리는 가마를 붙잡고 산의 어두운 윤곽을 자세히 바라보았다. 나선을 그리며 산으로 오르는 좁은 길을 거의 알아볼 수 없었다. 나는 그렇게 깜깜한 어둠 속에서 가마꾼들이 길이 어디에 있는지를 어떻게 아는지 보기 위해 감히 아래를 쳐다볼 엄두를 내지 못했다. 그저 그들이 변함없이 일정하게 오른다는 데 놀랄 뿐이었다. 거의 한 시간 동안 점점 고조되는 불안한 긴장 상태에 시달렸고, 소용돌이치는 구름이 우리를 에워싼 정상에 이르자 나는 거의 공황 상태 직전까지 갔다. 다행히 가장 어두운 모퉁이를 지나자 밝은 달이 정상에 떠서 우리의 길을 비춰주었다.

가마 행렬이 마침내 마지막 산등성이를 넘어 고원으로 들어섰고, 우리가 거기서 본 것은 진정한 무릉도원이었다. 그곳이 쿠룽이었다. 도로가 포장된 도시 전역에는 눈부신 전등이 켜져 있어서, 나무가 가득 찬 도심의 공원과 둥그런 공원 둘레를 따라 죽 늘어선 작은 집들이 보였다. 영어 선생님 스미스 씨는 이 집들 중 하나에 살고 있어야 했다. 그런데 어느 집이지? 지금은 한밤중이고, 도시는 깊은 잠에 빠져 있었다. 어떻게 제대로 집을 찾을 수 있을까? 공원에서 남은 밤을 보낸다고 생각하자

몸이 떨려, 가장 가까운 집으로 걸어가 문을 두드렸다. 대답이 없었다. 다시 한 번 더 크고 길게 문을 두드렸다. 나는 발소리를 들었고, 목소리, 분명 미국인의 목소리를 들었다.

"누구요?"

"스미스 씨를 찾고 있습니다"라고 나는 기운을 잃지 않고 대답했다.

"스미스 씨?"

"네, 난징에 있는 중화중학에서 온 스미스 씨요."

문이 열렸고, 거기 서 있는 나를 깜짝 놀라 쳐다본 미국인은 내가 알아들을 수 없는 속사포 같은 영어로 무언가 중얼거렸다. 그런 뒤 평정심을 되찾은 그가 공원 건너편 집을 가리켰다.

"저기요"라고 그가 가리키며 말했다. "큰 나무 옆의 집. 거기가 스미스 씨 집이요." 감사의 말을 하기도 전에 그는 문을 쾅 닫고 사라졌다.

야, 드디어! 양쯔 강 1천 리 길, 험악한 산을 오른 위태로운 가마 그리고 지금 쿠룽에서 나의 꿈에 대한 해답을 쥐고 있는 바로 그 집 앞에 서 있구나. 나는 거의 미국으로 가고 있다고 느꼈다. 그런데 나의 위대한 계획이 막 달성되려는 그때, 나는 갑작스러운 의심에 사로잡혔다. 그것은 너무 고통스러웠다. 안심을 시키기 위해 나는 큰 나무 옆에 있는 집으로 걸어가서 문을 두드렸다. 오랜 기다림. 나는 계속 문을 두드렸다. 마침내 누군가 안에서 움직이는 소리와 그 뒤를 잇는 목소리가 들렸다.

"누구요?" 스미스 씨였다.

"중화중학의 피터 현입니다!"

"피터?" 스미스 씨의 목소리가 떨리는 듯했다.

"난징의 중화중학에서 온 피터 현입니다"라고 나는 가능한 한 천천히 대답했다. 긴 침묵에 이어 문이 열렸다. 스미스 씨와 나는 믿기지 않는 듯

서로를 바라보았다. 우리 누구도 말이 없었다. 결국 어색한 침묵을 깬 것은 스미스 씨였다. "들어오게, 들어와. 밖이 추우니 들어오게……."

의자에 나를 앉힌 뒤, 그는 머리를 흔들고 혼자 중얼거리며 서성거렸다. 영어 실력이 부족해 나는 다음과 같은 몇 마디를 제외하고 그의 말을 알아듣지 못했다. "도대체 무슨 일이지……! 거참, 야단났군……! 아, 거참, 야단났군……. 이해할 수 없어!" 나는 마치 기도하듯이 그가 몇 번이나 "거참, 야단났군!", "오, 신이시여!"를 반복하는 것을 들었다. 그런 뒤 그는 "세 시야! 세 시! 새벽 세 시!"라고 신음했다.

마음을 충분히 진정시킨 그가 내 옆에 와서 의자에 앉았다. "도대체 이 한밤중에 왜 찾아왔지?" 그가 머뭇거리며 물었다. 나는 유창하지 않은 영어로 갑작스럽게 나타난 이유를 설명했다. 나는 미국에서 교육을 받기로 마음을 굳혔다. 나는 하와이에서 태어났고, 그래서 거기에 갈 수 있다. 나는 오직 미국에서만 좋은 교육을 받을 수 있다. 내게 필요한 것은 미화 100달러다. 삼등실 요금으로 60달러, 나머지는 내가 학교와 일자리를 찾을 때까지 버티기 위한 돈이다. 스미스 씨는 머리를 다시 흔들고는 의자에 앉아 의자를 앞으로 뒤로 앞으로 뒤로 흔들었다. 나는 잠시 그가 병에 걸린 것은 아닌지 두려웠다. 마침내 그가 몸을 가누고 답변했다.

"피터, 친애하는 피터, 나는 100달러가 없단다. 나는 부자가 아니야. 나는 가난한 선교사일 뿐이야."

나는 그를 믿지 않았다. 나는 나의 제안을 다시 말했다. "스미스 씨, 100달러입니다. 그것으로 나는 교육을 받을 것입니다……. 그 돈을 갚을 것입니다……. 교육을 마치고 100달러의 열 배로 갚을 것입니다."

스미스 씨가 자리에서 일어나 나에게 와서 토닥거렸다. "우리는 지금 잠을 자야 한단다"라고 하며 그는 말했다. "아침에 이야기하자." 그는 몇 장의 담요를 들고 나를 침대로 데려갔고, 욕실이 어딘지 보여주고는 잘 자라는 인사를 했다. 그래서 잠시 내 계획은 미뤄졌다. 미국식 침대에 누워, 나는 10달러를 훔쳐 집을 떠난 이후의 사건들을 되새겨보았다. 기억이 점차 희미해지고 피로가 몰려왔다.

아침에 나는 스미스 씨의 아내와 입을 헤벌리고 나를 바라보는 두 명의 어린 사내아이들을 만났다. 스미스 부인이 그들을 내보내고 아침 식사를 하라고 식탁으로 불렀다. 식탁에 앉은 나는 옆방에 쭈그리고 앉은 두 명의 아이들이 몰래 쳐다보는 것을 의식하지 않을 수 없었다. 음식 접시를 나르던 중국인 하인이 나를 보고 그 자리에 멈췄다. 스미스 부인은 바보처럼 웃고 있는 중국인에게 나를 소개했다. 음식은 이국적이고 식욕을 돋웠지만, 뭔가를 먹기에는 너무나 불안했다.

아침을 먹고, 스미스 씨는 전날 저녁 우리가 만났던 바로 그 방으로 나를 데리고 갔다. 그가 나에게 봉투를 건네며 "피터, 여기 10달러다. 배표를 끊어 상하이로 돌아갈 수 있을 게다. 개학하면 중화중학에서 다시 만나자"라고 말했다. 나는 산에서 어떻게 내려왔는지 정확히 기억나지 않는다. 그리고 상하이로 돌아오는 길고도 외로운 여행을 하며, 나의 헛된 일로 얻은 모든 이득을 생각하며 나를 위로했다. 2000리 길의 양쯔강 항해, 100명의 사람들이 배를 협곡 쪽으로 대는 모습을 본 것, 미국인들이 여름을 시원하게 보내는 무릉도원 쿠릉을 본 것. 그러나 가장 중요한 것은 특히 미국인에게서 돈을 빌리는 것이 결코 쉽지 않은 일임을 배운 것이었다.

엄마는 집으로 터벅터벅 걸어오는 나를 보자 제정신이 아니었다. 나는 글 하나 남기지 않고 집을 나와 사흘 동안 사라졌었다. 엄마가 나를 껴안고 울어서 나도 울음이 터졌다. 저녁 식사 후 형제자매에게 둘러싸인 나는 내 모험의 슬프고 재밌는 이야기를 들려주었고, 아버지는 여느 때처럼 부재중이었다.

CHAPTER 11

미국 파견

1920년 5월, 아버지는 워싱턴 D.C.에 있는 구미위원부의 책임자로 임명되었다.[1] 상하이 임시 정부가 만든 이 위원부는 한국의 독립 투쟁에 대한 친선과 지지를 얻기 위해 세계 전역에서 펼치는 활동들을 증진하고 지도하는 책임을 맡게 되었다. 이상하게 아버지의 임명을 공식적으로 통보한 것은 상하이 정부가 아니라 미국에서 리승만 박사가 서명한 것이었다. 왜? 임시 정부는 리승만을 내각의 일원으로 선출하여 국무총리의 지위를 부여했다. 그런데 리승만은 대통령으로 알려지는 것을 더 선호했고, 미국 관리들과의 관계에서와 마찬가지로 미국과 하와이에 살고 있는 모든 한국인에게 그렇게 표현했다. "중국의 열악한 생활

---

[1] 1919년 8월 대한민국 임시 정부가 미국, 유럽 각국을 대상으로 외교 행정 업무를 주관하는 부서로 미국 워싱턴 D.C.에 설치했다. 구미위원부는 대한민국 임시 정부의 미국, 유럽 측 대표 기관이자 임시 정부의 미국 주재 대사관 역할과 함께 미국, 유럽 동포와 한인 유학생들을 대상으로 대한민국 임시 정부의 활동 홍보와 모금 활동, 한국의 독립 승인 외교 활동 등을 했다.

조건 때문에" 리승만은 상하이에 와서 혁명 지도자들과 합류하기를 거부했다. 그래서 임시 정부의 책임자는 본부와 그 구성원들과도 수천 마일 떨어져 있는 미국에서 혼자 업무를 보았다.

왜 그렇게 분리되고 불편한 활동이 허용되었을까? 동료들이 조선과 만주에서 일본인에 맞서 삶과 죽음의 투쟁을 벌이고 있었지만, 리승만은 미국에서 성인 시기의 모든 생활을 안전하고 편하게 보냈다. 그렇다면 왜 리승만은 임시 정부의 수장으로 불렸는가? 그것은 편의적인 정치적 조치였다. 그와 반대되는 역사적 경험에도 불구하고, 혁명 지도자들은 여전히 한국의 대의에 대한 미국의 인정과 지원을 믿고 기대했다. 오랫동안 미국에서 살았고 그곳에서 교육을 받았으며 어떤 다른 사람보다 미국의 정치 현장에 더 익숙한 리승만을 선출함으로써, 그가 미국의 지원을 얻어내는 데 더 결정적인 역할을 해주기를 기대했다. 혁명 지도자들이 고려하지 못한 것은 리승만의 강한 자존심, 그를 추동하는 개인적인 욕망, 모든 비판을 다루는 데서 타협을 모르는 무자비한 방법이었다. 혁명 지도자들은 그의 성의 로마자 표기를 보면서 그의 인격을 의심스러워했을 수도 있었다. R-H-E-E. 그의 성은 발음대로 리(L-E-E)로 표기되는, 조선의 마지막 왕의 성을 포함하는 한국의 가장 흔한 성씨 중 하나다. 그런데 리승만은 자신의 이름을 다른 한국인들과 구별하기 위해 R-H-E-E라는 표기를 택했다. 리승만 박사.

애국자로서의 리승만의 이미지는 일본에 맞서 투쟁한 역사에 남을 만한 시기로부터 유래했다. 일본의 침입을 격퇴하기 위한 최초의 조직화된 노력이던 독립협회에 그가 참여한 데서 비롯된 것이다. 협회는 필립 제이슨 박사의 주도로 1896년에 조직되었는데, 필립은 미국으로 건너가 의학 박사가 된 뒤 일본의 위협에 맞서는 조선의 청년들을 결집하기 위해 조선으로 되돌아온 한국인이었다. 당시 리승만은 독립협회의 소장파 중 한 사람이었다.

일본의 압력으로 제이슨 박사는 미국으로 돌아가게 되었고, 협회는 해체되고 나의 할아버지를 포함한 협회의 모든 지도자가 체포되고 구속되었다. 리승만은 수감되었다가 석방이 되자 미국으로 달아났다. 미국의 대학에서 명예박사 학위를 받았고, 애국자이자 위대한 학자로서의 이미지가 형성되었다. 서울에서 자라는 동안 나는 리승만 박사의 이름을 들었던 것으로 기억한다. 그것은 마법의 반지였고, 그 이름이 거론될 때마다 마음을 사로잡는 존경과 존중의 감정이 솟아났다. 조선 독립을 이루기 위한 결정적인 요인으로 간주된 미국의 지원에 대한 불가해한 믿음과 함께 그러한 민족적 과찬을 배경으로, 임시 정부의 수반으로 리승만을 선출한 것은 편의적인 만큼 당연했다.

미국에 머물던 시절 리승만의 주목할 만한 성과는 대한인동지회를 조직한 것이었다.[2] 그것은 미국과 하와이에 살고 있는 애국적인 한국인들의 중심이 되었다는 것을 의미했다. 실제로 그것은 상하이의 독립운동 본부와 연대를 지속하지 않았고, 리승만의 권력과 영향력을 강화하기 위한 조직으로서 기여했을 뿐이다. 더구나 그것은 리승만의 금전적 영향력을 강화하는 데 기여했는데, 협회의 회원 각자가 소득 중 일부를 기부하기로 약속했기 때문이었다. 어느 누구도 얼마나 많은 돈이 리승

---

2   단체의 목적을 "상해의 임시 정부를 옹호하며 대동단결을 도모하되 임시 정부의 위신을 타락하거나 방해하려는 불충불의한 국민이 있으면 본회가 일심 합력하여 방어하며 상당한 방법으로 조처함"이라고 규정한 데서 알 수 있듯이, 이승만이 민찬호, 안현경, 이종관 등과 함께 1921년 7월 미국 하와이에서 임시 정부를 후원하기 위해 만든 단체다.

만의 금고로 들어갔는지 알지 못했는데, 왜냐하면 누구에게도 결코 책임지는 것이 아니었기 때문이다.

대한민국 임시 정부가 1920년 상하이에 수립되었을 때 리승만의 동지회에 반대하는 미국과 하와이의 한인들이 대한인국민회(大韓人國民會, Korean National Association)를 조직했는데, 목표는 궁지에 몰린 상하이 본부에 모든 도덕적이며 물질적인 지원을 보내는 것이었다. 상하이 혁명가들에게 돈이 몹시도 필요했던 시절, 한인들에게서 모은 돈을 리승만은 상하이의 동료들과 단 한 푼도 나누지 않았다. 그리고 그가 한국의 대통령으로서 자신을 드러내기 시작했을 때 리승만의 명망은 높아졌고, 그의 재산 역시 정비례해 증가했다.

리승만은 '대한민국 공채(Korean National Bond)'를 발행하기 시작했는데,[3] 동지회 회원들은 그것을 구매하도록 강요받았다. 채권은 한국이 독립을 회복할 때 이자와 함께 상환되는 것이었다. 몇 년 후 나는 한국 이주민들에게 리승만이 발행하고 팔았던 이 '채권'을 볼 기회가 있었다. 카우아이 섬에서 종종 아버지와 함께 농장의 한국 노동자들을 방문했는데, 그들은 우리에게 자신들이 구입한 '채권'을 자랑스럽게 보여주었다. 그들은 일당을 아껴 그것을 구입했고, 가족의 재산으로 생각했다. 그들은 '채권'을 언젠가 자신들의 대통령 리승만과 함께 자신들이 꿈꾸는 조국으로 되돌아갈 때 쓸 여권으로 생각했다. 이 꿈은 결코 실현되지

---

3   정확한 명칭은 '대한민국원년독립공채'이며, 대한민국 임시 정부에서 독립운동을 효과적이고 능률적으로 수행하고 광복을 달성하기 위해 대한민국 집정관 총재 이승만과 특파주차구미위원장 김규식이라는 명의로 발행했다. 따라서 명의가 이승만, 김규식이라는 점 때문에 저자가 이승만 개인이 발행했다고 쓴 것으로 보인다.

않았다.

　상하이의 지도자들은 리승만의 독자적인 역할을 염려했고, 오랫동안 기다린 미국의 지원을 확보하는 데 그가 힘쓰지 않는 것을 점점 참을 수 없었다. 구미위원부의 수장으로 아버지를 임명해 미국으로 보낸 것은 리승만에 대한 불만의 표현이고, 그를 무시하고 아버지를 통해 미국 정부에 직접 호소하려는 시도였을 것이다.

　리승만의 미국이라는 단일체의 성채를 알지 못했던 아버지는 임명을 받아들였고, 1920년 6월 25일 미국으로 떠나는 긴 여행길에 올랐다. 일본 경찰에 체포되는 것을 가능한 한 피하기 위해 태평양을 직접 횡단하는 경로 대신, 아버지는 상하이에서 프랑스 정기선 포르토(SS Porthos)에 탑승해 동남아시아, 인도, 지중해를 통과해 대서양을 거쳐 뉴욕에 도착하는 경로를 택했다. 아버지의 여정은 바다 위에서 거의 두 달을 보내는 것이었다. 그러나 아버지에게 장거리 여행은 지루하지도 따분하지도 않았다. 그는 꼼꼼하게 여행을 기록했고, 아버지의 일기에서 나는 미국 파견 초기 국면에서의 흥미로운 점들을 알게 되었다.

　배로 여행을 하며, 아버지는 처음 며칠 동안 다른 아시아 승객들을 찾아 다녔다. 아버지는 학교를 다니기 위해 유럽으로 가는 수많은 젊은 중국 청년들을 발견하고는 깜짝 놀랐다. 아버지는 중국학생동맹(Chinese Student League)을 구상해 조직했으며, 매일 문화와 정치 토론을 위한 모임을 열었다. 홍콩과 사이공에 잠시 체류했을 때, 아버지는 그곳의 중국 학생 조직들과 접촉해 자신의 '항해학생동맹(Sailing Student League)'[4]과

4　　현순자사에 의하면 '赴法同丹互助團'을 구성하는 과정에서 발기인으로 참여했다고 한다.

공식적인 제휴를 맺었다.

사이공에서는 닷새간 머물렀는데, 아버지는 상륙하여 도시를 돌아다니며 많은 시간을 보냈다. 그는 무성한 열대 나무들이 늘어선 대로와 인도에 감명을 받았다. 건물들은 프랑스식이었고, 프랑스인들이 대부분의 사업을 소유해 경영하고 있었다고 기록했다. 작은 담배 가게만 중국인과 인도인이 소유하거나 운영하고 있었다. 도시에 너무 많은 프랑스 군인과 선원이 있고, 프랑스 비행 편대의 안내로 배가 항구를 빠져나가는 것을 보면서 아버지는 상당한 불쾌감을 느꼈다.

싱가포르에서 잠시 체류를 한 뒤 배는 말라카 해협을 빠져나와 인도양에 들어섰다. 아버지는 오랫동안 밤낮으로 책을 읽거나 학생들과 토론하고 논쟁하면서 시간을 보냈다. 배는 인도 실론 섬에 있는 콜롬보 시의 항구에 도착했다. 세 명의 다른 아시아 승객과 아버지가 해변에 가려고 하자 인도인 경찰이 막았다. 그러나 아버지는 재빨리 아주 보편적인 뇌물 관행을 알아냈다. 경찰의 손에 약간의 돈을 건네자 즉시 환영받는 방문자로 바뀌었다. 아버지는 일기에 "콜롬보에서 친구들과 내가 가장 기억에 남을 점심을 먹은 아랍 호텔을 발견했다"라고 썼다.

아버지가 매켄지(F. A. McKenzie)의 『자유를 향한 조선의 투쟁(Korea's Fight for Freedom)』을 읽고 있을 때, 배는 래카다이브 제도를 지나치고 있었다. 아프리카 연안에 근접했을 때는 태풍이 지나고 있었다. 영국이 통제하는 소코트라 섬을 천천히 지나칠 때, 그리고 다음 날 프랑스가 통제하는 지부티라는 작은 항구를 지나칠 때는 배가 굉장히 힘겹게 나아갔다.

배는 이제 홍해를 건너고 있었다. 아버지는 한쪽으로는 아라비아를 다른 한쪽으로는 아프리카를 볼 수 있었다. 그러고는 기후가 변했다.

바다는 잔잔해졌고 기온은 훨씬 더 상승했다. 타고 있는 배에서 아라비아 학생 한 명과 알제리 학생 한 명 사이에 격렬한 싸움이 일어난 것이 그때였다. 폭력적이고 끔찍했으며, 사람들은 진압되어 배에 있는 감옥에 갇혔다. 두 아랍인 학생 사이에서 폭력이 발생한 것은 아버지에게 엄청난 불안감을 주었고, 아버지는 여러 날 밤을 갑판을 걸어 다니며, 분홍과 푸른 하늘을 바라보며 명상으로 보냈다. 7월 28일 아침, 아버지는 습관처럼 오전 4시에 기상하여 조선의 풍습에 따라 즉시 세수를 했다. 그리고 자리에 앉아 한시 형식에 맞춰 시를 지었다. 의역을 하자면 다음과 같다.

바다를 향해 눈을 뜨고,
사나운 바람을 마주한다.
어디선가 봄꽃 향이 나고,
다른 곳에서는 가을 잎들이 떨어진다.
모든 곳에 평화를 가져다줄
계획을 발견할 수 없을까?

정기선 포르토는 이제 수에즈 운하에 접근하고 있었다. 짐을 내리기 위해 배가 항구에 멈췄고, 그 뒤 긴 운하를 빠져나갔다. 완전히 건너는데 24시간 이상이 걸렸고, 마침내 포트사이드 항에 도착했다. 아버지와 친구들은 해변으로 가서 순례자와 같은 느낌으로 파라오와 유대인과 모세의 땅인 이집트에 발을 디뎠다. 아버지는 이집트 음식을 맛보고자 했다. 그는 발견한 것 중 가장 이국적인 것을 사서 학생들과 나누기 위해 해변으로 갔다.

다음 날 배는 다시 지중해 여행을 시작했다. 지나친 수많은 섬 중에서 아버지는 크레타 섬을 보고 깊은 감동을 받았다. 아버지는 그곳이 성 바울이 여행하며 설교를 했던 곳이었음을 회상했다. 나폴레옹 보나파르트가 태어난 코르시카 섬도 지나쳤다.

배는 상하이를 출발한 지 40일 뒤인 8월 4일 마르세유에 도착했다. 아버지는 중국 학생들과 마지막 모임을 가졌고, 학업을 마치고 고향으로 돌아가 조국을 도우라고 충고했다. 학교에 도착하기를 열망한 학생들은 곧바로 기차를 타고 파리로 떠났다. 아버지는 파리행 기차를 타기 전에 또 다른 새로운 나라를 보기 위해 마르세유에서 며칠을 보냈다. 아버지는 파리에 살고 있는 소수의 한국인들을 만났고, 그들의 도움으로 여권과 비자를 처리하는 복잡한 일을 해결했다. 아버지는 한국인이었지만, 상하이에서 발행한 중국 여권으로 여행하고 있었다. 이 모든 것을 입증해야 했는데, 우선 미국으로 가는 중국 비자를 취득하기 위해 중국 영사관에 가야 했다. 그런 뒤 미국 비자를 얻으려면 모든 문서를 미국 영사관이 검토하고 승인해야 했다. 이 모든 것이 만족스럽게 끝났을 때, 이번에는 프랑스 당국이 다시 한 번 문서를 정밀 조사하고 승인해주었다. 아버지는 대사관과 영사관에서 열흘을 보냈고, 결국 8월 14일 프랑스 정기선 라파예트를 타고 르아브르에서 출항했다. 그는 미국 파견의 최종 목적지를 향해 가고 있었다.

대서양을 건너는 여행 중에는 별다른 사건이 없었다. 대부분의 승객들이 정치에 별로 관심이 없는 미국인과 유럽인이었다. 그런데 아버지는 집으로 돌아가는 휴가 중인 두 미국 선교사를 알게 되었다. 한 사람은 보스턴에서 왔고, 다른 사람은 아칸소에서 왔다. 아버지의 일기에는 중국 YMCA 노동자들을 만난 것도 언급되고 있는데, 그들과 함께 배에 있는 체육관에서 매일 운동을 했다. 또한 「마태복음」을 읽고 연구할 자유 시간을 갖게 된 것을 기뻐했다. 정기선 라파예트는 상하이를 떠난 지 59일째 되는 8월 23일 뉴욕 항에 도착했다. 두 명의 한국 대표가 아버지를 마중 나왔고, 그랜드 호텔로 안내했다. 뉴욕 방문은 몇몇 한인 지도자를 만나기 위한 예방에 불과했다. 그들 모두 지금은 임시 정부의 일원이자 삼일운동을 주최했던 사람을 만나는 것을 마냥 즐거워했다. 아버지가 뉴욕에 도착한 것은, 한국인들의 투쟁의 중심인 상하이에서 직접 온 한국의 혁명 지도자가 최초로 등장한 것을 의미했다. 아버지는 수많은 질문을 받았다. 상하이의 상황은 어떠한가? 지도자들의 건강은 어떠한가? 한국의 최근 상황은 어떠한가? 아버지는 그들과 만나서 이야기를 나누는 것이 즐거웠지만, 그의 마음은 자신의 궁극적인 목적지인 워싱턴 D.C.에 고정되어 있었다.

더는 지체하지 않으려고 아버지는 다음 날 워싱턴으로 떠났고, 바로 대한민국 임시 정부의 구미위원부 사무실로 갔다. 아버지는 교체될 위원장인 김규식 박사를 만날 예정이었다. 그들은 아버지를 초조하게 기다렸고, 도착이 오랫동안 지연된 것에는 별 관심이 없었다. 적당한 숙소가 아버지를 위해 킹 부부의 집에 마련되었다. 아버지는 구미위원부 활동에 대해 간략한 보고를 받았고, 모든 책임에 대해 통지받았다. 아버지는 문서 중에서 위원부 지부들의 매달 예산에 주목했다.

워싱턴 D.C.	1500달러
필라델피아	800달러
파리	500달러
기타 지역	1200달러

총   4000달러

  아버지의 활동 계획은 구미위원부 활동을 지원하기 위해 미국, 멕시
코, 쿠바에 살고 있는 모든 한인을 조직하는 것이었다. 미국 각지에 흩
어져 있는 모든 소규모의 한인 공동체를 순회 방문하며 캠페인을 시작
했다. 초기에는 서부 해안 지역, 주로 샌프란시스코와 로스앤젤레스에
집중했지만, 한인들이 조금이라도 살고 있는 좀 더 작은 도시도 결코 도
외시하지 않았다. 그는 딜라노, 모데스토, 리버사이드, 맥스웰, 머시드
와 같은 캘리포니아의 아주 작은 읍에 사는 동포를 찾아내기 위해 멀리
떨어진 곳까지 이동했다. 다음으로 중요한 지역은 태평양 북서부 지역
으로, 오리건과 워싱턴을 돌아다녔다. 디트로이트와 시카고를 방문하
는 것으로 일주를 마쳤다. 흩어져 있는 한인 공동체를 순회 방문한 것은
하와이 섬에서 유랑 선교사로 돌아다니며 기독교 교회를 설립했던 때
를 떠올리게 했다. 이제 그는 한국 독립운동을 꾸리기 위해 미국 전역을
여행하고 있었다.

  사탕수수 농장 노동자들이 하와이에서 선교 활동을 도와주었듯이, 지
금은 미국 전역의 한국 이주민들이 그의 정치 활동을 위해 힘을 합쳤다.
돈이 쏟아져 들어왔고, 아버지는 위원부 활동을 확대하기 시작했다.

  아버지의 성공은 당시 미국에 리승만이 없었다는 뜻밖의 호재 때문
에 상당한 도움을 받았을 것으로 추측된다. 아버지의 일을 반대하거나
방해하는 것은 없었다. 동료들과 합류하기를 오랫동안 거부했던 리승
만은 아버지가 미국에 도착하자 결국 상하이로 가기로 결심했다. 리승
만이 부유하고 이득이 되는 미국을 떠나도록 한 것은 상하이 임시 정부
에 의해 공식적으로 부여된 대통령으로서의 자신의 직위를 유지해야

한다는 가장 우선되는 욕망이었다. 분명 리승만은 자신을 상당히 짜증 나게 했을 미국에서의 아버지의 성공적인 활동에 대해 보고를 받았겠지만, 미국에서 자신의 힘과 영향력에 도전할 경쟁자가 등장하는 것을 막는 데는 속수무책이었다.

1921년 2월, 아버지는 깜짝 놀랄 만한 사실 하나를 발견했다. 미국 전권 대사로 그를 임명한다는 임시 정부의 공식 문서를 발견한 것이다. 그런데 왜 자신에게 전달되지 않았을까? 누가 왜 이 중요한 문서를 감추었을까? 아버지는 몇 달이 지난 후 다른 이상한 사건이 발생할 때까지 그 이유를 가늠할 수 없었다. 당시 아버지는 한국 외교관이라는 자신의 새로운 지위에 고무되어 있었고, 당분간은 자신의 권위를 활용해 미국 정부의 최고위층들에게 한국의 상황을 알렸다.

아버지는 워싱턴 D.C.에 임시 정부의 공식 본부를 개소하는 조치를 재빠르게 취했다. 상하이에서 리승만은 그 조치에 반대했지만, 아버지는 그것을 무시했다. 1921년 4월 대한 공사관이 워싱턴 D.C.에 있는 매사추세츠가(街) 1325번지에 설치되어, 공식적인 개관 소식이 모든 외교 대표들과 의원들에게 알려졌다. 아버지는 미국 정부에 공식적으로 자신의 신임장을 제출했다. 그는 법률 및 정치 자문가로 핑클(Mr. Finkle)과 스턴(G.W. Stern)을 데리고 있었다. 그들의 도움으로 아버지는 1921년 5월 11일 미국의 승인을 받기 위한 청원서를 써서 국무장관 찰스 에번스 휴스에게 보냈다.[5]

---

[5]   현순 목사가 1921년 7월 15일 찰스 에번스 휴스 국무장관에게 제출한 청원서는 다음에서 볼 수 있다. http://db.history.go.kr/url.jsp?ID=ha_g_005_0860 한국 공사관 설치 및 청원서 제출 후 이를 놓고 논란이 일자 서재필은 미국 정부에 현순 목사의 행동에 대해 사과하는 공문을 보냈고, 현순 목사는 구미위원부 임시

미국에서 아버지의 활동은 점차 폭넓은 지지와 함께 국제적 관심을 얻게 되었다. 리승만은 천성 혹은 기질상, 특히 자신의 영역으로 간주했던 미국에서 자신이 아닌 다른 누군가가 지지받는 것을 용인하지 않았다. 20세기 초인 그때도 리승만은 자신의 경쟁자들을 다루는 강압적인 방법을 개발했다. 이후 미국과 하와이에 있는 자기 조직의 센터들에서 그가 집행 부대를 유지했다는 것이 밝혀졌다. 그러나 자신의 개인적인 권력을 조성하기 위해 힘을 사용한 리승만은 결국 파멸했다.

1948년 미 점령군과 UN의 후원으로 리승만이 대한민국의 대통령이 되었을 때, 그는 국가 정책으로 자신의 강압적인 전술들을 자유롭게 채택했다. 그것은 모든 비판가 혹은 반대파를 억압하기 위한 정책이었다. 자국의 주둔군을 유지하고 매년 남한에 수백만 달러를 쏟아부은 미국과 '유권자들의 자유의지의 살아 있는 표현으로' 남한에서 리승만의 선출을 승인했던 UN이 질겁할 일이지만, 리승만 체제는 점차 독재가 되었다. 학생들이 그에 맞선 봉기의 선두에 섰던 1960년에 그랬듯이, 그의 지배가 무너지는 것을 막을 수 없었다.

아버지는 워싱턴 D.C.에서 1921년 리승만의 분노를 처음 경험했지만, 리승만의 권력 지향이 임시 정부가 주도하는 국가적 이익을 포함한 다른 모든 고려를 무시할 것이라는 점을 예상하지 못했다. 1921년 6월 아버지는 일기에 다음과 같이 썼다.

1921년 6월 어느 날 아침, 위원부에 있는 내 사무실로 갔는데 들어갈

위원장직에서 직위 해임되었다. 한편 같은 해에 열린 태평양회의(워싱턴 군축회의)에 김규식 등과 함께 독립 청원서를 미국 대표에게 제출했으나, 회의에 참석해 발언할 기회를 얻지는 못했다.

수 없다는 것을 알았다. 누군가 문의 열쇠를 바꾸어놓아서 열쇠로 출입문을 열 수 없었다. 나는 곧바로 은행으로 갔다. 나는 내 이름이 은행의 모든 공식 계좌에 사용될 수 없음을 알았다. 그것은 필립 제이슨이라는 이름으로 변경되었다.

제이슨의 한국 이름은 서재필이었다. 그는 1896년 학생 저항을 이끌었다(≪독립신문≫ 발간). 그 뒤에 아버지는 다음과 같이 썼다.

상하이 임시 정부나 리승만 어느 누구에게서도 지시는 없었다. 그렇지만 나는 나에 대한 음모 때문에 계속 활동하는 것이 불가능하다는 것을 알았다.

아버지는 오로지 리승만만이 미국에서의 아버지의 활동을 중지시키기 위해 그토록 비열한 수단을 쓸 수 있었다고 추측했다. 아버지는 가진 돈으로 샌프란시스코를 거쳐 하와이로 갔고, 그곳에서 사탕수수 농장에 정착하도록 도와주었던 한인들과 행복한 모임을 가졌다. 아버지는 또한 초기 선교 활동 시기에 알고 지내던 와드먼(Dr. Wadman) 박사, 하와이 감리교회의 새로운 감독 프라이(Dr. Fry) 박사를 방문했다. 워싱턴에서의 부끄러운 경험과 아버지가 겪은 곤경을 알게 된 하와이의 지지자들은 아버지가 중국으로 되돌아갈 수 있도록 700달러를 모았다.

아버지는 한국 독립운동이 절망적인 시기에 직면할 무렵 상하이에 도착했다. 운동의 재정 상태는 너무나 악화되었고 생존을 위한 단순한 일상 투쟁이 너무 커져서, 워싱턴에서 겪은 일을 해결하기 위해 아버지가 행했던 시도는 그것과 비교할 때 중요하지 않게 되었다. 게다가 리승만은 임시 정부에 신경을 쓰지 않고, 그가 원했던 자신의 독립운동을 주도하기 위해 미국으로 돌아가 버렸다. 중국으로 되돌아온 얼마 뒤 아버지는 다른 임무를 맡으라는 명령을 받았고, 최근의 환멸에도 불구하고 수락했다.

그것은 모스크바로 가서 소련에 도움을 청해 비틀거리는 운동을 구하려는 시도였다. 상하이의 한국 혁명가들은 모스크바에서 열린 제2인터내셔널[6]에 참석해달라는 소련의 초대를 받게 되었다. 그것은 신생 소련을 지키고 민족적 자유에 대한 열망이 모든 곳에서 드러나고 있었던 전 세계의 모든 식민지 민족을 위한 역사적 비밀 회의였다. 한국 대표로서 아버지의 임무는 소련이 어떤 도움이라도 제공하고 한국인과 식민지 민중의 세계 총회가 연대를 약속하도록, 한국의 대의를 모스크바에서 주장하는 것이었다.

다시 한 번 아버지는 일본 경찰과 첩자를 피해 만주를 건너 블라디보스토크에 도착했고, 그곳에서 시베리아 횡단 열차를 탔다. 그것은 느리고 매우 위험한 여행이었다. 수많은 철로가 후퇴하는 차르의 군대인 '백군'과, 볼셰비키와 싸워 신생 소련을 전복하려는 단호한 노력을 하는 미국의 원정군을 포함한 '연합군'의 방해 공작으로 훼손되었기 때문이다. 낡고 오래된 기차가 전쟁으로 파괴된 러시아 대륙을 가로지르는 데 거의 한 달, 아시아 모든 곳에서 혁명 도시 모스크바로 혁명가들을 모이게

---

[6]   제3인터내셔널(코민테른) 주체로 1922년 1월 21일부터 2월 2일까지 열린 동양민족혁명단체 대표회의(이 회의는 극동인민대표대회 등 여러 명칭으로 불리나 현순이 받은 위임장에는 이렇게 표기되어 있다)를 오기한 것이다. 현순은 조선예수교대표회의 대표 자격으로 이 회의에 참석했다고 한다. 박대성, 『현순의 생애와 사상 연구』, 85쪽.

하는 데 한 달이나 걸렸다.

　장거리 여행 내내 아버지는 다른 사람들을 만날 수 있는 충분한 시간이 있었고, 그들이 독립과 자유를 위한 투쟁을 어떻게 치르는지 알게 되었다. 그런데 경험과 생각을 교환하면서, 아버지는 심각하게 불리한 조건을 느끼게 되었다. 그는 기독교 목사였다. 아버지는 이례적인 승객이었는데, 그들 모두 노동자와 농민 조직의 대표였다. 몇몇 사람들은 아버지에게 '인민의 아편'인 종교를 파는 자라는 비웃음을 감추지 않았다. 그러나 시간이 지나면서 프롤레타리아 사이에서 그의 지위가 높아지고, 상당한 존중을 얻게 되는 일이 생겨났다.

　어느 날 갑자기 아버지는 "현 동무!"가 되었다. 기차에서 그가 한 것은 그가 평생 해온 것이었다. 일찍 일어나는 것이 습관인 아버지는 아침에 가장 먼저 기상했다. 아침 예배를 마치고 빗자루를 찾아 기차, 그러니까 자신의 객실뿐 아니라 기차 전체를 청소하기 시작했다. 아버지의 일기에는 다음과 같이 쓰여 있다. "프롤레타리아 어느 누구도 전혀 일을 하지 않았고, 그래서 '아편상'인 내가 기차를 청소했다." 이것이 아버지가 기차에 함께 탄 모두에게 존경받는 '동무'가 된 방법이었다.

　아버지는 그 나라의 비참하고 대대적인 파괴와 배고픔으로 고통 받는 사람들의 끔찍한 광경에 대해 썼다. 수천 명의 사람이 매일 굶주림으로 죽어가고 있었다. "우리가 한 달 동안 기차에서 무엇을 먹었는지 아느냐?" 아버지는 장거리 기차 여행에 대해 우리에게 이야기하면서 물었다. "검정 빵과 물을 삼키기 전에 지푸라기와 돌을 뱉어야 했다"라고 아버지는 말했다.

　나는 '제2인터내셔널'7이 무엇인지 알지 못했으며, 아버지의 일기는 더 자세히 설명하지 않았다. 그런데 아버지는 식민지의 모든 대표와 러시아 혁명의 지도자인 블라디미르 일리치 레닌의 중요한 회의에 대해 언급하고 있다. 아버지는 레닌의 인상에 대해 다음과 같이 쓰고 있다.

그는 지식과 지혜로 가득 찬 게 분명한, 놀라운 두뇌를 지닌 위대한 사람이었다. 그는 매우 친절하고 이해심이 많았다. 그는 나를 포함한 모든 대표의 말에 관심을 곤두세우고 경청했다. 나는 레닌에게 "목사 동무"로 소개되었다.

아버지는 다른 러시아 지도자들과도 만났으며, 한국 독립운동과 그에 대한 절실한 도움에 관해 논의했다. 그 외 다른 인물로 당시 적군 사령관[8]이 된 레온 트로츠키와 만나 의견을 나누었다. 비밀회의가 끝나고, 당장 물질적 지원을 받을 가망은 없지만 적어도 자신들의 엄청난 공동 투쟁을 서로 승인하는 것에 힘을 얻은 대표들은 세계 각지로 해산했다. 자신들의 조국으로 되돌아가서 투쟁을 수행한다는 결정에 대한 지지도 있었다. 상하이는 망명 중인 아버지의 고향이었다. 그는 상하이로 되돌아와서 모스크바 파견 임무에 관한 보고서를 제출했다. 이후 아버지는 자신의 삶에서 가장 혹독한 해를 맞이하는데, 1923년이었다.
아버지는 구걸하는 것을 거부했다. 그는 "믿음은 세속의 모든 고난을 극복할 수 있다"고 믿었다. 그동안 가족들은 매일 각자 국수 한 그릇으로 살아가는 처지가 되었다. 어느 날 아침 기도를 마친 아버지는 상하이 영자 신문 ≪차이나 프레스≫에 실린 "판매원 구함"이라는 광고를 보았

7　　　이 당시는 1889년 7월 14일에 조직된 제2인터내셔널이 아닌 1919년에 설립된 제3인터내셔널이 활동하던 시기다.
8　　　이 당시 트로츠키는 소련 육군 및 해군 군사인민위원이었다.

다. 그것은 영국 제약 회사의 구인 광고였다. 아버지는 드위트 제약회사(DeWitt Drug Company)를 찾아가 구직 신청을 했다.

"어떤 경력이 있나요?"라고 물었다.

"나는 한국 독립운동을 위해 일했습니다"라고 아버지가 대답했다.

아일랜드 사람으로 보이는 매니저가 "좋습니다. 그런데 중국어를 할 수 있나요?"라고 말했다.

"네, 조금"이라고 아버지는 말하고 나서 "나는 당장 일을 하고 싶습니다"라고 덧붙였다.

매니저가 동의해 아버지에게 한 묶음의 전단지와 간단한 설명서가 들어 있는 판매원 가방이 건네졌다. 아버지는 즉시 상하이 거리로 나가 일을 시작했다. 이른 오후 아버지는 사무실로 돌아가서 실적을 보고했다. 전단지를 모두 나누어 주었고, 몇 백 달러어치의 특허 약 주문서를 가지고 왔다. 아버지의 첫 업무에 기뻐한 매니저는 아버지가 만주에서 일하는 것에 동의한다면, 매달 여행 경비를 포함해 100달러를 지급하겠다고 제안했다.

그것은 굶주림으로부터 가족을 구하는 길이었다. 아버지는 다시 한 번 상하이에서 만주 평원으로 향했다. 크고 작은 마을을 거치며, 그는 전단지를 벽에 붙이고 영국제 특허 약품을 살 여유가 있는 모든 사람에게 판매했다. 판매원으로 여행하면서 그는 무크텐이라는 도시로 가게 되었다. 그곳에서 아버지는 기억에 사로잡혔다. 혁명가로서의 길을 걷기 시작한 것이 그리 오래지 않은 4년 전 이 낯선 도시에서였다. 아버지가 처음으로 최창식과 해외 한국인 거주자들을 만났던 곳이기도 했다. 서양 신문사의 기자들을 불러 한국의 봉기 소식을 알린 바로 그 도시였다. 이후 계속해서 그 대의를 세상에 꾸준히 알린 뒤, 지금 그 도시로 되돌아왔던 것이다. 이제 그는 생계를 꾸리기 위해, 그리고 불쌍한 아내와 여덟 명의 자식을 굶주림의 고통에서 구하기 위해, 한 아름의 전단지와 특허 약품 가방을 들고 무크덴 거리를 걷고 있었다.

CHAPTER 12

위기

4년 동안 한국 독립을 위한 투쟁은 소수의 애국자에 의해 수행되었다. 그들의 활동은 상하이에 있는 작은 거점에서부터 전 세계의 주요 지역에까지 미쳤다. 팸플릿, 그림 그리고 때로는 특사를 런던, 파리, 모스크바, 난징과 워싱턴에 보내서 도움을 호소했다. 다른 수많은 활동 중에서 가장 대담한 것은 만주에서 일본군에 맞서 싸운 게릴라 전투와 한국 내 지하 운동이었다. 지하 운동은 사람들의 사기뿐 아니라 상하이 임시 정부의 재정 지원을 유지하는 생명선이었다.

물론 투쟁은 엄청난 인간적 고통을 대가로 했다. 수많은 농부가 고문을 당하고 살해되었으며, 수많은 여성이 겁탈당하고 손발이 절단되었고, 실종된 학생의 숫자는 알려지지 않았다. 무자비한 일본의 맹공으로, 천천히 그렇지만 확실하게 운동의 전체적인 틀이 무너지고 있었다. 지역 거점과 접촉을 유지하는 임무는 점차 어려워졌다.[1]

---

1   이는 일제 강점기 상하이 임시 정부와 국내 비밀 연락망으로 실시된 연통제(聯

처음부터 최종적인 성공의 희망은 미국의 지원과 원조에 의존하고 있었다. 당시에는 그것이 그토록 허망한 꿈으로 보이지 않았다. 결국 '민족자결권'에 대한 윌슨 대통령의 선언의 영향으로 삼일운동이 일어나지 않았는가? 미국과 조선 간 상호 지원 협약은 없었는가? 수많은 한국인이 미국 선교사가 설파한 종교를 신봉한 것은 실수였는가? 새로운 신념을 믿고 그것의 고향인 미국, '자유의 땅'을 그토록 신뢰한 것은 어리석었는가?

그러나 반복적으로 도움을 호소했지만, 미국인들은 무시했다. 식민지 민족에 대한 미국의 정책은 대한 독립운동을 유린했을 뿐 아니라, 모든 식민지 민중의 열망을 손상시키는 것이었다. 제1차 세계대전이 끝난 뒤 미국은 가장 부유하고 가장 강력한 국가로 등장했다. 미국은 세계의 상인, 대금업자, 감독관이 되었다. 이와 동시에 미국은 자신의 이미지를 세계의 해방자로 만들었다. 반면 일본은 아시아에서 새롭게 떠오르는 강자로 등장했다. 분명히 힘없는 한국에 어떤 도움을 주어 자신의 이

通制)와 교통국(交通局)을 의미한다. 연통제는 임시 정부의 내무 조직으로 내무 총장 안창호가 주도해 1919년 7월 10일 국무원령 제1호로 '임시연통제'가 공포되었다. 당시 행정 조직에 따라 설치된 연통제의 주요 업무는 대한민국 임시 정부의 법령과 기타 공문 전포, 독립운동 지속, 전쟁 수행을 위한 자원 동원, 구국 재정 단원 모집, 공채 발행, 통신, 연락 등과 함께 지하 독립운동을 지원하는 것이었다. 그러나 일제의 감시와 탄압으로 연통제는 오래가지 못하고, 1921년 후반에 이르러 소멸되었다. 교통국은 1919년 5월 의정원 회의에서 의결되어 설치되었다. 조직은 교통국이라는 명칭을 가진 곳이 5개 소, 통신국이 1국, 교통부가 1개 소로 이루어졌으며, 가장 활발히 활동한 곳은 안동 교통 사무국이었다. 그러나 1920년 1월 안동 교통국장 홍성익(洪成益)과 조직원이 체포되면서 주요 조직이 노출되어 관련자가 검거되는 등 위기를 겪다가 연통제와 마찬가지로 1921년을 고비로 붕괴되기 시작했다.

익을 위험에 빠뜨리기보다 산업 및 군사 면에서 신흥 강국인 일본과 긴밀한 관계를 맺는 것이 미국에는 훨씬 더 유리한 것이었다. 미국의 '한국 정책'은 일본의 정복을 암묵적으로 승인하는 것이었다. 선택한 어떤 방법으로든 한국을 처리할 수 있는 재량권이 일본에 부여되었다.

수백 명의 한국인이 밤사이에 실종되었고, 다른 한국인들은 감옥에 갇혀 고문을 당했다. 일본 군대와 경찰이 마을을 포위해 주민은 학살되었고, 집은 불에 타버렸다. 젊은이들은 독립운동의 불씨를 꺼뜨리지 않으려는 헛된 시도에 자신의 삶을 희생시켰다. 그러나 공포 정치가 강화되면서 비밀 운동은 붕괴될 수밖에 없었고, 상하이에 있는 거점의 자금줄인 운동의 생명선도 마찬가지였다.

임시 정부의 경우 그것은 이제 생존의 문제였다. 맨 먼저 자신들의 사무실 건물을 넘겨주었다.[2] 그다음으로 관리들의 지출을 최대한 줄였다. 포위된 지도자들에게 어느 날 출처를 밝히기를 거부하며 돈주머니를 가져다준 젊은 애국자의 이야기를 들은 것은 이러한 절망의 시기였다. 한 달 뒤 경찰의 급습에 대한 두려움이 가라앉았을 때에서야 전모가 밝혀졌다.

---

[2] 현재 임시 정부 청사로 알려진 곳은 1926년부터 1932년까지 사용했던 보경리(普慶里) 4호 청사로, 임시 정부는 청사를 거듭 이전하며 활동했다. 그런데 최근 최초 임시 정부 청사로 추측되는 곳이 발견되었다는 기사(http://news.donga.com/3/all/20140227/61264236/1)가 보도되었다. 이 기사에 따르면 1919년 4월 10일 1차 임시 의정원 회의가 개최된 곳은 정확한 지번이 알려지지 않은 채 상하이 진센푸루(金神父路)로만 알려져 왔는데, 배우성 서울시립대학교 교수 팀이 조사를 통해 이곳을 확인했다는 것이다. 사실 관계를 더 확인해야 하겠지만, 어쨌든 흥미로운 사실은 임시 정부 청사로 추측되는 이곳이 저자의 아버지 현순 목사의 주소지라는 점이다.

어느 늦은 저녁 그 청년과 동료가 자동차를 빌려 쓰마루(四馬路)로 가고 있었다. 도시 중심부에 위치한 그 거리는 매춘과 도박을 하는 업소가 모인 곳으로 유명했다. 그들은 크고 호화로운 카지노 앞에 멈췄다. 운전사가 차에 남아 있었고, 그동안 청년 혁명가는 건물로 들어갔다. 그는 술에 취한 도박꾼으로 가장해 보안 문을 거쳐 도박이 이루어지는 방에 가까스로 들어갔다.

거기서 그는 권총을 꺼내 들고 움직이는 사람은 쏘겠다고 위협했다. 그는 탁자 위에 캔버스 천으로 만든 가방을 던지고 지배인에게 돈을 모두 가방에 담으라고 명령했다. 은전이 너무 많아서 가방이 매우 무거웠지만, 그는 가방을 들어 어깨에 둘러멨다. 당황한 도박꾼들에게 총을 겨눈 채, 그는 문 쪽으로 뒷걸음질 쳤다. 그는 뒤따라와서 문을 여는 사람이 있으면 총으로 쏘겠다고 마지막 경고를 외쳤다. 그는 밖으로 나와 문을 잠갔다. 그의 동료는 카지노에서 나오는 그를 보고 차 밖으로 뛰어나와 무거운 짐을 가져온 친구를 차에 밀어 넣고서는 차를 몰았다.

얼마 후 나는 이 놀라운 강도를 만났다. 나는 그가 너무 왜소하고 허약해 보여 카지노에서 실제로 돈다발을 훔쳤다고 믿기 어려웠다. 물론 그 돈은 당장 필요한 곳에 사용되었다. 그러나 결국 아버지가 그랬듯이 대부분의 지도자들과 간부들은 흩어져야 했고, 생계를 유지할 만한 곳으로 갔다. 쉬운 길이 있었던 리승만은 예외였다. 그는 자신이 주장하는 임시 정부 대통령이라는 명분으로 더 큰 권력과 개인적인 부를 획득했던 미국으로 돌아갔다. 동지회 회원들은 독립운동을 위해 매달 성실하게 기부금을 냈지만, 리승만은 그 돈을 상하이에 있는 아사 직전의 동료들과 절대 나누어 갖지 않았다.

커지는 어려움을 견디며 소규모 그룹이 상하이에 남았다. 그들 중 김구와 여운형, 두 명의 영웅이 내 마음속에서 두드러졌다. 김구는 대한민국 의정원[3]의 경무국장으로 혁명 활동을 시작했다. 그는 젊은 혁명가들을 무장 호위병으로 조직해 정부 건물의 안전을 담당했다. 1923년에 모든 지도자들이 살아남기 위해 거점을 떠나야만 했을 때 김구는 자신의 자리를 지켰고, 결국 임시 정부 수반 역할을 책임졌다.

그 당시 아버지는 이미 자신의 종교적 활동을 재개하기 위해 하와이로 되돌아간 상태였지만, 실제로 마음이 상하이를 떠나본 적은 결코 없었다. 아버지는 새로운 교회 활동과 더불어 김구를 중심으로 힘을 결집하고 정부를 지원하기 위해 하와이 한인을 조직했다. 아버지는 섬의 여러 지역을 돌아다니면서 특별 모금을 계속하여 상하이에 있는 김구에게 매달 돈을 보냈다.

1929년 서양 강대국들과의 경제적 관계가 증진되는 것에 고무되고 한국에 대한 지배가 확고해지자 대담해진 일본은, 중국 정복이라는 수세기 동안 꿈꿔오던 꿈을 향해 맹렬히 덤벼들었다. 최초의 신호는 상하이 폭격[4]이었다. 그것은 중국에 대한 공격뿐 아니라 서양 강대국들의 성향을 시험하는 것이기도 했다. 저항도, 보복도 없었다. 일본은 총 한 번 쏘지 않고 만주로 진격해 점령했다. 만주의 마지막 황제 헨리 푸이(溥儀, 선통제*)는, 지금은 만주국으로 개명된 만주의 명목상의 통치자가 되었다. 그것은 모든 아시아 국가를 정복해 유일한 지배자가 되려는 '대동아 공영' 계획의 첫 번째 단계였다.

만주 점령이 확보되자, 일본은 한 걸음 한 걸음 중국 본토로 진격했

<hr />

3   대한민국 임시 의정원은 임시 정부의 입법 기관이고, 경무국은 임시 정부의 산하 기관이다.
4   1932년 1월 28일에 일어난 제1차 상하이 사변을 일컫는 것으로 보인다.

다. 진군하는 일본군이 저지른 악명 높은 난징 대학살은 어떤 대가를 치르더라도 정복하겠다는 무자비한 기획의 일부에 불과했다. 아주 위험한 이 시대에 김구는 한국 청년을 재결집시키고 가능한 모든 수단을 동원해 일본군에 맞서 게릴라 전투를 벌이면서 상하이에 있었다. 그는 중국을 방어하기 위한 한국인 지원병을 제안했고, 장제스는 그 제안을 기꺼이 수용했다.⁵ 김구 수하의 한국인 여단이 조직되어 훈련을 받은 뒤 중국 국민군과 최전선에서 합류했다.

당시 뉴욕에 있던 나는 그곳에서 '중국을 지원하는 한국인 연합'을 조직하는 것을 도왔다. 우리는 허가를 받아 뉴욕의 길거리에서 '중국을 위한 가두 모금일' 행사를 벌였다. 미국 국민에게서 모금한 돈으로, 스튜드베이커⁶ 앰뷸런스를 사서 중국에 있는 한국인 여단에 보냈다. 그러나 이것은 먼 장래의 이야기다.

여운형 역시 위대한 지도자였지만, 김구와는 매우 달랐다. 그는 더 젊고 잘생겼으며, 나는 숱이 많은 그의 짙은 수염을 매우 부러워했다. 그는 우리 젊은이들의 친구였다. 모든 지도자 중에서, 공원에서 시간을 보내고 우리가 노는 것을 보고 이야기를 나누었던 유일한 사람이 여운형이다. 그는 우리가 축구를 하다가 골을 넣으면 소리를 치며 환호했으며, 소년처럼 뛰어오르며 박수를 쳤다. 휴식 시간이 되면 우리에게 와서 전략을 짜는 데 참여했다. 그럴 때면 우리는 그가 중요한 지도자 중 한 사

---

5   김구는 1933년 난징에서 장제스를 만나 한인 무관 양성과 재정 지원에 대해 논의했다.

6   1852년 헨리 스튜드베이커(Henry Studebaker) 2세와 클레멘트 스튜드베이커(Clement Studebaker) 2세가 설립한 회사에서 출발해, 1870년대에는 세계 최대의 마차 제조업체가 되었다. 이후 자동차 사업에 참여하기도 했으나 1966년 문을 닫았다.

람이라는 것을 잊어버렸다. 그는 우리의 일원이었고, 우리의 친구였다.

상하이에서의 운동이 흔들리기 시작했을 때, 여운형은 체포되어 감옥에 갈 수도 있었지만 한국으로 되돌아갈 결심을 했다. 그는 민중 속에서 조국을 위해 더 많은 역할을 할 수 있을 것이라고 믿었다. 실제로 그는 체포되어 감옥에 갔지만, 결국 살아남았다. 마지막으로 석방되었을 때 그는 활동을 재개했지만, 이전과는 전혀 다른 방식이었다. 그는 젊은 이들과 시간을 보냈고, 운동을 통해 그들에게 어떻게 놀고, 배우고, 조직하는지를 가르쳤다.

제2차 세계대전이 막바지에 이르렀을 무렵 일본군이 비틀거릴 때, 여운형은 조선인민공화국과 국가를 다스리는 정부 기구인 인민위원회를 수립하는 데 결정적인 역할을 했다. 1945년 9월 미 점령군이 도착하기 전 인민위원회는 일본 헌병을 무장 해제시키고, 평화와 질서를 유지했다. 조선인민공화국은 한국에서 남북 모두의 정부로 기능하고 있었다. 지역위원회는 식료품이나 약품을 분배하는 모든 긴급한 일을 수행했고, 토지 개혁을 실시하기도 했다.[7]

제2차 세계대전에서 일본이 패배하자 한국 민중의 억눌렸던 창조적인 힘이 분출되어 예술과 문화가 부흥하기 시작했다. '조선문화단체총연맹'이 다양한 활동을 촉진하기 위해 만들어졌다. 그러한 활동은 문학·미술·음악·무용·연극 분과로 나뉘어 수행되었다. 유사한 조직들이 교

---

[7]　인민위원회는 1945년 9월 6일 건국준비위원회가 조선인민공화국을 선포한 뒤 개편되면서 같은 해 11월까지 각지의 건국준비위원회 지방 조직들과 자생 조직들이 전환되어 만들어진 민간 자치 조직이다. 미군정의 통치 기구가 권력을 확립할 때까지 일종의 대안 권력 기구로서의 역할을 했다. 이 부분을 포함해 이후 역사적 사실과는 차이가 있는 내용들도 원서대로 번역했다.

육·농업·산업 분야에서도 결성되기 시작했다. 이 당시 조선인민공화국을 대표해 여운형이 아버지에게 공식 서한을 보냈다. 그 자리에 아버지가 참석하지 않았지만 각료로 선출되었다는 내용이었다. 여운형은 아버지가 그 제안을 수락하고 한국으로 되돌아올 것을 촉구했다. 명성이 떨어져 가던 아버지는 여운형에게 편지를 써서, 한국이 남과 북으로 분열되어 있는 한 되돌아가지 않을 것이라고 말했다.

한국은 하지(John Reed Hodge)와 미 7사단이 한국에 상륙해 1945년 9월 '미군정'을 공포하기 오래전부터 실질적으로 자치 상태였다. 미군정의 첫 번째 조치 중 하나가 조선인민공화국과 지역인민위원회를 해체하라고 명령한 것이다. 이어서 미군정은 조선공산당과 조선문화단체총연맹을 포함한 모든 '급진' 조직을 불법화했다. 그 이후 미군정은 부자에게서 몰수한 토지를 토지가 없는 농민에게 나누어 주었던 모든 토지개혁을 무효로 만들었다.

그 대신 미군정은 토지를 부농에게 되돌려주는 자유 기업 정책을 선포했고, 절실히 필요했던 식료품과 약품의 분배는 인민위원회에서 부활된 한국상공회의소로 이전되었다.[8] 미군정은 또한 한국의 오래된 독점 상품인 방직과 광산업을 부활시켰다. 이제 미국에서 리승만 박사를 데려와 대한민국(남한)의 대통령으로 취임시키기 위한 정치적 분위기가 무르익었다. 리승만의 지위와 권력을 확실하게 하기 위해 모든 반대파들이 조

---

[8] 상공업 진흥을 목적으로 1884년(고종 21) 한성상업회의소가 설립되었고, 1895년 11월 '상무회의소규례'가 제정되어 법적 근거가 마련되었다. 1875년 한성상업회의소는 폐지되었으나, 1905년 '경성상업회의소'를 거쳐 1946년 창립된 '조선상공회의소' 및 '경성상공회의소'가 1948년 7월 23일 '대한상공회의소'와 '서울상공회의소'로 명칭을 변경했다.

직적으로 축출되었다. 두 명의 위대한 애국자인 김구와 여운형은 1946~ 1947년에 암살로 제거되었다.[9] 내 이야기가 다시 먼 장래로 가고 있다.

상하이 몰락의 또 다른 피해자는 우리 청년 혁명 모임이었다. 모든 체육 및 연극 활동을 그만두는 것도 매우 슬펐지만, 더 큰 비극은 고등 교육에 대한 우리의 꿈이 산산조각 난 것이었다. 우리는 길을 잃은 아이들이 되었다. 우리에게 열려 있는 구원의 길은 두 가지밖에 없었다. 하나는 만주의 한국 게릴라 부대에 합류해 일본과 싸우는 것이었다. 나는 그들 중 몇몇을 만나 이야기를 나누었다. 그들은 만주 지하 조직에서 살아남기 위해서는 내가 완전히 그 일에 전념해야 한다고 설득했다. 나는 게릴라의 모험적인 생활에 관심이 있었다. 그들 중 일부가 정기적으로 무기와 자금을 얻기 위해 상하이에 왔다. 어느 날 어떤 남성이 큰 나무 상자를 가지고 왔을 때 나는 친구 집에 있었다. 게릴라 요원들이 상자를 열어 보고는 흥분해 고함을 질렀다. 상자는 총과 탄약으로 가득 차 있었다. 그들의 열광과 열의를 지켜보며, 나는 그들과 합류하고픈 유혹을 거스르기가 무척 어려웠다.

젊은 한국 혁명가들의 또 다른 대안은 우리 가족의 오랜 친구인 과묵한 사람 박헌영의 지도를 따르는 것이었다. 이유는 모르지만 박헌영은 중국의 새로운 정치 운동, 중국 공산당과 접촉했다. 농민의 아들(마오쩌둥*)이 이끄는 그 운동은, 특히 권리를 박탈당하고 토지가 없는 농민들 사이에서 상당한 추종자들을 얻고 있었다. 밀려오는 운동의 파장이 상하이까지 도달해 산업 노동자들에게 영향을 미치기 시작했다. 중국의

---

9   여운형은 1947년 7월 19일 한지근이라는 고등학생에게 암살당했으며, 김구는 1949년 6월 26일 육군 포병 소위 안두희에게 암살당했다.

역사에서 처음으로 근로 인민이 노동조합을 결성해 더 좋은 임금과 노동 조건을 요구했다.

이 시기에 박헌영은 중국 공산당과 접촉해 격려와 지원을 받았다. 그는 한국 독립을 달성할 유일한 희망은 공산주의 운동과의 동맹을 통해서라는 믿음에 도달했다. 박헌영은 공산주의 운동의 도움으로 젊은 한국 혁명가들을 위한 학교를 설립했다. 그들은 새로운 혁명 이론을 공부했을 뿐 아니라 실질적인 선전과 선동 활동에도 참여했다. 한국인들은 주로 중국의 공산주의자들이 공장 노동자들을 노동조합으로 조직하는 것을 지원하는 데 기여했다. 장제스 총통이 이끄는 중국 국민당 정부가 어떤 대가를 치르더라도 공산주의 운동을 근절하려고 했기 때문에,[10] 그것은 대담하고 위험한 활동이었다. 상하이 경찰에 체포되어 장제스에게 넘겨지는 것은 분명 죽음을 의미했다.

그런데 그 시절 상하이에서 죽음의 위협은, 특히 혁명가들을 제지하지 못했다. 체포된 누군가가 실종되거나 공개적으로 처형되는 것은 별로 문제가 되지 않았다. 그런 일은 내게도 일어났다. 박헌영과의 우정과 한국 독립을 위한 그의 헌신적인 활동에 대한 존경에서, 나는 그가 사용할지도 모르는 것이라면 무엇이든 제공했다. 그는 나에게 감사해하며 내가 필요할 때는 언제나 나를 부를 것이라고 약속했다. 그는 약속

[10] 장제스는 1926년부터 북벌을 시작해 1928년 6월 수도 베이징에 입성하면서 북벌을 끝내고, 난징에 국민당이 주도하는 새 정부를 구성해 주석으로 취임했다. 장제스가 초대 총통이 된 것은 1948년이다. 1924년 시작된 1차 국공합작은 1925년 쑨원 사후에 위기를 맞았고, 1926년 중산함 사건으로 국공의 대립이 격화되었다. 이런 분위기 속에 북벌 과정에서 1927년 3월 26일 상하이로 입성한 장제스는 4월 12일 상하이 쿠데타를 일으켜 공산당을 탄압함으로써 1차 국공합작은 결렬되었다. 따라서 저자가 말하는 시기와는 차이가 있다.

을 지켰다.

어느 일요일 이른 아침에 그의 지시에 따라 나는 한 묶음의 인쇄물을 받았고, 그것을 나누어 주려고 배정된 지역으로 갔다. 대중 집회에 참석하라고 사람들을 독려하는 선전물은 중국 공산당 명의로 발행되었고, 그것을 소지하거나 돌리다 잡히면 누구든 당장 체포되어 알 수 없는 운명에 처해졌다.

나는 집집마다 돌아다니며 문 아래로 선전물을 밀어 넣었고, 열려 있는 가게를 발견하면 어디든 선전물을 집어넣었다. 사람들이 일어나 거리로 나오기 전에 가능한 한 빨리 선전물을 배포하는 것이 나에게 내려온 지시였다. 서둘러 일을 하는 도중에 나를 향해 다가오는 무서운 모습이 갑자기 눈에 띄었다. 어두운 남색 제복, 짧은 검정 망토, 군용 모자를 쓴 프랑스 경찰이었다. 그는 한 손에 나무 곤봉을 쥐고 다른 한 손에는 큰 경찰견이 당기는 가죽 끈을 잡고 있었다.

나는 순간 뒤로 돌아 반대 방향으로 도망치기 시작했다. 뛰고 싶은 충동을 간신히 억누르며 더 빠르게 움직였다. 내 뒤로 경찰 역시 속력을 높이는 것을 느낄 수 있었다. 나무들과 관목 숲에서 숨을 곳을 발견하기를 바라며, 나는 모퉁이를 돌아 프랑스 공원을 향해 달음질쳤다. 내가 달리기 시작하자 경찰의 쿵쿵대는 발걸음 소리와 개가 사납게 짖는 소리가 들렸다. 나는 겁이 났다.

조금 떨어진 곳에 'W.C.'라는 표시가 붙은 작은 벽돌 건물이 보였다. 나는 인쇄물 묶음을 울타리 뒤로 던지고, 그리로 달려가 안에서 엉성한 잠금 장치를 잠갔다. 개 짖는 소리는 내가 숨은 곳 바로 밖에 도달할 때까지 점점 커지고 더 맹렬해졌다. 다행히도 개의 고막을 찢는 듯한 짖는 소리와 경찰의 화난 외침은, 그들이 내가 인쇄물을 던져버린 울타리 주변을 빙빙 돌고 있다는 것을 나타냈다. 나는 숨을 죽였다. 그 뒤 기적적으로 개와 경찰이 떠났고, 짖는 소리는 점차 멀어졌다. 나는 벌벌 떨며 나와, 간신히 힘을 내어 공원에서 도망쳐 나올 수 있었다.

본부로 돌아온 나는 박 선생에게 일어난 일을 보고했다. 나는 실패에 몹시 당황해하며 사과했다. 박 선생은 나를 다독여주었다.

"피터, 용감했어. 어려움 속에서도 잘했어."

"그렇지만 인쇄물을 모두 잃어버렸어요"라고 내가 말했다.

"기억하거라, 피터." 그는 나를 위로하며 말했다.

"너의 생명이 인쇄물보다 더 소중하다는 것을."

다음 날 박 선생은 나에게 본부로 올 수 있는지 물어보았다. 도착해 보니 다른 세 명의 젊은 한국 혁명가가 기다리고 있었다. 나는 한눈에 그들을 알아보았다. 어떤 격식도 갖추지 않고, 박 선생은 다음과 같이 말하며 우리들 각자에게 얇은 종이 한 장씩을 건네주었다.

"이것은 블라디보스토크에서 소련으로 들어갈 수 있는 여권이다. 일단 그곳에서 너희들은 소련 정부의 손님이 될 것이며, 모스크바로 가는 시베리아 횡단 열차를 탈 것이다."

우리 네 명은 몹시 당황했다. 내가 매우 영광스럽게도 네 명에 뽑혔다는 것을 믿을 수 없었다. 엄숙한 목소리로 박 선생은 이어 말했다.

"너희들은 일본인들에게 한꺼번에 모두 붙잡히지 않기 위해 각각 다른 길로 여행하게 될 것이다. 블라디보스토크에 모여서 모스크바행 기차를 타게 될 것이다."

여행 계획을 간략히 들으며, 우리는 기쁨을 감추기가 무척 어려웠다.

"자" 박 선생은 불길한 목소리로 말했다. "너희 중 누군가가 일본인에게 붙잡히면, 즉시 여권을 말아서 삼켜야 한다."

그 말을 듣고 나서야 나는 왜 세 가지 언어로 쓰인 여권이 얇은 반투명 용지에 인쇄되었는지 이해했다. 그 순간 나는 초라함을 느끼며 겁을 먹었다. 그렇지만 곧 이어진 사건들을 고려하면, 내가 받은 교육과 운명이 러시아에서 실현되지 않을 것임이 분명해졌다.

이 모임이 있은 지 얼마 지나지 않은 어느 날, 엄마가 불러서 집으로 돌아왔다.

"베드로야!" 틀림없이 엄마의 목소리는 심각한 일이 있음을 암시했다.

"네, 엄마"라고 대답하고 조심스럽게 다가갔다.

"이게 무엇이냐, 베드로야?" 놀랍게도 엄마는 러시아 여권을 흔들고 있었다. 분명 주의해서 그것을 감추었다고 나는 확신했다. 어떻게 발견했을까?

"아, 아무것도 아니에요, 엄마." 나는 태평하고 별일 아닌 듯 보이려고 노력했다.

"그래, 뭔가 있구나." 엄마는 바보 취급받기를 거부했다. "러시아로 도망갈 생각이구나, 그렇지?" 나는 엄마를 속이려고 할 정도로 어리석지는 않았다.

나는 힘없이 말했다. "저, 그곳은 내가 교육을 받을 수 있는 유일한 곳이에요."

엄마는 "아니, 아니다"라고 말하고는 아무 말 없이 성냥불을 켜서 나의 소중한 여권을 태우기 시작했다. 연기와 함께 나의 모든 미래가 사라지는 것 같았다.

"엄마! 아, 엄마! 왜 그러세요?"라고 나는 소리쳤다.

엄마는 차분하게 말했다. "왜냐하면 너는 사람들이 굶어 죽는 러시아로 가지 않을 테니까."

"그렇다면 나는 어디서 교육을 받을 수 있나요?"라고 나는 항변했다.

"미국"이라고 엄마가 너무나 태연히 말했기 때문에, 나는 잠시 엄마를 믿었다.

"그런데 어떻게요? 언제요?" 너무 가망 없는 말이었다.

"언젠가"라고 엄마는 읊조렸다. "어떻게든……."

며칠 후 나는 불확실한 상태에 놓였다. 나는 내 여권을 불태워버린 엄마를 용서할 수 없었다. 다행히 몇 주 후, 중요한 가족 행사로 나는 침체 상태에서 빠져나왔다. 나의 소중한 누나 앨리스가 결혼을 하게 되었다. 이는 상하이 한인 거주지에서 거행된 최초의 결혼식이었다. 모든 공동체가 흥분 상태였고, 바느질, 장식, 요리 혹은 심부름과 같은 무언가를 하며 모두들 참여하고자 했다. 결혼식은 비록 한국 전통 방식은 아니었지만, 엄마는 가능한 한 한국식으로 하려고 마음먹었다.

신랑은 낯선 사람이었다. 앨리스 누나에게 근대 교육을 시키겠다고 결정한 일 년 전, 엄마는 일본 학교로 보낼 만큼 충분한 돈을 몰래 모아두었다. 학교에 다니는 동안 앨리스는 대학 졸업생 '정'[11]을 만났다. 처음 우연히 만난 이후 그들은 친한 친구가 되었고, 곧 사랑에 빠졌다. 그래서 누나 앨리스는 가족에게 그를 선보이고 결혼을 허락받기 위해 '정'을 상하이로 데려왔다. '정'은 잘생겼고 정말 유쾌한 사람이라는 것을 알아챘지만, 나는 박 선생이 매형이 되기를 은근히 바랐다.

한국 결혼식에서 가장 중요한 것은 잔치였고, 며칠 동안 엄마는 잔치 준비를 감독했다. 엄마는 잔치에 필요한 모든 음식을 만들면서 밤낮으

---

[11]　　데이비드 현의 「Genealogy of Reverend Soon Hyun, January 1, 2002」에 따르면 '정'의 이름은 정준(Jun Chung)이다.

로 아주머니들과 함께 일했다. 훌륭한 한국의 전통 혼례상에는 여섯 종류의 곡물과 여섯 종류의 김치는 말할 것도 없고, 최소한 여섯 종류의 고기, 여섯 종류의 생선, 여섯 종류의 가금류와 여섯 종류의 나물이 있어야 했다.

나로서는, 소중한 누나를 기쁘게 하고 예우하고자 특별한 일을 하기로 마음을 먹었다. 결혼식 날 아침 일찍 영감이 떠올랐다. 예식은 한국교회에서 정오에 있을 예정이었다. 시간이 충분하지 않았다. 나는 서둘러 옷을 입고, 아침 식사를 기다리지 않은 채 집을 나왔다. 나는 전차를 타고, 발견해둔 미장원이 있는 시내 중심부로 갔다. 내가 발휘할 수 있는 '세상 물정에 밝은 사람' 같은 태도로, 나는 웨이브 진 머리를 하고 싶다고 숙녀에게 말했다.

"5달러예요"라고 그녀가 말했다.

"걱정 말아요, 돈은 있어요"라고 내가 말했다.

숙녀는 의자에 나를 앉히고 일을 시작했다. 나는 눈을 감고 곧 미국 영화에 나오는 배우처럼 보이게 될 나를 상상했다. 와, 결혼식장에서 모두 놀라겠지! 그녀는 내 머리카락에 냄새가 강한 어떤 액체를 뿌리고 나서 세척을 하고 김이 나게 한 뒤 결국 내 머리 전체를 이상한 도구로 휘감았다. 그런 뒤 나는 큰 왕관을 머리에 쓰는 다른 의자로 옮겨 갔다. 불타는 듯 화끈거렸고, 오랫동안 참아야 했다. 아름답기 위한 대가다!

마지막으로 그 여성은 내 머리를 용광로에서 꺼내 모든 도구를 제거했다. 자랑스럽게 웃으며 그녀가 나에게 거울을 보여주었다. 그 광경을 보고, 나는 의자에서 떨어질 뻔했다. 거울 속 모습에 나는 충격을 받았다. 깊은 숨을 들이쉬고, 나는 다시 보려고 눈을 떴다. 이루 말할 수 없었다. 내가 마음속에 그렸던 부드럽게 휘날리는 머리 대신, 내 머리는 심하게 뽀글거리는 둥근 공이었다.[12] 나는 곱슬머리를 풀 수 있는지 그 녀에게 물었다.

그녀는 "불가능해요"라고 대답했다. 그리고 이미 정오가 가까워졌다. 나는 집으로 돌아가야 했다. 집으로 가기 전에 몇 번이나 숨을 깊이 들이마셨다. 창피함을 감추며 나는 태연하게 으스대며 걸었다. 나를 처음 본 사람들은 말을 제대로 하지 못했고, 잠시 뒤 낄낄거렸다.

"저거 봐! 저거 봐! 피터 좀 봐!" 모두 돌아보았고, 그들은 폭소를 터뜨리며 소리를 질렀다.

"뭔 짓을 한 거니? 베드로야, 뭔 짓을 한 거야!" 엄마는 나를 보며 탄식했다.

"누나의 결혼식에서 특별하게 보이고 싶었어요." 나는 설명하려 노력했다. 남동생들과 누이들이 눈에 띄었다. 가장 나이 많은 동생 폴은 나를 보지 않으려고 그저 허공을 응시했다. 동생 조수아는 웃음을 참으려고 하면서 심하게 기침을 하기 시작했다. 동생 데이비드는 이렇게 물으며 심각해했다. "어떻게 머리를 그렇게 만들 수 있어?" 누나 엘리자베스 역시 당황했다. 누나는 고개를 떨구며 바닥을 쳐다보았다. 나의 사랑하는 병약한 누이동생 순옥만이 나에게 손짓을 하며 속삭였다. "베드로, 괜찮아 괜찮아."

결혼식 후에 집에서 잔치가 열렸고, 대성황이었다. 손님들은 압도당했다. 그들은 엄마가 모든 한국 전통 음식을 했다는 것을 믿을 수 없었다. 그것은 잊지 못할 행사를 기념하는 정말 멋진 잔치였다. 축하연이 마침내 끝나고, 갑자기 나는 참을 수 없는 슬픔에 사로잡혔다. 사실은

---

[12]   파마를 한 저자의 사진이 이 책 뒤 '피터 현과 그의 가족'에 실려 있다.

내가 집을 떠나야 했다. 내가 가장 사랑하는 누나! 내가 가장 사랑하는 누나를 잃었다. 누나의 성은 이제 '정'이고, 그녀는 남편과 한국에서 살기 위해 떠나야 했다. 그녀는 누나 이상이었다. 나의 친구이자 보호자이며 멘토였다. 그녀는 나의 모든 비밀, 야망, 꿈을 알고 있었다. 그녀는 나의 상담자였다. 그녀는 나의 의문과 두려움을 쫓아버렸고, 열심히 노력하도록 격려하고 도와주었다. 그런데 이제 그녀가 떠났다.

CHAPTER 13

발견

　이 격동의 시기에 일어난 또 다른 사건은 내 삶에 새로운 이정표를 새기는 것이었다. 초기에 그것은 그리 위험하지 않았다. 젊은 한국인이 상하이에 나타나 우리 가족과 인사를 나누었다. 그의 성은 '최'[1]였다. 그가 누나 앨리스의 남편인 '정'을 알고 있다는 것과 일본에서 대학을 졸업했다는 것이 그를 입증하는 것이었다. 모든 가족이 그를 받아들였다. 그가 매우 부잣집 출신이고 한량이라는 평판을 듣고 있다는 것이 유일한 혹평이었다. 그는 키가 크고 말랐으며, 말할 때마다 크게 웃는다는 점만 빼면 좋은 외모였다. 그가 누나 엘리자베스에게 관심을 보이기까지 얼마 걸리지 않았지만, 그의 구애는 조금 미미하기도 했고, 누나를 포함한 어느 누구도 그를 진지하게 받아들이지 않았다.

　어느 날 그가 내게 다가와, 자신보다 거의 열 살가량 적은 나에게 웃

---

[1]　　원문에 'Chai'로 표기되어 있으나 확인할 자료를 찾지 못해, 최창식이나 최린에 근거해 '최'로 표기했다.

으면서 존댓말로 말을 건넸다. "베드로 씨, 나와 함께 쑤저우(蘇州)에 가는 것을 어떻게 생각하십니까?" 너무 갑작스러워서 나는 뭐라 대답해야 할지 몰랐다.

"베드로 씨" 그는 설명하려 애쓰며 크게 웃었다. "나는 쑤저우라는 유명한 도시를 방문하고 싶은데, 중국말을 못합니다. 그래서 당신과 함께 가고 싶은 겁니다."

"잘 모르겠네요. 어머니께 여쭤봐야겠습니다"라고 대답했다. 놀랍게도 엄마는 흔쾌히 승낙했고, 아침에 나는 '최'와 함께 쑤저우로 가는 기차를 탔다.

우리는 정오에 도착했고, 좋은 호텔로 우리를 데려다 달라는 나의 지시에 따라 인력거꾼은 인상적인 장소에 우리를 내려주었다. 나는 그렇게 웅장한 호텔 내부를 본 적이 없었다. 넓은 로비는 조각된 테이블과 의자로 가득 차 있었다. 술이 달린 알록달록한 비단 갓이 도자기 등을 장식하고 있었고, 손으로 짠 두꺼운 카펫이 바닥에 깔려 있었다. 우리는 긴 소파와 딱딱한 의자가 놓인, 서양 스타일로 꾸며진 넓은 방으로 안내되었다. 그러나 캐노피가 있는 침대, 바닥에 깔린 비싼 카펫, 창문을 가린 길게 늘어뜨린 비단 커튼들은 모두 중국식이었다. 방의 반을 차지하고 있는 침대를 보고 나는 깜짝 놀랐다. 그것은 우리 두 사람이 잠을 잘 수 있을 만큼 컸다.

늦은 오후, 우리는 조랑말 두 마리를 빌려 전설 속의 도시를 돌아다니며 여기저기 멈춰 서서 상점들을 구경했다. 각 상점에는 놋쇠와 대나무, 자기로 만든 특이한 형태의 장식품이 진열되어 있었다. 우리는 보초처럼 서서 멀리 떨어진 언덕 위에서 탑을 바라보았다. 우리는 도심에서 벗어나 오래된 탑의 바닥에서 시작되는 언덕을 향해 전속력으로 달렸다.

저 쑤저우의 전망!! 우리 밑으로 펼쳐지는 고대 도시의 파노라마. 수로
와 오솔길로 뒤덮인 농장들과 아주 작은 마을들이 우리 밑으로 펼쳐졌
다. 나는 색이 거의 바랜 탑을 바라보며, 황제가 여기서 악사, 무희, 궁
녀로 이루어진 수행원들과 함께 유희를 즐기며 흥청대고 놀 때 그 탑에
비쳤을 장면들이 궁금해졌다.

호텔로 돌아온 뒤 우리는 우아한 호텔 레스토랑에서 훌륭한 저녁 식
사를 하기 전에 잠시 휴식을 취했다. 나는 '최'가 '매우 부잣집' 출신이라
는 것을 기억해내며 이토록 호화로운 휴가 비용에 대한 걱정을 떨쳐버
렸다. 저녁 식사 후 배가 부른 우리는 라운지 주위에 앉아 밤에 할 일을
계획했다. 그러고는 음식과 가격에 대한 간단한 의견을 교환한 이후, 나
와 최는 이야기를 거의 나누지 않았다. 아마도 너무 오랜 시간 떨어져
있어서인지, 우리는 공동의 관심사를 갖고 있지 않았다. 게다가 그가 생
각을 제대로 표현하지 않고 항상 웃고 있어, 어떤 이야기도 나누고 싶은
마음이 생기지 않았다. 그래서 우리는 창밖을 응시한 채 말없이 앉아만
있었다. 결국 '최'가 어색한 침묵을 깼다.

"베드로 씨" 그는 마치 우리가 동등한 위치에 있는 듯 여전히 나에게
공손하게 말을 건넸다.

"네, 최 선생님." 나 역시 공손하게 대답했다.

"여자와 함께 지낸 경험이 있으세요?"

깜짝 놀라, 나는 누군가 듣고 있지 않는지 살피려고 주위를 둘러보다
가 '최'가 한국말을 하고 있다는 것을 깨달았다. 어느 누구도 우리가 무
슨 이야기를 나누는지 알 수 없을 것 같았다.

"무슨 말인지 모르겠습니다." 나는 무슨 말인지 분명히 알고 있었지
만 방어적으로 말했다.

'최'가 "무슨 말인지 아시지요?"라고 말했고, 활짝 웃으면서 "여자와 함께 지낸 경험이 있습니까?"라고 반복해 물었다.

"아, 그게⋯⋯." 나는 별 생각 없이 "물론이죠, 여러 번⋯⋯"이라고 말했다.

"몇 번이나요?"

"음, 기억하지 못합니다⋯⋯." 나는 그가 그 문제에 대해 그만 이야기하기를 바랐다. 그에게 계속 거짓말을 하고 싶지 않았지만, 러시아 출신 소녀 루바가 나를 와락 붙잡고 키스했던 것이 소녀와의 유일한 사적 접촉이었다는 사실을 말하고 싶지 않았다.

"음⋯⋯, 오늘 저녁 소녀와 보내는 것은 어떤가요?"라고 최가 말했다.

나는 그 제안에 전혀 준비가 되어 있지 않았지만, 내가 하는 말에 깜짝 놀랐다. "좋습니다."

"좋아요, 베드로 씨." 최는 무릎을 탁 치더니 비밀을 털어놓았다.

"나는 당신을 위해 별도의 방을 준비했고, 매우 어여쁜 아가씨를 보내드릴 겁니다." 최는 나를 새로운 방으로 데리고 가서 "아침에 뵙도록 하죠, 베드로 씨"라고 말하고는 나를 남겨두고 떠났다.

무슨 일이 일어났는지 믿을 수 없었다. 중국어를 전혀 못하는데 어떻게 '최'가 방을 예약할 수 있었지? 어떻게 방을 떠나지? 아니면 방에 있어야 하나? 호기심을 불러일으키는 상황이었다. 전설의 도시 쑤저우에서? 전설의 쑤저우 아가씨를 만난다! 여러 생각이 번갯불처럼 내 머릿속을 스쳐 지나갔다. 쑤저우의 여성들은 중국에서 가장 아름답다고 알려져 있었다. 역사상 황제들, 장군들, 각료들이 쑤저우 여성들과 노골적인 쾌락을 즐기려고 쑤저우에 왔고, 수많은 여성이 궁녀로 끌려갔다. 그리고 지금 쑤저우 여성이 내가 어떻게 남자가 될 것인지를 가르친다?

누군가 문을 두드렸다. "누구세요?"라고 말하는 내 목소리가 조금 떨리는 것을 느꼈다. 문이 열리고 젊은 여성이 웃으면서 부드럽고 달뜬 목소리로 나에게 인사를 하며 수줍은 듯 서 있었다. 그 순간 모든 현실감이 사라졌다. 나는 무아지경에 빠졌다. 내 주위에 있는 것들을 자각하고 있었지만, 마치 꿈속에서 다른 누군가를 바라보는 느낌이었다. 나는 속수무책으로 거기 서서 옷을 벗고 있는 그녀를 아무 말 없이 천천히 바라보았다. 그때 그녀는 알몸 상태로, 내가 자신의 젊고 반짝이는 육체를 보고 감탄하도록 거기에 서 있었다. 처음으로 알몸의 여성을 본 것이었다. 그녀는 소녀도 여성도 아니었다. 그녀는 만져주고 생기를 불어넣어주기를 기다리는 천상의 인형이었다. 그런데 황홀하게 바라보기가 너무나 고통스러웠다. 나는 눈을 깜빡거리다가 외면해버렸다.

그녀는 조심스럽게 이불을 들치고 침대로 들어왔다. 그녀는 머리를 뒤로 젖히고 따스하고 귀엽게 웃으며 나를 쳐다보았다. 무언의 격려를 받고, 나는 옷을 벗기 시작했다. 옷, 신발, 양말을 모두 어떻게 벗었는지 기억이 나지 않는다. 나는 냉기와 열기가 엄습하는 것을 느꼈다. 그러나 살아 있는 인형은 눈을 떼지 않고 나를 쳐다보며 자신과 함께하자고 계속 재촉했다. 나는 정신을 잃었다.

인내와 이해심을 가지고 그녀는 천천히 내가 두려움을 떨쳐버리도록 도왔다. 그녀는 내 손을 잡고 부드럽게 자신을 만지고 탐험하도록 이끌었다. 모든 순간, 전율과 흥분이 더욱더 강해졌다. 그녀가 부드러운 욕정의 소리를 내기 시작했지만, 나는 어떻게 반응해야 하는지 몰랐다. 상황을 완전히 이해한 그녀가 몸을 움직여 내 밑으로 미끄러져 들어오는 동시에 나를 뒹굴려 그녀 위에 눕혔다. 갑자기 나는 모든 공포를 잊어버렸고, 더는 무기력하고 수동적이지 않았다. 오, 남자가 된다는 것은 너무도 간단하면서도 멋졌다!

아침에 나는 로비에서 나를 기다리는 최를 보았다. 그의 미소는 평소보다 훨씬 더 컸다.

"어땠나요?"라고 그가 물었다.

"와, 좋았어요"라고 나는 눈에 띄는 허세로 대답했다. 사실 나는 토할 것 같았다. 여자와의 첫 경험을 다른 누군가와 공유해야만 하는 역겨움. 그러나 나는 그를 무시할 수 없었다. 그는 나의 후원자였다. 어쩌면 나는 그에게 감사해야 했을지도 모른다. 그런데 그러기는커녕 나는 그에게 몹시 화가 났고, 사라져주기를 바랐다.

"집으로 가겠습니다"라고 나는 차갑게 말했다.

"왜요, 베드로 씨? 여기서 며칠 더 묵을 수 있습니다."

"아뇨, 돌아가겠습니다"라고 우겼다.

상하이로 돌아오는 기차 안에서 나는 말을 하지 않았다. 나는 최에게 너무나 화가 나서, 그에게 혐오감을 느꼈다. 상하이로 돌아오니, 편안해지고 안심이 됐다. 나는 다시 내 친구들과 함께 있고 싶었다. 한국 순교자의 아들과 조카인 안씨 형제, 러시아 출신으로 기쁨을 선사하는 미인 박해영, 그리고 근시의 천재 옥녀와 다른 이들도 물론이고. 그런데 내가 그들을 만났을 때, 나의 감정은 왠지 이전 같지 않았다. 내 순수한 청년 시절이 사라져버린 것 같았다. 하룻밤 사이에 내가 소년에서 어른으로의 신비한 골짜기를 지나면서, 내 어린 시절의 모든 꿈이 갑자기 다른 차원을 띠게 된 것 같았다. 그때 나는 열일곱 살이었다!

아버지는 여전히 영국의 특허 약품을 팔면서 만주 지방을 돌아다니고 있었다. 그렇지만 개인적인 운명에 위축되지 않았던 아버지의 신념은 곧 보상받았다. 아버지는 벽보로 무크덴 시를 덮었는데, 그곳은 아버지가 한국 독립을 위해 혁명 활동을 시작한 곳이었다. 다음 도시는 창춘(長春)이었다. 그곳에서 편지 한 통이 아버지를 기다리고 있었다. 그 편지는 상하이에서 전달된, 하와이 감리교 감독관인 닥터 프라이가 보낸 것이었다. 여행 경비가 보내질 것이며, 결국 우리 가족 모두가 호놀룰루에서 합류할 것이라고 적혀 있었다.

아버지는 하와이 여행을 준비하기 위해 곧바로 판매 일을 그만두었다. 아버지는 더 싼 삼등실을 구해 누나 앨리스를 데려갈 수 있었다. 1923년 쌀쌀한 2월 어느 날 저녁, 우리 모두는 아버지와 앨리스 누나에게 작별 인사를 하기 위해 부두로 갔다. 누군가가 허약한 누이동생 순옥을 업고 갔다. 순옥은 집 밖으로 나와 외항선의 내부를 보게 된 것 때문에 흥분했다.

그런데 어떻게 해서 누나 앨리스가 아버지와 함께 하와이로 가게 된 것일까? '정'하고의 결혼은 얼마 되지 않아 고통스러운 실패로 끝났다. 한국의 남쪽 끝에 있는 부유한 정씨 가문의 땅에서 누나는 자신이 '내실'로 밀쳐진 것을 알게 되었고, 그동안 남편은 '남자들이 묵는 방'(사랑*)에서 친구들과 시간을 보냈다. 그 집안의 모든 부는 그들의 소작인들에게서 나왔으며, 낡은 중세 방식으로 살았다. 낙심한 누나 앨리스는 남편이 받은 고등 교육이 헛되지 않도록 몇몇 유용한 활동에 관심을 둘 수 있게 노력했다. 정은 누나의 말에 주의를 기울이지 않고 계속 음주와 유흥의 쾌락에 빠져 나태한 지주의 삶을 살았다.

누나 앨리스는 딸을 낳고 기력을 회복하자마자 정에게 떠나겠다고 알렸다. 그는 누나의 선택에 별로 신경을 쓰지 않았지만, 누나가 자기 애를 데려가는 것을 용납하지 않았다. 쉽지는 않았지만, 아이에게 매달리기보다 곤경에서 벗어나 자신의 손상된 삶을 다시 회복하기를 바라며 누나는 상하이로 돌아왔다. 우리 모두 누나가 다시 우리와 함께 있게 된 것에 신이 났다. 나로 말하자면, 마치 잃어버린 보물을 발견한 것 같았다. 나는 정말로 그녀에게 비밀을 털어놓고 조언을 구해야만 했다. 아버지 또한 누나 앨리스가 하와이에 함께 가는 것을 기뻐했다. 그녀는 아버지의 새로운 교회 활동을 도울 것이지만, 그보다 우선해 엄마와 다른 가족이 합류할 때를 대비해 집을 구할 것이다.

마침내 우리 가족이 어두운 시절에서 벗어난 것처럼 보였을 때, 우리는 가장 슬픈 비극에 맞닥뜨렸다. 나의 가장 사랑스럽고 마음에 드는 놀이 친구인 누이동생 순옥이 위독해 완전히 드러눕게 되었던 것이다. 엄마가 순옥을 시립 병원에 데려갔을 때, 너무나 오랫동안 움직이지 않은 까닭에 주요 장기로 퍼지기 시작한 체내 감염을 발견했다. 병원에서는 순옥이 얼마 살지 못할 것이라고 엄마에게 말했다.

엄마와 나는 하루걸러 순옥을 만나러 갔다. 방문할 때마다 우리는 그 애의 몸이 급속히 악화되는 것을 볼 수 있었다. 그러나 누이동생 순옥은 여전히 쾌활하고 활기가 넘쳤다. 병문안을 하는 동안 그 애는 우리에게 많은 이야기를 했다. 그 애가 다른 부모들에 대한 흥미로운 이야기를 해줬고, 한국어로 별명을 붙인 간호사들을 익살맞게 묘사했다. 그 애는 침대에서, 자신을 둘러싸고 벌어지는 모든 것을 관찰했다. 이야기를 하면서 그 애는 고통을 잊었고, 병문안을 하는 우리와 함께 즐겁게 웃었다.

어느 날 면회를 끝내고 우리는 작별 인사를 한 뒤 병실에서 나왔다. 갑자기 누이동생 순옥이 우리를 불러 침대 옆으로 갔다.

"내일 올 거지?"라고 그 애가 속삭였다.

우리는 깜짝 놀랐다. 전에는 그 애가 어떠한 부탁도 하지 않았기 때문이다. "물론, 내일 올 거야"라고 엄마가 안심시켰다.

다음 날 우리가 병원에 갔을 때 누이동생 순옥은 이미 죽어 있었다. 병원에서는 이미 그 애를 옮겨놓았다. 그녀는 18년 동안의 삶 대부분을 이부자리에서 불행과 고통으로 보냈다. 이제 결국 끝이 났다. 몇몇 친구만 참석한 채, 우리는 상하이 변두리에 있는 공동묘지에서 순옥의 슬프고 외로운 장례식을 치렀다.

CHAPTER 14

새로운 세계

중국을 떠난 지 6개월이 지나 아버지는 처음으로 우리 가족이 합류하기 위한 돈을 보냈지만, 우리 모두 하와이에 갈 수 있을 만큼 충분하지는 않았다. 그래서 엄마는 나와 누나 엘리자베스와 함께 남동생 데이비드와 누이동생 메리를 먼저 하와이에 보내기로 결심했다. 엄마는 남동생 폴, 조슈아와 함께 상하이에 남아 아버지가 돈을 더 보내기를 기다렸다.

나의 첫 번째 대양 항해! 우리는 사람들로 가득한 선착장을 찾기 위해 황혼녘에 상하이 부두에 도착했다. 나의 모든 친구들, '어린 혁명가들'이 배웅하기 위해 왔다. 이제 내가 그들을 보거나 함께 이야기할 수 있는 마지막 시간이 될 것이다. 크고 둥근 눈의 러시아 출신 소녀 박해영, 그다음으로 당연히 나에 대한 감정을 감추었지만 그 당시 몇 마디 말을 나누는 것조차 수줍어했던 근시 소녀 최옥녀. 내가 난징의 학교로 떠났을 때, 옥녀는 나에게 충실히 편지를 썼다. 그리고 외무총장의 아들 김필립이 있었고,[1] 위대한 한국의 애국자이자 순교자인 안중근의 아들과 조카인 안씨 형제들이 있었다. 그들 모두 어떻게 되었을까?

그들은 질투 어린 눈으로 나를 쳐다보았고, 한 친구가 수줍어하며 "너는 곧 미국인이 될 거고, 우리와 조선을 잊을 거야"라고 말했다.

나는 "그렇지 않아"라고 소리쳤다. "나는 결코 너희들을 잊지 않을 거야. 그리고 나의 조국도 결코 잊지 않을 거야!"

갑자기 출항을 알리는 기적 소리가 크게 울려 퍼지기 시작했고, 이제 배웅 나온 모든 이들이 배에서 내려야 했다. 떠나면서 내 친구들이 남긴 마지막 말은 "우리를 잊지 마! 우리를 잊지 마!"였다.

이후 엄마는 내 손을 잡고 나에게 마지막으로 충고했다. "베드로야, 내 말 들거라. 배가 일본에 멈출 때 배에서 내리지 말거라." 나는 고개를 끄덕였다. "베드로야, 약속해라. 베드로야, 배에서 내리면 안 된다. 기억하거라, 일본인들을 결코 믿어서는 안 된다"라고 거듭 말했다.

배가 항구에서 빠져나와 탁한 황푸 강의 물살을 뚫고 마침내 바다로 들어선 것은 늦은 밤이었다. 내 주위에서 벌어진 모든 일이 이상하고 비현실적인 것 같았다. 그러나 가장 이상한 것은 내가 정기선 프레지던트 윌슨이라고 불리는 배를 타고 있다는 것이었다. 윌슨은 한국인들에게 일본의 식민 지배에 맞서는 저항심을 불어넣은 사람이지만, 막상 한국인들이 그렇게 하자 등을 돌리고 어떠한 도움도 거부했다. 이제 대통령 윌슨이 그의 조국 미국으로 한국 봉기의 지도자 중 한 사람의 가족을 실어 나르고 있는 것이다!

황해를 건너는 데 이틀이 걸렸다. 나는 왜 그 바다에 그렇게 추한 이

1   저자가 말하는 임시 정부의 외무총장은 김규식이며, 김필립은 그의 둘째 아들인 김진동으로 보인다. 그런데 김진동이 김필립이라는 이름으로 불렸는지는 확인하지 못했다.

름을 붙였는지 알게 되었다. 바다 전체가 더러운 진흙 색이었다. 셋째 날 아침 우리는 일본의 내해인 세토나이카이에 들어섰다. 이틀간 진흙 바다를 떠다닌 뒤라 일본 내해의 수정같이 맑은 파란 바다가 믿기 어려웠다. 배 난간에서 아래를 바라보다가 바다의 밑바닥을 볼 수 있었다. 좁은 해협의 어느 쪽에서든 연안의 섬을 볼 수 있었고, 소나무 숲으로 둘러싸인 작은 섬들을 지날 때는 어망을 널어 말리고 있는 아주 작은 초가지붕으로 된 집들과 물가에서 빨래를 하는 여성들을 볼 수 있었다. 어부의 가족들이 바쁘게 아침 식사를 준비하고 있음을 알려주는 연기가 여기저기에서 피어올랐다.

누나 엘리자베스와 나는, 너무나 다르게 생기고 자신들만의 특별한 삶의 방식으로 살아가는 사람들이 살고 있는 세상의 일부분을 보고 마음을 빼앗겼다. 경이로운 일본의 내해는 매우 길어서 통과하는 데 하루가 꼬박 걸렸다. 그 이후 배는 태평양으로 항해했다. 학교에서 배운 태평양은 세상에서 가장 큰 수역이었고, 나는 그곳을 항해 중이었다. 이 거대한 대양은 미국 본토뿐만 아니라 일본의 주요 섬인 규슈, 시코쿠, 혼슈, 홋카이도를 보호하고 있었다.

우리가 도착한 첫 번째 일본 항구는 고베였다. 배는 그곳에서 밤을 보내기 위해 정박했다. 아이 메리를 꼭 잡은 누나 엘리자베스, 동생 데이비드를 꼭 잡은 나는 부두에서 일어나는 모든 활동을 구경하면서 난간에 기대어 있었다. 모든 사람은 당연히 일본인들이었고, 여기는 그들의 조국이었다. 나는 맨 먼저 자신들의 조국에 사는 나의 적들을 쳐다보았다. 나는 관광을 위해 해안으로 가고 있는 승객들을 보았다. 엄마의 마지막 경고가 여전히 내 마음에 생생했지만, '적국'에 발을 내딛고 돌아다니고 싶다는 유혹을 억누를 수 없었다.

바로 그때 두 미국인이 다가와 자신들과 함께 해안으로 가자고 말했다. 아, 나는 그렇게 하고 싶었지만, 그들에게 "아뇨, 괜찮습니다. 저는 한국인이고 일본인들에게 체포될 수도 있습니다"라고 말했다.

"말도 안 돼……. 함께 갑시다. 우리는 미국인들입니다……, 우리가 당신을 보호할 겁니다"라고 그들이 말했다.

나는 누나 엘리자베스 쪽으로 돌아서서 "어떻게 생각해?"라고 물었다.

누나는 "알아서 해"라고 대답했다.

"좋아요……, 가겠습니다"라고 미국인들에게 대답했다.

이 두 사람은 상하이에서 내가 보아온 미국인들처럼 거만하고 오만하지 않았다. 그들은 우리처럼 삼등실에서 여행 중이었다. 나중에 그들과 이야기를 나누면서 그들이 밀항을 해서 상하이에 왔다는 것을 알게 되었다. 그들은 돈이 없었고, 그래서 도움을 청하기 위해 미국 영사관으로 갔다고 했다. 영사관의 관리들은 그들의 부랑자 같은 모습이 상하이의 미국인들의 체면에 먹칠을 할 것이기 때문에, 이 배의 삼등실에 태워 미국으로 되돌려 보내기로 했다고 한다. 당시 그 이야기는 내가 이해할 수 없을 만큼 너무나 이상하게 들렸다. 그들은 미국인처럼 생겼고, 미국인처럼 이야기했다.

그들은 내가 "좋아요, 갑시다"라고 말하자 아주 즐거워했다. 그들은 내 팔을 하나씩 붙잡고 나를 트랩으로 데리고 내려갔고, 나는 떠오르는 태양의 땅을 밟았다. 그때 '절대 일본인들을 믿지 마라'는 엄마의 마지막 경고가 들렸다. 매우 긴장한 나는 조심스럽게 길거리를 주시했고, 일본 경찰이 붙잡으려고 하면 어떻게 도망칠 것인지 마음속으로 그림을 그렸다. 두 미국인들은 소리 내어 웃으며 "두려워 말아요……. 아무 일도 일어나지 않을 테니 두려워 말아요……. 우리 미국인들과 함께 있잖아요"라고 말하면서 나를 다독였다.

어느 정도 안심이 된 나는 이상한 주위 환경에 점점 더 빠져들었다. 좁은 길 양쪽은 검정색 기와지붕의 낮고 네모난 나무 집들로 이어졌다. 이따금 2층 건물만이 대칭 무늬를 흩뜨렸다. 그리고 상점의 유리창을 제외하고, 모든 집의 창은 종이를 입힌 나무로 된 격자창이었다. 화려한 옷을 입은 사람들, 특히 여성들과 아이들이 길거리를 느긋하게 걷고 있었다. 그들 중 꽤 많은 이들이 '게다' 즉 왜나막신을 신고 있었는데, 길거리에서 나는 그 소리는 저녁 숲속의 시끄러운 벌레 소리처럼 들렸다.

도시 전체가 어떤 축제를 즐기는 것처럼 보였다. 종이, 소나무 가지, 리본으로 만든 장식물이 곳곳에 달려 있었다. 처마, 창문과 문, 대나무 장대. 밝은색의 종이 등이 열을 지어 길거리를 가로질러 걸려 있고, 저녁 산들바람에 부드럽게 흔들렸다. 우리는 군중을 따라갔고 축제의 중심인 듯한 작은 공원에 이르렀다. 공원 전체가 온갖 색깔과 종류로 만들어진 등으로 둘러싸여 있었고, 나무에는 더 많은 장식물이 달려 있었다.

공원 중앙에는 모형 절이 높은 단 위에 세워져 있었다. 악사들이 큰북의 장단에 맞춰 노래를 부르며 절 바닥에 앉아 있었다. 절 주위에서는 남자들과 여자들, 아이들이 원을 그리며 춤을 추고 있었다. 그들은 일제히 손뼉을 치며 한 걸음 물러났다가 앞으로 나가며 빙글빙글 돌았다. 그들이 그 움직임을 반복할 때, 춤꾼들이 찬송가와 같은 노래를 부르며 악사들과 합세했다. 중국의 "하오! 하오!"와 유사한 "조이! 조이!"라는 외침이 춤추는 것을 바라보는 군중 사이에서 울려 퍼졌다. 모두가 웃고, 손뼉을 치고, 춤꾼들의 장단에 맞추었다. 나는 그 광경에 완전히 넋을 잃었다. 나는 노래 부르고 춤추는 것은 말할 것도 없고, 일본인들이 웃는 것을 본 적이 없었다. 조선에서 나는 그들을 그저 엄숙하고 잔인한 사람들, 그들의 유일한 기술은 음모를 꾸미고 도둑질하고 사람들을 죽이는 것이라고 믿고 있었다.

우리는 배로 되돌아왔다. 오는 도중에 나는 생과자 가게에 들러 서울에서는 돈이 없어 사 먹지 못했던, 유리창을 통해서만 바라볼 수 있었던 일본 찹쌀떡을 조금 샀다. 우리가 승선했을 때 누나 엘리자베스는 거의 울면서 나에게 달려왔다. 누나는 끔찍한 어떤 일이 나에게 일어날까 봐 정말로 걱정하고 있었던 것이다. 나는 가슴을 펴면서 내가 얼마나 두려워하지 않는지 엘리자베스에게 보여주었다. 두 미국인들은 나의 무언극을 이해하고는 떠들썩하게 웃었다. 그리고 나서 엘리자베스와 동생들을 위로하기 위해 일본 찹쌀떡이 든 가방을 주었다. 그들은 그것을 매우 즐겁게 먹었다.

그날 밤 어두운 삼등실에서 잠자리에 들기 전에, 나는 노래를 부르며 춤을 추던 일본인들에 대해 생각했다. 그들은 너무나 행복한 보통의 사람들로 보였다. 나는 평생 그들을 증오했다. 나는 사실 최근에야 만주의 한국 게릴라들과 합류해 내가 발견하는 일본인을 모두 죽이겠다는 생각을 했다.

항해 다음 날 우리는 일본의 가장 큰 항구 도시이자 도쿄에서 기차로 1시간밖에 걸리지 않는 요코하마에 도착했다. 배는 밤새 항구에 머물렀고, 그래서 일본의 수도를 방문할 만한 충분한 시간이 있었다. 그것은 엄청난 유혹이었다! 그리고 두 미국인들은 다시 한 번 자신들과 함께 가자고 나를 재촉했다. 그런데 나는 다시 배를 떠나지 않기로 했다. 엘리자베스와 동생들이 나 때문에 또다시 두려움과 걱정의 시간을 보내게 하는 것은 너무 잔인한 일이었다. 그 대신 나는 난간에 기대어 멀리 도시의 전경을 바라보고, 배 안팎에서 무거운 짐을 나르며 일하고 있는 일본 노동자들을 보는 데 만족했다.

새벽에 우리는 항구와 일본의 마지막 모습을 보았다. 우리는 바다 이외에는 다른 어떤 것, 심지어 다른 배도 못 본 채 열흘 밤낮을 항해하고 있었다. 나는 대부분 다른 삼등실 여행자들인 중국인과 일본인을 만나는 것으로 시간을 보냈지만, 다른 한국인을 방문하지는 않았다. 나는 그들이 어디에서 와서 어디로 가는지를 알아내고 싶었다. 놀랍게도 대부분의 중국인들은 중국이 아니라 필리핀, 홍콩, 인도차이나 그리고 멀리 인도와 같은 나라에서 왔다. 중국인이 전 세계에 그렇게 널리 퍼져 있다는 것을 처음으로 알았다. 일본 여행자들은 항상 자신들의 집단에만 머물러 있었다. 내가 그들에게 다가가서 일본어로 말을 건넸는데도, 그들은 의혹을 품고 대화하거나 자신들의 배경을 드러내는 것을 꺼렸다. 그들은 과묵하지만 항상 매우 공손했다. 나는 중국과 일본의 이민자 모두가 미국 본토에 있는 샌프란시스코, 로스앤젤레스로 가고 있다는 것을 알아내는 데 성공했다. 그들 모두 자신을 기다리는 친구나 친척이 있었다. 나는 정말로 부러웠다.

함께 타고 있는 동양인들을 그렇게 '힘들게' 방문하는 것과 비교할 때, 두 미국인들을 방문하는 것은 훨씬 더 유익하고 즐거웠다. 그들은 꽤 개방적이고 우호적이었으며, 내 질문에 모두 대답해주었다. 나의 부족한 영어 실력을 늘리고, 많은 단어와 '정말이야', '좋아', '뭐가 문제지?', '찬성이야'와 같은 표현을 배울 수 있는 좋은 기회였다. 그러나 내가 그들을 자주 찾았던 것은 미국에 대한 끊임없는 궁금증을 질문을 통해 해소할 수 있었기 때문이다. 미국의 거리는 정말 황금으로 포장되어 있는지? 모든 미국인은 독실한 기독교인인지? 모든 미국의 소년, 소녀는 학교에 다니는지? 그들은 어떤 집에서 살며, 하루에 몇 번이나 식사를 하는지? 기타 등등. 나의 질문은 끝이 없었다……

오랜 항해를 하면서 우리는 하루에 세 번 먹는다는 것의 시련을 겪어야 했다. 매번의 식사는 다른 식사 때와 완전히 똑같았다. 두 명의 선원이 큰 통을 아주 더러운 삼등실 바닥에 내려주면, 승객들은 각자 금속 그릇과 숟가락을 받았다. 바닥의 오래된 오물과 짐칸에서 항상 풍기는 시큼한 악취 때문에 어느 누구도 식욕이 나지 않았다. 하지만 모두 길게 줄을 서서 차례대로 통에서 음식을 국자로 떠 갔다. 동생들을 위해 누나 엘리자베스는 국자질을 해야 했다. 음식은 거의 변함없이 똑같았다. 맛없는 끈적끈적한 수프. 그렇지만 예외 없이 모두 다음 식사를 먹을 때까지 배가 고프지 않도록 잔뜩 먹었다.

일상적인 다른 시련은 잠을 자기 위한 절차였다. 삼등실의 모든 승객들은 2층으로 된 철제 기둥에 매달린 협소한 캔버스 천으로 된 침상에서 잠을 자야 했다. 우선 나는 동생 데이비드를 위 칸 침대에서 올려 눕히고 거친 담요를 덮어주었다. 그런 뒤 나는 아래 칸 침대에서 누나 엘리자베스가 아이 메리를 눕히는 것을 도와주고, 누나가 위 칸 침대로 오르는 것을 도와주었다. 그런 뒤 아래 칸 침대로 들어가 잠잘 준비를 했다. 처음 몇 번을 이렇게 정신없이 밤을 지내고 나니, 우리는 능숙한 삼등실 사람이 되었다. 또한 노련한 뱃사람이 되었다. 동생 데이비드와 아이 메리조차 배가 갑자기 흔들려도 휘청거리거나 뒷걸음질 치며 비틀거리지 않고 배를 돌아다녔다.

15일째 되는 날 아침에 나는 갑판에서 벌어지는 들뜬 소란 때문에 잠에서 깼다. 급히 일어나 사람들이 "저기 봐! 저기 봐! 저기 봐!"라고 가리키며 소리치는 것을 보기 위해 나갔다. 나는 수평선 위로 육지의 희미한 윤곽을 볼 수 있었다. 아무것도 보지 못한 채 15일 동안 물 위에서 떠다 닌 뒤, 바다에서 떠오르는 육지를 보는 것은 기적이었다.

그 순간 어떤 분명한 이유도 없이, 나는 우리 가족의 첫 번째 탈출인 만주 사막을 가로질렀던 외로운 여행이 기억났다. 그것은 아주 오래전 의 일이었다. 당시 아기 메리는 첫돌이 지나지 않았고, 동생 데이비드는 세 살, 누나 엘리자베스는 열다섯 살, 나는 열네 살이었다. 그 당시 우리 들 모두는 어머니조차 어찌해야 하는지 전혀 몰랐다. 우리는 조선에서 멀리 떠나는 여행을 했으나, 어느 누구도 어떤 종류의 세상과 어떤 종류 의 삶에 우리가 처할지 알지 못했다. 우리는 그저 일본으로부터 벗어나 는 것에 만족해했다. 어느 곳이든 간에 일본 경찰의 압제 아래 살아가는 것보다 더 나은 삶이 될 것이기에.

그리고 이제 우리는 한국의 우리 집, 중국의 우리 집에서 아주 멀리 벗어나는 두 번째 탈출을 하고 있었다. 그런데 몇 가지 이유 때문에 삼 등실 여행의 오물과 악취는 우리가 외롭거나 길을 잃고 있다는 느낌을 주지 않았다. 반대로 우리는 새로운 환상으로 버틸 수 있었고 들떠 있었 다. 우리는 새롭고 더 좋은 세상으로 이주하고 있었다. 이것은 끝없는 희망과 흥미로운 꿈으로 가득 찬 행복한 여행이었다.

배가 가까이 다가가자, 바다에서 산 정상까지 이어지는 대칭 모양의 산등성이들을 볼 수 있을 만큼 섬은 점점 더 커졌다. 그것들은 선사 시 대 괴물의 거대한 갈비뼈같이 보였다. 그런데 배가 섬을 빙 돌자, 들쭉 날쭉한 바위가 해변에 늘어선 야자수와 함께 감미로운 열대림과 푸른 계곡 속으로 사라졌다. 나는 『성경』에서 야자수 잎에 관해 읽기만 했 지, 미풍으로 흔들리고 나부끼는 살아 있는 코코넛과 대왕야자를 눈앞 에서 본 것은 처음이었다.

이것이 정말로 약속의 땅이었는가? 그것은 천국의 섬이었는가? 거기서, 바위와 야자수 저 너머로, 나는 모든 약속과 꿈이 이루어지는 새로운 세계를 발견했는가? 1924년 5월, 그때 나는 열일곱 살이었다.

피터 현과 그의 가족

피터 현은 1906년 하와이에서 태어났지만, 서울에서 자랐다. 아버지 현순 목사는 일본의 강점에 맞서 싸운 독립운동의 지도자였다. 피터가 참여했던 1919년 삼일운동이 일어난 다음 해에 그의 가족은, 다른 애국자들과 함께 망명해 대한민국 임시 정부를 수립한 아버지 현순 목사와 합류하기 위해 상하이로 도피했다. 피터가 열일곱 살 때 가족은 다시 하와이로 이주했고, 그곳에서 피터는 카우아이(Kauai) 고등학교를 졸업했다. 인디애나 드포(DePauw) 대학교에 입학한 피터는 철학과 무대 예술을 전공했고, 이후 미국 연극계에 뛰어들었다. 그는 뉴욕에 있는 에바 르 갈리엔 시민 레퍼토리 극장의 매니저, 뉴욕 연방 극장의 어린이 극장 감독, 그리고 매사추세츠 케임브리지에서 스튜디오 플레이어스를 조직하고 감독을 맡았다. 제2차 세계대전 당시 그는 태평양 극단 소속의 미군 통역관으로 복무했다. 이후 몇 번의 사업을 시도한 후 캘리포니아 옥스나드에 정착해 아시아계 이주 학생들에게 영어를 가르쳤다. 은퇴 후 전업 작가로 활동했으며, 1993년 여든일곱 살의 나이로 사망했다.

피터 현 가계도

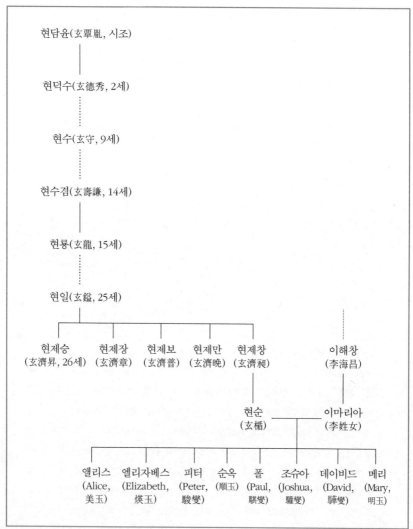

현담윤(玄覃胤, 시조)

현덕수(玄德秀, 2세)

현수(玄守, 9세)

현수겸(玄壽謙, 14세)

현룡(玄龍, 15세)

현일(玄鎰, 25세)

현제승　　　현제장　　　현제보　　　현제만　　　현제창　　　　　　　이해창
(玄濟昇, 26세)　(玄濟章)　　(玄濟普)　　(玄濟晚)　　(玄濟昶)　　　　　　(李海昌)

현순　　　　　　　이마리아
(玄楯)　　　　　　(李姓女)

앨리스　　엘리자베스　　피터　　　순옥　　　폴　　　조슈아　　데이비드　　메리
(Alice,　(Elizabeth,　(Peter,　(順玉)　(Paul,　(Joshua,　(David,　(Mary,
美玉)　　　煐玉)　　　駿燮)　　　　　　駷燮)　　驪燮)　　騹燮)　　明玉)

* 이 가계도는 이 책과 현순자사, 데이비드 현의 「Genealogy of Reverend Soon Hyun, January 1, 2002」,
한규무의 「玄楯(1878~1968)의 인물과 활동」(『國史館論叢』40집, 1992), 59쪽을 참조해 작성했다.

1922년 상하이에서 치른 누나 앨리스 현의 결혼식을 위해 멋을 낸 피터 현

대한제국 당시 고종이 설립한 최초의 서양식 학교인 왕립 영어학교(육영공원)에 재학하던 시절
의 현순(왼쪽, 1895년경)

동료와 함께한 젊은 시절의 애국자 현순(뒷줄 오른쪽)

대한민국 임시 정부에서 창립한 구미위원부의 헨리 정(정현경), 김규식, 현순(왼쪽부터)

현순 목사(1921년)

마리아 현(1924년)

첫 손녀 루스와 첫 손자 폴과 함께한 현순과 마리아 현

마리아 현(1950년대)

피터 현, 마리아 현, 현순 목사(왼쪽부터)

앨리스 현(1923년)

메리 현(1930년대)

엘리자베스 현

아들(김창내), 딸(도리스 김)과 함께한 엘리자베스 현

피터 현(1924년)

폴 현(1930년)

데이비드 현(1930년대)

폴 현

조슈아 현(1925년)

옮긴이 **임승준**

광주에서 태어나 성균관대학교에서 정치학을 전공했다. 졸업 후 국가인권위원회
등 인권과 관련된 곳에서 일했고, 현재도 인권과 관련한 일을 하고 있다.

만세!

현순 목사의 아들 피터 현이 기억하는
삼일운동과 상하이의 독립운동가들

지은이 | 피터 현
옮긴이 | 임승준
펴낸이 | 김종수
펴낸곳 | 도서출판 한울
편집책임 | 이교혜

초판 1쇄 인쇄 | 2015년 4월 13일
초판 1쇄 발행 | 2015년 4월 27일

주소 | 413-120 경기도 파주시 광인사길 153 한울시소빌딩 3층
전화 | 031-955-0655
팩스 | 031-955-0656
홈페이지 | www.hanulbooks.co.kr
등록번호 | 제406-2003-000051호

Printed in Korea.
ISBN 978-89-460-4985-7 03910(양장)
ISBN 978-89-460-4986-4 03910(반양장)

* 책값은 겉표지에 있습니다.